T0340901

NO
ERES
TÚ

Dra. Ramani Durvasula

NO ERES TÚ

Identifica y sana tu relación
con un narcisista

OCÉANO

Todos los nombres y las características de identidad se han modificado para proteger la privacidad de los individuos involucrados.

Ni el editor ni el autor se comprometen a proveer recomendaciones o servicios profesionales al lector individual.

Las ideas, procedimientos y sugerencias contenidas en este libro no pretenden sustituir la consulta de su médico o practicante de salud mental certificado. Todas las cuestiones respectivas a su salud requieren supervisión médica. Ni el autor ni el editor serán considerados responsables de ninguna pérdida o daño que supuestamente surja de la información o las sugerencias aquí contenidas.

NO ERES TÚ
Identifica y sana tu relación con un narcisista

Título original: IT'S NOT YOU. Identifying and Healing from Narcissistic People

© 2024, Dr. Ramani Durvasula

Publicado según acuerdo con The Open Field, un sello de Penguin Publishing Group, una división de Penguin Random House LLC.

THE OPEN FIELD es una marca registrada de MOS Enterprises, Inc.

Traducción: Laura Paz

Diseño y arte de portada: Lynn Buckley
Fotografía de la autora: © Lenore Erickson

D. R. © 2024, Editorial Océano de México, S.A. de C.V.
Guillermo Barroso 17-5, Col. Industrial Las Armas
Tlalnepantla de Baz, 54080, Estado de México
info@oceano.com.mx

Primera edición: 2024

ISBN: 978-607-557-947-4

Impreso en México / Printed in Mexico

Para mi madre, Sai Kumari Durvasula... y a la historia que vendrá.

En memoria de mi bisabuela, Gunupudi Venkamma,
y de las abuelas antes que ella.

Para todos los supervivientes de relaciones de maltrato emocional.

Entre lágrimas, encuentra las risas ocultas.
Busca tesoros entre las ruinas, sincero mío.

RUMI

Cada traición contiene un momento perfecto, una moneda
con cara o cruz en un lado y la salvación en el otro.

BARBARA KINGSOLVER

Índice

Prefacio

Había una vez una niña de ocho años que estaba sentada en el piso de la sofocante cafetería de una primaria en Nueva Inglaterra. Contemplaba a una compañía de circo de la ciudad de Nueva York que estaba dando un espectáculo en su escuela. Era la década de 1970, una era antes de cualquier conciencia multicultural, y esa pequeña niña, con su nombre extranjero, su piel oscura y dos trenzas apretadas en el cabello, ya se había enseñado a sí misma a ser invisible. El circo eligió a sus voluntarios entre un puñado de los asistentes: un niño sería un elefante; una niña, la asistente del malabarista y el niño más afortunado, el jefe de pista.

Por último, los miembros del circo mostraron un disfraz: era de satín, de un profundo tono morado, aderezado con flequillos y lentejuelas. Todas las niñas estaban embelesadas, incluida la pequeña de las trenzas. Las manos de todas las niñas se alzaron, menos la suya. "Yo, yo, por favor, *por favor*, yo", chillaban. *¿Cómo tienen el valor?*, pensaba la niña de las trenzas. *¿Por qué no les da miedo?* El jefe de la compañía ignoró a las niñas que levantaron la mano y eligió a la pequeña de las trenzas. Ella se estremeció y bajó la cabeza, con los ojos anegados de lágrimas, y dijo en voz baja: "No, gracias, señor". Él la volteó a ver y le preguntó amablemente: "¿Estás segura?". Ella asintió en silencio. La niña sentada junto a ella aprovechó la oportunidad y se puso el disfraz con orgullo. El hombre le preguntó a la niña de las trenzas qué papel quería, y ella contestó que le gustaría ser parte del disfraz de caballo, donde pudiera esconderse. Se iba a pasar años pensando cómo se hubiera sentido usar esa maravilla morada de vestido, lleno de lentejuelas, pero ese día tenía mucho miedo de que sus compañeros se burlaran de ella... y simplemente de que la vieran.

Desde el inicio de su vida, había internalizado el mensaje de que sus gustos, sueños y necesidades no merecían ser vistos, y que ella no era suficiente. Los sueños de su amable y compasiva mamá habían quedado frustrados y habían sido silenciados, y la niñita sentía que ella tampoco tenía derecho a soñar.

Hasta que lo hizo.

Si bien todavía no tengo un fabuloso vestido morado de lentejuelas, hoy sé que es posible desprendernos de las historias de la gente narcisista que nos definió, nos silenció, cortó nuestras alas, nos enseñó que nuestros sueños eran exagerados, nos llenó de vergüenza y, por un tiempo, robó nuestra alegría. Podemos tener historias de amor, éxito y felicidad, y aun así comprender que seguirá habiendo noches oscuras del alma, y que la sombra de la duda en nosotros mismos continuará siendo una compañera de viaje. También podemos ayudar a otros, hacerles saber que lo sucedido fue real y que ellos sí son suficiente. Yo lo hice, y cada día veo más y más personas que también lo hacen. Podemos empezar a romper los ciclos intergeneracionales de devaluación e invalidación, y del daño psicológico que nos hacemos a nosotros mismos. Estas historias necesitan ser contadas.

Todavía no sé si hoy tendría el valor de tomar ese vestido de lentejuelas, pero me gustaría pensar que la pequeña de las trenzas y los enormes ojos cafés, con ese nombre que nadie podía pronunciar, se hubiera sentido fabulosa en él.

Y desde mi corazón de niña te digo... yo sé que tú también.

Introducción

¿Cómo llegamos aquí?

La neutralidad ayuda al opresor, nunca a la víctima.
El silencio anima a quien atormenta, nunca al atormentado.
Elie Wiesel

9:00 a.m.

Carolina tiene dos hijos y su marido la traicionó, le fue infiel varias veces durante su matrimonio de veinte años, incluso con amigas y vecinas. Después de que él lo negó en repetidas ocasiones, y luego de que ella soportó su ira por sus "acusaciones paranoicas", él le dijo que los amoríos eran su culpa por haberlo hecho sentir que no era importante. Ella minimizó su carrera para que él se sintiera "seguro". Lidia con la añoranza de lo que ella consideraba la hermosa vida y familia que habían creado, lidia con sentir que no es suficiente, con creer que tal vez lo malinterpreta a él y a la situación, consciente de que se le rompe el corazón cada vez que la critica y quebranta su confianza. Carolina no lo entendía; sus padres habían estado felizmente casados durante cuarenta y cinco años, hasta la muerte de su padre. Ella creía en la familia y, ahora, de cara a un divorcio, sentía que había fracasado. También estaba experimentando ataques de pánico con regularidad y una ansiedad debilitante, y en ocasiones le daba vueltas a la idea de una reconciliación.

10:30 a.m.

Nataliya ha estado casada durante cincuenta años con un hombre que le dijo que estaba siendo "ridícula" por esperar tanto de él cuando ella enfermó de cáncer. Él dijo que era "disruptivo" y lo desequilibraba porque ahora se suponía que él tenía que estar triste por ella y mover radicalmente su ocupada agenda para recogerla de sus citas de la quimioterapia. A ella le costaba trabajo caminar después de desarrollar neuropatía tras años de recibir tratamiento contra el cáncer, y él se burlaba de ella y la llamaba "la emperatriz" por pedir que la dejaran en la puerta de un restaurante, en lugar de caminar cinco cuadras en una noche fría. Sin embargo, tienen hijos ya adultos y nietos, y una vida llena de viajes y tiempo familiar. Nataliya no quiere ser la responsable de estropear un estilo de vida que todos disfrutan, y reconoce que la mayor parte del tiempo disfruta la compañía de su esposo: todavía tienen una vida sexual satisfactoria y comparten una historia. A pesar de que ella estudió medicina y leyes, él la trata como si fuera una asistente personal. Nataliya ha tenido que lidiar con condiciones crónicas de salud, autoculpabilidad y vergüenza, y se ha aislado de todos, salvo de su familia cercana.

1:00 p.m.

El papá de Rafael lo ha comparado con su hermano de manera desfavorable desde que eran niños, y él trabaja constantemente bajo la fantasía de que, una vez que tenga suficiente dinero, será reconocido. Su padre muchas veces lo consideró débil, se regocijaba al contarle los últimos éxitos de su hermano (Rafael se ha distanciado desde hace mucho de su hermano) y ha maltratado emocionalmente a su esposa, la mamá de Rafael. Esto le cobró una cuota psicológica enorme a ella, lo cual Rafael considera que derivó en su muerte prematura. Él sabe que su abuelo le hizo lo mismo a su padre —ése era su modelo cultural— y también quería hacer concesiones por los sesgos raciales y las limitaciones que su padre y su abuelo habían enfrentado a lo largo de su vida. Rafael no ha podido mantener relaciones íntimas con éxito y se sigue diciendo a sí mismo: "Si tan sólo pudiera demostrarle mi éxito a mi papá, entonces estaría bien y listo para empezar el resto de mi vida". Rafael trabaja todo el día, necesita una mezcla de fármacos y remedios para poder dormir y funcionar, rara vez socializa y añora tener contacto social, pero dice que le parece "indulgente" salir de vacaciones o con gente cuando hay tanto trabajo por hacer.

Digamos que éste es un día hipotético en mi consultorio. Con los años, después de escuchar suficientes de estas historias, me quedó claro que casi en cada caso como el de Rafael, el padre seguiría invalidándolo, y con personas como Carolina y Nataliya, sus parejas seguirían culpándolas. Pero no habría servido de nada decirles a Rafael, Carolina y Nataliya de frente que las personas en su vida muy probablemente continuarían con su comportamiento nocivo. En cambio, nuestro trabajo se enfocó en enseñarles qué constituye un comportamiento aceptable o inaceptable, y cómo son las relaciones sanas, al tiempo que creábamos un espacio donde pudieran explorar sus sentimientos, estas relaciones y su verdadero yo. Tuvimos que darle sentido a la confusión y explorar por qué se acusaban ellos mismos por algo que no habían hecho o por qué se sentían culpables si no estaban haciendo nada malo. Como terapeuta, hubiera sido más fácil sólo enfocarme en tratar su ansiedad, sus problemas de salud, la depresión, la confusión, la insatisfacción, la frustración, la desesperanza, ese aislamiento social y sus tendencias obsesivas hacia el trabajo, sin incluir el contexto. Eso es lo que nos enseñan a hacer: enfocarnos en los patrones de desadaptación de la persona en el consultorio, en lugar de lo que está mal en su entorno.

Pero no era lo único que estaba sucediendo. Semana tras sema-na, el pánico y la tristeza de mis pacientes subía y bajaba junto con los patrones y el comportamiento de sus relaciones. Se volvió claro que esas relaciones eran el caballo, y la ansiedad que los había con-ducido a la terapia era la carreta. Me quedé impactada ante las simi-litudes entre las historias de tantos de mis pacientes, aunque fueran personas tan disímiles, con vidas tan distintas. Pero lo que no varia-ba era que todos se sentían culpables por su situación: dudaban de sí mismos, lo rumiaban, se sentían avergonzados, estaban psicoló-gicamente aislados, confundidos e impotentes. Se censuraban a sí mismos cada vez más dentro de estas relaciones y progresivamente se insensibilizaban y se contenían para evitar la crítica, el desprecio o la ira de estas desafiantes personas en su vida. Intentaban cam-biarse a sí mismas con la esperanza de que esto cambiara a la otra persona y, por ende, su relación.

Había otra similitud significativa: los comportamientos que se manifestaban en su relación. Sin importar que se tratara de un cón-yuge, pareja, padre u otro miembro de su familia, adulto, niño, ami-go, colega, jefe, mis pacientes compartían constantemente anécdotas de ser invalidados o humillados por tener alguna necesidad, por ex-presarse o por ser ellos mismos. Sus experiencias, percepciones y la realidad misma se veían cuestionadas con regularidad. Se les culpa-ba por el comportamiento problemático de estas personas en su vida. Se sentían perdidos y aislados.

Sin embargo, a la par, decían que no todo era malo todo el tiempo. En ocasiones había risas, buen sexo, experiencias disfru-tables, cenas, intereses compartidos y anécdotas, incluso amor. De hecho, justo cuando las cosas parecían ya estarse volviendo insoste-nibles, había un día decente, sólo lo suficiente para volver a plantar la semilla de la duda en sí mismos. Les di a mis pacientes lo que me había ayudado a mí a curarme: validación y conocimiento. Enfocar-nos en su ansiedad sin informarlos de los patrones dentro de estas relaciones era como arreglar problemas del motor poniéndoles aire a las llantas. Y esos problemas mecánicos siempre parecían venir del mismo lugar: relaciones narcisistas.

Hay un proverbio que dice "Hasta que el león no cuente su historia, la historia de la cacería seguirá glorificando al cazador". Quien tiene la narrativa tiene el poder. Hasta ahora sólo hemos contado la historia del cazador. Los libros sobre narcisismo tienden a hablar de narcisistas. Sentimos una profunda curiosidad por estas encantadoras personas que parecen salirse con la suya después de tantos comportamientos malos e hirientes, con tan pocas consecuencias. Nos sentimos forzados a comprender por qué son ostensiblemente tan exitosos y por qué hacen lo que hacen. Por mucho que nos desagrade el narcisismo, glorificamos a personas con este tipo de personalidad: son nuestros líderes, héroes, artistas y celebridades. Desafortunadamente, también son nuestros padres, parejas, amigos, hermanos, hijos, jefes y vecinos.

Pero ¿qué hay del león? ¿Qué hay de la persona a quien persigue o daña el cazador?

Mucho de lo que se ha escrito sobre narcisismo tiende a olvidar el aspecto más importante de la historia: *¿Qué le ocurre a la gente que vive a la sombra del narcisista? ¿Cómo les afectan las personalidades narcisistas y sus comportamientos?* Cuando las personas se sienten heridas, hay una preocupación con comprender el "porqué", como si de alguna manera fuera a calmar su dolor (que no es así). Nos entra la curiosidad sobre el cazador en un celo casi obsesivo por comprender por qué hace lo que hace. ¿Por qué alguien no tendría empatía o haría *gaslighting* (hacer dudar a alguien de su cordura) o manipularía o mentiría con tanta habilidad o se enfurecería de repente? Pero al enfocarnos en por qué aquellos con personalidades narcisistas hacen lo que hacen, perdemos de vista qué le ocurre a la gente que se enamora de ellos, tiene hijos con ellos, son criados por ellos, pertenecen a su familia, trabajan para ellos, trabajan con ellos, se divorcian de ellos, comparten un departamento con ellos, entablan una amistad con ellos y los crían también. ¿Qué les ocurre?

La respuesta breve es... nada bueno.

Es una conversación incómoda. No quieres hablar mal de la gente que amas, admiras, respetas y te preocupa. Es más fácil asumir la responsabilidad de tus relaciones difíciles o descartarlo como si fueran los altibajos normales de la vida, en lugar de aceptar que estás enfrentando patrones predecibles, inmutables y dañinos de parte de alguien a quien amas o respetas. Como una psicóloga que ha atendido a cientos de supervivientes de abuso narcisista, que tiene un programa para miles de supervivientes más, y que ha escrito libros y creado miles de horas de contenido sobre el tema, me debato entre si vale siquiera la pena tener un diálogo enfocado en el narcisismo, porque el problema en realidad es el daño que te hace el comportamiento de la persona narcisista.

¿Podemos separar la personalidad del comportamiento si es probable que la personalidad no cambie? ¿Importa si su comportamiento dañino es intencional o no? ¿Puedes sanar sin comprender el narcisismo? Y lo más importante, ¿puedes recuperarte de estas relaciones? Este libro explorará todas esas preguntas complejas.

Hay una cierta resistencia de la gente que me pregunta: "¿Cómo sabes que la pareja/padre/jefe/amigo es narcisista?". Es una pregunta válida. Cuando atiendo a un paciente en terapia, es común que no haya conocido a las demás personas en su vida, pero obtengo una historia detallada, en ocasiones leyendo correos y mensajes de texto que les enviaron esas personas antagonistas, y soy testigo del impacto que tienen en mi paciente. Uso el término *estrés relacional antagónico* para describir lo que les ocurre a los supervivientes de estas relaciones, y prefiero calificar el comportamiento de la persona que ha causado un daño psicológico a mis pacientes como *antagonista*, pues es un término más amplio y menos estigmatizado que narcisista. Es la palabra que uso cuando enseño a otros profesionales sobre estos patrones porque captura la amplitud de las tácticas y los comportamientos antagónicos que observamos en el narcisismo —manipulación, búsqueda de atención, explotación, hostilidad, arrogancia—, pero también en otros estilos antagónicos de personalidad, como la psicopatía, y lo posicionan como un estrés único que las relaciones antagónicas evocan. Pero ya no hay gato encerrado con el narcisismo, y el término *abuso narcisista* es familiar para la mayoría, aunque también empleo el término *antagónico* a lo largo de este libro, para capturar todo el rango de estos patrones.

Uno no entra en este campo a menos de que sea personal, y sí, para mí lo es. Yo misma me he topado con invalidación, ira, traición, desdén, manipulación y *gaslighting*, todo inducido por el narcisismo, en mis relaciones familiares, mis relaciones personales, mis relaciones laborales y mis amistades. Sentía cómo se me hundía el estómago al escuchar el dolor que compartían mis pacientes, luego iba a mi propia terapia y hablaba sobre mi propio dolor, y poco a poco me di cuenta de que también era mi historia. El maltrato narcisista ha cambiado el curso de mi carrera y de mi vida. Vivía tanto *gaslighting* que creía que arriba era abajo, que yo tenía la culpa, que mis expectativas de las personas no eran realistas y que no merecía ser vista, escuchada ni considerada. Fue algo fundacional para mí, y ese miedo de aceptar el vestido morado se transformó en sentirme indigna de éxito, amor o felicidad en la edad adulta. No hubo ese momento en que te cae el veinte ni una única relación determinante. El maltrato narcisista se dio en muchas relaciones distintas y de muchas maneras en mi vida, así que creía que debía ser yo, y no todas esas otras situaciones en mi vida. Nunca aprendí sobre maltrato narcisista en la universidad; no creí que este comportamiento abusivo y confuso fuera relevante hasta que al fin lo vi con claridad. Pasé años en duelo y luego deseando poder recuperar los años que había desperdiciado pensándolo y arrepintiéndome. Me sentí culpable y desleal por ver a miembros de mi familia y a la gente que amaba como narcisista. Poco a poco establecí límites, acepté radicalmente que nada de esos comportamientos cambiaría, dejé de intentar cambiar a las personas antagónicas en mi vida y me desvinculé de ellas y de su comportamiento. Perdí relaciones que alguna vez me importaron y enfrenté críticas por violar las antiguas normas culturales de lealtad a la familia y las actuales normas que dictan que es necesario encontrar la manera de llevarse bien con la gente que se la pasa arremetiendo contra uno. Ahora me doy cuenta de que si pasas el tiempo suficiente con esa gente, acabas desangrándote hasta morir.

Hace poco más de veinte años, supervisé el trabajo de asistentes de investigación que informaban sobre ciertos pacientes en clínicas ambulatorias que sembraban el caos para las enfermeras, los médicos y todos los demás que laboraban ahí por su comportamiento presuntuoso, desregulado, despectivo y arrogante. Esa observación me llevó a empezar un programa de investigación que supervisaba la personalidad, en particular el narcisismo y el antagonismo, y cómo afecta la salud.

Al mismo tiempo, he tenido el privilegio de escuchar las historias de miles de personas que han aguantado estas relaciones. Desafortunadamente, sigo escuchando que muchas veces las parejas, los familiares, amigos, colegas y hasta los terapeutas culpan a la persona que experimenta el comportamiento abusivo de ser demasiado sensible, no intentarlo con más ímpetu, ser demasiado ansioso, no perdonar más, quedarse, irse, y los juzgan con la misma severidad por usar el término *narcisista* y no comunicarse con más claridad. He leído descripciones de programas de entrenamiento terapéutico que contraatacan a los pacientes que consideran que sus familias o sus relaciones son tóxicas, o creían que si los pacientes llegaban a terapia para hablar de relaciones manipulativas simplemente se estaban quejando. Había incontables libros y artículos escritos sobre personalidades narcisistas y cómo dirigir una terapia con una persona narcisista. Prácticamente no había nada dirigido a qué le pasaba a la gente que estaba en relaciones con narcisistas, aun cuando todos en el campo de la salud mental supieran que se trataba de relaciones no sanas. Una vez que aflojé los puños, dirigí mi enojo hacia la educación, no sólo para pacientes y supervivientes de maltrato narcisista, sino para los profesionales clínicos.

Los pacientes con los que he trabajado han atravesado divorcios que duraron años; enfrentaron la duda de los líderes de su empresa cuando alegaron con pruebas que eran víctimas de acoso y abuso, y vieron cómo el culpable simplemente era movido a un nuevo puesto en otro lugar; vivieron el rechazo de su familia cuando marcaron un límite; les impidieron ver a sus nietos como castigo; vieron cómo sus hermanos narcisistas abusaban económicamente de sus padres ancianos; sobrevivieron infancias de invalidación sólo para tener que sobrevivir su invalidación como adultos; tuvieron amigos narcisistas que empezaban campañas de difamación en línea cuando no se salían con la suya, y tuvieron padres narcisistas que los manipulaban desde su lecho de muerte. He trabajado en organizaciones donde el *gaslighting* era el modo preferido de comunicación, y he sido testigo de cómo la gente más tóxica recibe el apoyo del sistema permisivo en el que labora, para detrimento de los mejores y más brillantes del lugar. En lo personal, hay caminos y vecindarios en Los Ángeles que todavía evito porque no tengo la capacidad de lidiar con los recuerdos. He recibido amenazas a mi seguridad y me he sentido obligada a dejar trabajos, y he visto a mi familia estar más preocupada por proteger la reputación de uno de sus miembros que ofrecer consuelo a alguien que está sufriendo. Me toma mucho tiempo confiar en nuevas personas.

Lo único que necesitas comprender sobre el narcisismo es que, en casi todos los casos, este patrón de personalidad estaba ahí *antes de que tú entraras en la vida de esa persona narcisista* y seguirá ahí después de que te vayas. Son relaciones que te cambian, pero de ese cambio surge el crecimiento, una nueva perspectiva y un discernimiento interpersonal mucho más elevado. Reconocer y salir de estas relaciones puede ser una llamada de atención para excavar tu auténtico yo, desempolvarlo y llevarlo al mundo. La meta terapéutica tradicional de enseñar al paciente a comprender su papel y sus responsabilidades en una relación, y aprender a pensar de manera distinta sobre situaciones que no están funcionando, no considera que la balanza ya está inclinada cuando se trata de manejar estas situaciones con una persona narcisista. Si no es engañarte a ti mismo sobre la relación, ¿qué tan distinto puedes pensar de alguien que te está manipulando y negando tu existencia como persona? En lugar de aprender a pensar de manera diferente sobre la persona, es momento de empezar a aprender sobre lo que constituye un comportamiento inaceptable y tóxico.

Espero que este libro ilumine una simple premisa: los patrones y comportamientos narcisistas no cambian en realidad, y tú no eres culpable del comportamiento invalidante de la otra persona. Quiero que aterrices una simple y a la vez profunda verdad:

No eres tú.

He escuchado de personas por todo el mundo que sólo con recibir un marco de referencia sobre narcisismo y lo que estas relaciones les hacen, se sintieron normales por primera vez en años. No se trata de señalar a los narcisistas, sino de identificar los patrones y los comportamientos que no son sanos en una relación. Tener permiso de desvincularte. Aprender que múltiples cosas (buenas y malas) pueden ser ciertas en una relación. Saber que comprender el narcisismo no implica que tengas que irte o cortar el contacto con la gente con la que mantienes relaciones complicadas, sino que puedes interactuar de manera distinta con ellos. Entender que es un derecho humano básico ser visto y poder expresar y ver que tu identidad, tus necesidades, deseos y aspiraciones son reconocidos.

Ser consciente de que en lugar de pensar de otra manera sobre ti, es momento de empezar a pensar de otra manera sobre el comportamiento de alguien a quien amas o respetas, pero que también te está haciendo daño. Que finalmente te digan, con claridad y de forma definitiva, que nunca ibas a ser capaz de cambiar la manera de actuar de la otra persona. Todo esto fue como encender las luces de la casa y apagar la agresión.

Éste es un libro para ti, el superviviente de relaciones invalidantes con gente narcisista. No es un libro sobre cómo funcionan ellos, sino como tú te recuperas. Habrá un panorama breve sobre narcisismo para asegurar que todos estemos en la misma página, pero el resto es *por* y *para* ti. La historia de la cacería contada por el león, por así decirlo. Abordaremos el efecto que tiene el comportamiento de la gente narcisista en ti y cómo puedes seguir adelante, recuperarte y sanar desde un lugar de gracia, sabiduría, compasión y fuerza. Éste es un libro escrito desde mi mente y desde mi corazón.

En muchas ocasiones, cuando sales de una relación narcisista o te desentiendes de una, lo ves como un final, pero de hecho, esa recuperación y lo que sigue es donde todo comienza. Éste es el principio de tu historia, salir de la sombra de la invalidación y al fin permitirte ser tú.

PRIMERA PARTE

La relación narcisista

1

Aclaremos el narcisismo

La personalidad susceptible al sueño de una libertad ilimitada
es una personalidad también propensa, si es que el sueño
se amargara, a la misantropía y la rabia.
JONATHAN FRANZEN

Carlos es esa persona que ayuda a todos en su colonia. Es devoto de su madre enferma, está muy presente en la vida de su hijo, producto de una breve relación con su ex, e incluso se describiría a sí mismo como un "niño grande" que ama los juguetes y el futbol americano. Todos, incluyendo su novia de mucho tiempo, dirán que es empático y se preocupa por sus vidas. Tal vez haga cosas, como olvidarse de los cumpleaños, pero recuerda el día de tu entrevista de trabajo y te manda un mensaje de "¡Buena suerte!". Un fin de semana se fue a un festival de música con un grupo de amigos, bebió demasiado y besó a otra mujer. Lleno de vergüenza y tristeza, volvió a casa y le confesó todo a su novia porque no quería mentirle. Ella entonces hizo numerosas publicaciones en redes sociales sobre el "narcisismo" de Carlos.

Joanna ha estado casada con Adam durante cinco años. Él trabaja duro, pero su carrera tuvo una debacle y Joanna lo animó a que persiguiera lo que en verdad quería hacer mientras ella fungía como proveedora principal. Inicialmente, a Joanna le atrajo la disciplina de Adam, su lealtad y su ética laboral. Pero él muchas veces se ha burlado de la carrera de Joanna, describió como "drama" su tristeza después de perder un bebé y reacciona con berrinches si ella le pide que ayude con cosas de la casa, aunque luego la critica por desperdiciar el dinero cuando contrata a alguien para la limpieza. Seguido se porta displicente ante el deseo de Joanna de pasar tiempo con sus amigos y su familia, llama "parásitos" a sus amigos y un "pantano de aburrimiento doméstico" a su familia, lo cual la hiere profundamente, y es muy egoísta con su tiempo. Pero él se acuerda de los cumpleaños y los aniversarios, y los celebra con gran fanfarria, aunque no pueda costearlo. Joanna se siente culpable porque los sueños de Adam nunca despegaron, así que atribuye esa empatía fluctuante a la creencia que él tiene de que su vida no resultó como él quería. Ella piensa que, cuando las cosas cambien, él será más amable. Entonces, ¿qué importa si no vacía el lavavajillas? Le echa tantas ganas a celebrar su cumpleaños cada año… aunque ella preferiría que vaciara el lavavajillas y fuera más amable con sus amigos.

¿Quién es más probable que sea narcisista? ¿El descuidado de Carlos o el enojón de Adam?

Narcisismo es la palabra de nuestro tiempo, sin embargo, es profundamente malinterpretada. Sería más fácil si los narcisistas simplemente fueran personas vanidosas, egocéntricas presumidas, pero son mucho más que eso. Son parejas románticas que abusan emocionalmente, que te menosprecian, pero con quienes en ocasiones te diviertes. Un jefe tóxico que te regaña delante de tus compañeros, pero cuyo trabajo admiras enormemente. Un padre celoso de tu éxito, pero que fue a todos tus partidos de futbol cuando eras niño. Un amigo que siempre se hace la víctima y no deja de hablar de lo que está pasando en su vida, muestra poco interés en la tuya, pero ha estado en tu vida desde que tenían trece años. Ni siquiera estas imágenes logran capturar la complejidad del narcisismo. Tú mismo probablemente has tenido que lidiar con una o más relaciones con personas narcisistas, y es posible que no lo sepas.

Pero cómo identificar qué es el narcisismo, qué no lo es y si poder entenderlo importa realmente. Este capítulo explora por qué el narcisismo se malinterpreta y erradica muchos de los mitos a su alrededor. También descubrirás por qué tener claros los aspectos del narcisismo podría incluso enturbiar tus propias aguas.

¿Qué es el narcisismo?

El narcisismo es un estilo de personalidad interpersonalmente desadaptativa que engloba un espectro amplio de características y patrones de comportamiento que se presentan de distintas formas, desde leves hasta severos, vulnerables o malignos. Lo que separa a una persona narcisista de alguienególatra, vanidoso o petulante es la consistencia y la mera cantidad de estas características que presenta una sola persona. Sólo ser superficial no implica que alguien sea narcisista.

También se observa la función de tales atributos, que es proteger a la persona narcisista. El narcisismo ronda en una profunda inseguridad y fragilidad compensadas con maniobras como dominación, manipulación y *gaslighting*, que le permiten al narcisista retener el control. La empatía ondulante y la falta de autocrítica implican que no se detienen a considerar el daño que su comportamiento hace en otros. Sus características no son realmente el problema, sino cómo éstas se traducen en comportamientos sistemáticamente perjudiciales.

Ya que los atributos, en particular los de un estilo de personalidad rígido e inconsciente como el narcisista, en sí no cambian, también es improbable que el comportamiento se modifique. Y como existe un espectro tan amplio de narcisismo, del más leve al más severo, podríamos tener experiencias muy distintas en nuestras relaciones con este estilo de personalidad. El punto medio de este espectro —con suficientes malos días para sentir su peso y suficientes buenos días para mantenerte enganchado— es donde muchas personas se quedan estancadas, y nos enfocaremos en ese "narcisismo moderado".

Veamos algunas de estas características más de cerca.

Una necesidad de suministro narcisista

La gente narcisista necesita validación y admiración, y esta necesidad motiva gran parte de su comportamiento. Buscan estatus, cumplidos, reconocimiento excesivo y atención, y esto puede darse a través de una riqueza ostentosa, la apariencia física, amigos que los adulan o seguidores y cantidades de "me gusta" en redes sociales. Esta validación de otras personas o del mundo en general, sin importar qué forma adopte, se llama *suministro narcisista*. Sus estados de ánimo se pueden tornar oscuros, se pueden volver irritables, resentidos, hoscos o agraviados cuando no reciben la validación o el suministro que sienten que merecen. Cualquier persona a su alrededor debe aportar ese suministro o enfrentarse a su ira.

Egocentrismo

La gente narcisista es egocéntrica, pero esto va más allá de un mero egoísmo. Es la clase de egoísmo con una dosis de devaluación. Por ejemplo, una persona egoísta elegirá el restaurante que quiera, pero una persona narcisista elegirá el restaurante que quiera *y* te dirá que lo tuvo que hacer porque tú no sabes nada de comida como para escoger. En pocas palabras, las necesidades de un narcisista siempre vendrán primero en cualquier relación.

Inconsistencia consistente

El narcisismo es consistente. No obstante, hay una consistencia al respecto que lo puede hacer sentir inconsistente. Cuando la persona narcisista está bien regulada, se siente en control y tiene suficiente suministro narcisista —por ejemplo, el trabajo va bien, reciben cumplidos, están en una relación nueva y divertida o se acaban de comprar un coche—, puede ser menos antagónica y más agradable. Desafortunadamente, el suministro narcisista se vuelve obsoleto para ellos con bastante rapidez, así que siempre necesitan más, nuevo, mejor. Recuerdo haber trabajado con una persona narcisista que una tarde dijo: "Éste es el mejor día de todos, conseguí un nuevo contrato, soy el mejor, nada me para, ¿verdad?". Esa noche me dejó un mensaje en el que decía que estaba enojado y que su vida no era justa. Luego me enteré de que ese cambio en su estado emocional fue porque la nueva persona con la que estaba saliendo tuvo que reagendar la cena.

Puede cambiar así de rápido.

Inquietud

Hay una cualidad de inquietud en la personalidad narcisista, una persecución de la novedad y la emoción, que es por lo que podemos observar infidelidad o un cambio frecuente de parejas románticas, gastos y compras excesivos, o actividad frenética. La gente narcisista parece aburrida a perpetuidad, desencantada o desdeñosa si las cosas no son interesantes y lo suficientemente atractivas para ellos.

Grandiosidad ilusoria

Una característica definitoria del narcisismo es la grandiosidad, que aparece en la forma de creencias exageradas sobre su propia relevancia en el mundo, creencias fantásticas acerca de historias de amor idealizadas y su éxito actual o futuro, un dejo de superioridad por encima de otros y una cualidad única y especial sobre sí mismos que no se ve en otros. La grandiosidad también significa que la persona cree que es mejor que los demás. Es "ilusoria" porque para la mayoría de los narcisistas hay poca o nula evidencia que sustente cualquiera de estas creencias, y se aferran a ellas a pesar de la molestia o el daño que su postura cause a otros.

Máscaras cambiantes

La confusión nace a partir de que la persona narcisista pase de encantadora, divertida y carismática, o cuando menos normal y regulada, a abusiva, hosca e iracunda. Su autovaloración es alta cuando las cosas se dan a su manera, pero cuando no, culpan al mundo y se visualizan como víctimas. El resultado es que no siempre puedes anticipar con qué versión del narcisista vas a tener que lidiar: el pomposo y alegre, o el abatido, victimizado y enojado. Termina por convertirse en un camino desenfrenado e incómodo.

Actitud pretenciosa

Ser pretencioso es un patrón básico en el narcisismo, y uno de los más problemáticos. Las teorías del narcisismo sugieren que la pretensión podría ser el pilar fundamental de este estilo de personalidad y que todas las demás dinámicas se remontan a ella.[1] La gente narcisista cree que es especial, que debe recibir un trato especial, que sólo los pueden comprender otras personas especiales, que las reglas no deberían aplicar a ellos. Si *de hecho* se les obliga a seguir las normas o se les hace responsables de algo, los narcisistas se enojan bastante y pelean porque *¡esas reglas son para personas comunes!* Si deben seguir las reglas, ya no son tan especiales. Se sienten con el derecho a hacer y decir lo que quieran, cuando quieran. Su pretensión les sirve de vía para crear una realidad en la que puedan ejercer su singularidad y acrecienta su enojo cuando sienten que no se les está dando un trato VIP.

Es probable que la mayoría de nosotros podamos recordar algún momento en que la pretensión del narcisista nos hizo sentir incómodos. Una mujer me compartió la mortificación que sentía cuando su marido alzaba la voz y les ladraba a los meseros en los restaurantes cada vez que no tenían lo que quería. Dijo que se volvió una experta en bajar la cabeza con vergüenza en esas situaciones para nunca tener que hacer contacto visual con la gente que su marido maltrataba a su paso. Tristemente, se sentía cómplice de su maltrato porque ella no lo detenía, sin embargo, detenerlo implicaba soportar sus pataletas o que no le dirigiera la palabra durante días.

Sobrecompensar la inseguridad

Esto nos lleva a la piedra angular del narcisismo: la inseguridad. El narcisismo *no* se trata de tener una autoestima alta o una autoestima baja; más bien tiene que ver con una autovaloración imprecisa, inflada y variable. La persona narcisista siempre alberga una sensación acechante de incompetencia que les llega hasta la médula, pues son incapaces de reflexionar sobre cómo se escuchan o cómo su comportamiento impacta a otros. Puede ser confuso... ¿cómo podría ser tan frágil alguien que parece tan seguro de sí mismo? Todo lo narcisista

—la grandiosidad, lo pretencioso, la arrogancia, el carisma— es una armadura defensiva diseñada para proteger a la persona narcisista, una suerte de capa de superhéroe adulto que le pueden amarrar a su frágil psique.

Hipersensibilidad

Los narcisistas reparten golpes, pero no los aguantan. Cuando se les dice siquiera la más ligera crítica o retroalimentación, debemos estar preparados para una reacción veloz, iracunda y desproporcionada, y puede ser algo doblemente confuso porque con frecuencia contraatacan criticándote de una manera mucho más severa. Se suele yuxtaponer a su crónica necesidad de reafirmación: no lo pedirán pero, a pesar de su exterior arrogante, está claro que necesitan ser calmados y escuchar que todo estará bien.

Ofrecer esa seguridad es un baile traicionero, sin embargo, porque si tu consuelo es demasiado transparente, te van a atacar por recordarles su debilidad. Yo trabajé con una mujer obsesionada con su apariencia. Para su fiesta de cumpleaños, decoró su casa con un esmero impecable, pero no consideró las limitaciones económicas ni de tiempo de los demás. Cuando su familia estaba ocupada con responsabilidades del trabajo, niños pequeños, enfermedades o la vida, lo experimentaba como un ataque directo y se quejaba de que nadie la apreciaba. Su hijo trató de calmarla: "No te preocupes, mamá, nos aseguraremos de estar a tiempo para tu fiesta y te vamos a comprar ese pastel que te encanta, y el helado, y tener montones de regalos y una gran cena. Va a ser el mejor cumpleaños de todos". Ella contraatacó: "No me trates como si tuviera seis años, haces que parezca una loca". La danza entre la sensibilidad reactiva del narcisista a las críticas, su necesidad de seguridad y su sensación crónica de ser una víctima, junto con la vergüenza y la subsecuente ira por tales vulnerabilidades nos recuerdan la esencia de las relaciones narcisistas: *no puedes ganar.*

Incapacidad de autorregularse

La gente narcisista no puede manejar sus emociones. No saben cómo expresarlas porque eso sería demasiado vergonzoso y las haría vulnerables, así que no pueden regularlas. El narcisista no dice: "Ey, voy a cubrir mi inseguridad con un poco de grandilocuencia", ni se frota las manos preguntándose: "¿Cómo te puedo lastimar?". Sus arremetidas son cosas no procesadas, razón de que incluso una leve crítica o crisis pueda disparar la vergüenza que sienten por ver exhibida su vulnerabilidad o imperfección. Estas heridas del ego disparan su ira y redirigen la culpa, lo que les permite disminuir la tensión, mantener su fachada grandiosa y sentirse seguros. La falta de empatía y la impulsividad significan que no pueden detenerse para observarse en el momento y considerar cómo su contraataque te podría herir. En cambio, intentarán una disculpa vacía y se frustrarán si intentas que se hagan responsables.

Necesidad de dominio

Los narcisistas se sienten motivados por el dominio, el estatus, el control, el poder y el deseo de ser especiales. La filiación, la intimidad y la cercanía no los motiva. Por ende, siempre van a necesitar tener la voz cantante en una relación. Quiere decir que si la motivación de *tu* relación es una conexión emocional o intimidad profunda, los dos están jugando juegos muy distintos. Las relaciones existen en general para el beneficio y el placer de la persona narcisista. No les interesa el estire y afloje que requiere una relación sana ni las necesidades de los demás.

Falta de empatía

No es correcto decir que la gente narcisista está desprovista de empatía. Su empatía es hueca y variable. La gente narcisista tiene *empatía cognitiva*: pueden entender qué es la empatía y por qué alguien se siente de cierta manera, y podrían usarlo para obtener lo que quieren. Una vez que lo tengan o ya no se quieran molestar, la empatía se desvanece. La empatía narcisista también es un espectáculo —para verse bien delante de otros, para conquistar a alguien— y puede ser una transacción, evocando esa empatía para conseguir lo que necesitan de alguien más. Esto puede ser increíblemente exasperante porque te muestran que saben que la empatía es valorada, pero sólo la exhiben de manera táctica.

La persona narcisista tiende a ser más "empática" cuando se siente segura y con un buen suministro. Por ejemplo, un día en que las cosas le salgan bien, podría llegar a casa y escuchar del mal día que tuviste en el trabajo y confortarte diciendo que todo estará bien. Una semana después podrías pensar: *Bueno, fue un gran apoyo la semana pasada cuando toqué el tema, lo hablaré otra vez.* Sólo que en esta ocasión esa persona no tuvo ese mismo día de validación, así que te encuentras con un: "¿Cuándo te vas a dejar de quejar del trabajo? Ya me cansé de escucharte lloriquear".

Desprecio por otros

Las personas narcisistas necesitan a otras personas, y resienten su propia necesidad de ellas. Necesitar a la gente implica que otros tengan poder, y no pueden tolerar pensar en sí mismos como dependientes de nadie. Esto puede conducir al desprecio que muchas veces se observa en el narcisismo: desprecio por otros y sus sentimientos, vulnerabilidades y necesidades. Las vulnerabilidades de la gente se vuelven un espejo involuntario de las propias inseguridades del narcisista, y en lugar de abrazar a otros, sienten rechazo por cualquier recordatorio de su fragilidad personal. El desprecio se puede exponer de manera directa, pero muchas veces sale a la superficie en estocadas y golpes.

Proyección de la vergüenza

La proyección también es un patrón común del narcisismo. Es una defensa —es decir, opera de manera inconsciente para proteger el ego— y se manifiesta como una persona que proyecta aspectos inaceptables de sí misma en otras personas. Por ejemplo, una persona que miente acusa a otra de mentir, luego el que "proyecta" puede seguirse viendo a sí mismo como honesto después de aventar psicológicamente su mal comportamiento a otra persona. La gente narcisista proyecta las partes vergonzosas de su personalidad y su comportamiento a otros para mantener su idealización de grandiosidad sobre sí misma y para refugiarse de la incomodidad de la vergüenza. Puede ser confuso porque los narcisistas quizá te acusen de las cosas hirientes que ellos hacen (por ejemplo, están juntos en una cafetería y te acusa de la nada de coquetear con el barista, cuando, en realidad, la persona narcisista es la que te está engañando).

Ser increíblemente encantadores

Si las personas narcisistas son pretenciosas, iracundas, manipulativas e invalidantes, ¿por qué no vemos estos comportamientos antes y nos largamos de ahí? Porque la gente narcisista sabe muy bien lo que hace. Son encantadores, carismáticos, seguros, curiosos y muchas veces bien arreglados e inteligentes. Si bien no se considera la arrogancia como algo deseable, se suele asumir que detrás de la arrogancia y la seguridad, el cheque de esa persona tiene fondos. También podrías tener la disposición de excusar mucho de su mal comportamiento si creyeras que alguien es listo o exitoso. El narcisismo muchas veces se fusiona con el éxito, y en lugar de verse como un patrón tóxico y nocivo, se ve como un pavoneo y una ambición desmedida. Las personas narcisistas son cambiantes y hábiles camaleones. Tienen una capacidad sin precedente para camuflarse, acercarse y luego comportarse de una manera horripilante.

El continuo del narcisismo

La mayoría de nosotros piensa en el narcisismo como algo binario: o eres o no eres. Podemos enredarnos en el celo y en la idea de que si es una u otra opción, entonces hay manera de identificar el narcisismo con claridad y alejarnos de la gente que posea estas características. Pero nada en el mundo de la psicología ni de la salud mental es tan simple.

La realidad es que el narcisismo es un continuo. En el extremo más leve tienes a los narcisistas superficiales de redes sociales, atrapados en una adolescencia perpetua y emocionalmente atrofiada, que bien puede ser desesperante, pero no necesariamente dañina. En el extremo más severo, observas insensibilidad, explotación, crueldad, venganza, dominio e incluso violencia física, sexual, psicológica o verbal, lo cual puede ser aterrador y traumático. El narcisismo moderado es la forma de narcisismo con la que la mayoría de nosotros lidia y que se expone en este libro.

Marcus ha estado casado durante veinticinco años con Melissa, una persona amable, autocrítica, que gusta de complacer a otros y que se obliga a estar ahí para los demás. Tienen dos hijos juntos. La gente ve a Marcus como un hombre trabajador y un pilar de su comunidad, pero en su casa quiere las cosas a su manera y en sus tiempos, y la casa entera gira en torno a su agenda. Melissa tiene un trabajo ajetreado que le paga bien, pero él sigue esperando que ella deje todo lo que está haciendo para cubrir sus necesidades, incluso si esto le causa tensión en su trabajo. Sin embargo, la relación está condimentada con días y momentos buenos. Cuando Marcus se siente contento y satisfecho con cómo están las cosas en su vida, organiza caminatas en familia, viajes de campamento y cenas fuera. Justo cuando Melissa estaba considerando ver a un abogado porque estaba cansada de vivir en el "Show de Marcus", él sugirió que se fueran de vacaciones a la playa para reconectarse. Melissa se culpó a sí misma por malinterpretar la situación y no reconocer qué tan afortunada es. Hasta que volvieron a casa, cuando todo empezó otra vez.

El narcisismo moderado no es la dulce banalidad inmadura del narcisismo leve y superficial, ni el terror coercitivo del narcisismo maligno, violento o más severo. El narcisista moderado ofrece suficientes buenos días para mantenerte invertido en la relación y suficientes malos días que te lastimen y te dejen totalmente confundido. El narcisista moderado tiene empatía cognitiva, así que a veces parece que "lo entienden". Son pretenciosos, buscan validación y tienen una arrogancia altanera, pero no amenazante. Son hipócritas y creen que hay un reglamento para ellos y otro para todos los demás. Muchas veces se sienten víctimas de la situación cuando no se salen con la suya. No se hacen responsables por su comportamiento y le echan la culpa a los demás por cualquier cosa que los haga quedar mal. Tienen un egoísmo profundo y elegirán lo que les funciona a ellos en detrimento tuyo o de quien sea.

Los narcisistas moderados tienen suficiente visión para saber que su comportamiento no está bien, pero no la suficiente regulación, conciencia ni empatía para detenerse a sí mismos. Dado que poseen la suficiente conciencia para saber que su actuar es inapropiado, lo hacen fuera de los ojos de los demás, dejándote sin apoyo.

Como resultado, suelen ser demonios en casa y ángeles en la calle. Podrían hacerte un cumplido en una junta frente a colegas, y luego destruirte verbalmente tras puertas cerradas en su oficina. Este comportamiento con y sin su máscara es una característica básica del narcisista moderado. La gente verá una persona con relativa compostura y encanto en público, que es una total desconexión de lo que experimentas en privado.

Los diferentes tipos de narcisismo

Hay varios tipos de narcisismo. Las características comunes siguen siendo las mismas, pero la forma en que se manifiestan y cómo nos afectan varía. Dado que tanto del contenido sobre el narcisismo se enfoca en el narcisista grandioso, puede ser frustrante si tú estás lidiando con un tipo de persona narcisista cuyo comportamiento no se alinea por completo con lo que comúnmente se ve como tal. Por lo general predomina un solo tipo, aunque una persona narcisista puede ser un híbrido de estas clases. En cada una hay un continuo de severidad: por ejemplo, un narcisista comunitario leve podría ser una persona que se la pasa predicando, obsesionada con el ejercicio y la salud, que proclama positividad, pero juzga mucho a sus amigos y su familia, mientras que un narcisista comunitario severo podría ser líder de un culto.

Grandioso

Voy a ser multimillonario para cuando tenga treinta y el mundo me verá como el genio que soy. Crearé un legado más grande de lo que puedas imaginar. Nada podrá detenerme nunca. No me puedo fijar en las patéticas vidas de la gente allá afuera que no se atreve

*a soñar; sólo me desalientan y yo merezco tener gente que me dé
ánimos todo el tiempo.*

El narcisismo grandioso es la clásica representación del estilo de personalidad narcisista. Son los narcisistas carismáticos, encantadores, que buscan atención, que son arrogantes y "brillan", asociados con éxito, glamur y celebridad. Se ven bien cuando las cosas van bien, pero cuando surge la decepción, aparecen las grietas y se llenan de ira y proyectan la culpa hacia ti. Puede ser desgastante tratar de vivir en el mundo real cuando ellos viven en sus mundos de fantasía. La grandiosidad es la armadura de esta persona narcisista para protegerse de la inseguridad y la incompetencia tan arraigadas. Se creen su propia propaganda a un nivel delirante, aunque convincente, por lo que es fácil quedar atrapado en ella. Estas relaciones, con sus subidas y bajadas, días buenos y malos, te pueden dejar emocionado, excitado y plagado de dudas.

Vulnerable

*Yo soy tan inteligente como todos esos tipos emprendedores, pero
no tuve las conexiones de papi ni su dinero como ventajas. No voy
a perder el tiempo en la universidad ni trabajar en una porquería de
empleo creado para un incompetente; prefiero no hacer nada que
trabajar para imbéciles en pañales.*

Los narcisistas vulnerables se victimizan, son ansiosos, socialmente inadaptados, hoscos, están intensamente enojados, irritables, tristes y resentidos. Este tipo a veces se denomina *el narcisista encubierto*. La distinción *encubierto/manifiesto* en realidad hace referencia a los patrones que vemos y no vemos: comportamientos manifiestos, como gritar o manipular, versus comportamientos encubiertos, es decir, los pensamientos y emociones del narcisista. Algunos también usan el término *narcisista encubierto* para hacer referencia a la capacidad del narcisista de hacerse pasar como una persona amable cuando hay otros a quienes quiere impresionar; en esencia, ocultan su narcisismo de la vista (pero se comportan mal cuando no tienen público). En una persona narcisista vulnerable, en lugar de la grandiosidad que se presenta como un parloteo carismático y pretencioso ("Nunca tengo una buena oportunidad, pero el mundo es demasiado estúpido para reconocer mi genialidad") y una pretensión victimizada ("¿Por qué debería trabajar cuando otras personas tienen fondos fiduciarios?"). La gente con estilos de narcisismo vulnerable atribuirá tu éxito a la suerte y su falta de éxito al hecho de que la vida ha sido injusta sólo con ellos. También experimentan un descontento crónico. Los narcisistas vulnerables tienen la capacidad de ser opositores y confrontativos, y pedirles que hagan algo se puede sentir como tratar de instar a un adolescente a doblar la ropa lavada. Asimismo, lidian con una sensibilidad al abandono y al rechazo, y podrían desgastarte con su rabia victimizada constante. Los narcisistas vulnerables pueden ser torpes en situaciones sociales y compensar esa ansiedad y la inseguridad que evoca criticándote o devaluándote o burlándose de ti cuando tú disfrutas de otras personas o experiencias, o cuando tienes éxito en algo. Dado que los narcisistas vulnerables no poseen un exterior carismático ni encantador, la mayoría de la gente, incluyendo los terapeutas, creerán que están luchando con su autoestima, ansiedad, depresión o mera mala suerte. Pero incluso si estos otros problemas se atienden, la sensación de victimización perdura.

Comunitario

Estoy salvando al mundo. Soy un humanitario que comprende a la gente real y los problemas reales y, francamente, me canso de que

*las personas se la pasen quejándose de sus vidas cuando hay tanta
lucha allá afuera y podrían estar salvando al mundo también. Necesito que los demás vean todo el bien que estoy haciendo, pero sé
que quienes no lo notan simplemente están celosos porque en sus
pequeñas vidas no hacen el bien a nadie.*

Por lo común, la gente narcisista recibe su validación y cubre otras
necesidades narcisistas enfocándose en sí misma ("Soy tan rico/
atractivo/una gran persona/inteligente"). Pero el narcisista comunitario cubre esas mismas necesidades narcisistas de forma colectiva,
lo que deriva en una identidad grandiosa basada en lo que hacen por
otros ("Soy tan generoso, siempre pongo a otros primero"). Partici-
pan en actividades que parecen generosas, como recaudar dinero,
voluntariados, organizar galas de beneficencia, ir a viajes humani-
tarios, ayudar a un vecino o incluso sólo proclamar la positividad
en redes sociales, pero el comportamiento está diseñado para per-
mitirles mantener un sentido de grandiosidad en sí mismos como
personas santas y recibir validación por ello.[2] Sus "buenas acciones"
pueden variar, desde pequeñeces, como ir a limpiar una playa (y asegurarse de compartirlo en Instagram cuando lo hacen), hasta cosas
mucho más grandes, como crear grandes fundaciones sin fines de lu-
cro (pero tratar horriblemente al personal). Sin importar cómo reali-
zan sus hazañas humanitarias, se aseguran de que el mundo sepa qué
tanto están haciendo, se bañan en los elogios y el reconocimiento
que reciben, y se indignan si no se les da.

Los narcisistas comunitarios ocupan además espacios espiri-
tuales y de culto, donde pueden pontificar sobre autosuperación
y positividad; por ejemplo, comunidades religiosas, *new age* o de
yoga, donde se emplean el abuso y la humillación para controlar
a cualquiera que se oponga a la narrativa o vaya en contra del líder
comunitario carismático. Crecer con un padre o madre narcisista comunitario implica escuchar cómo esa persona es un pilar de

la comunidad mientras soportas su desinterés y su rabia a puerta cerrada.

Moralista

Hay una forma correcta y hay una forma incorrecta de hacer las cosas, y me fastidia la gente que no lo entiende. Yo trabajo duro, ahorro mi dinero, mantengo las tradiciones y no tengo el tiempo ni la paciencia para quienes no viven de manera responsable. Cuando veo que hay personas a las que les cuesta mucho trabajo todo, sé que es por sus malas decisiones. No es mi responsabilidad ayudarlas. Si no puedes hacerlo a mi manera, entonces no malgastes mi tiempo con tus problemas. Resuélvelo tú.

Los narcisistas de este tipo son hipermoralistas, prejuiciosos, con una lealtad fría, en extremo rígidos y tienen una visión del mundo y un sistema de creencias casi de blanco y negro. Su grandiosidad se relaciona con su casi delirante creencia de que ellos saben qué es lo mejor, y en verdad creen que sus opiniones, trabajo y estilo de vida son superiores a los de otros. Se alzan imperiosos por encima de los demás y sienten desprecio por ellos. Se burlan de todo, desde sus decisiones alimentarias y sus hábitos de estilo de vida, hasta sus elecciones de pareja y sus carreras. Esperan una obediencia casi robótica ante sus creencias y devalúan la emoción, la fragilidad humana, los errores y la alegría.

El narcisista moralista espera que te alinees con su forma de hacer las cosas y no tolera ninguna desviación. Suelen llevar vidas organizadas con precisión: se levantan temprano, siguen una rutina estricta en la mañana, sus comidas son similares todos los días, siguen una agenda al pie de la letra y guardan sus cosas de manera ordenada (y esperan que todos en su entorno hagan lo mismo).

Pueden tener una ética laboral obsesiva y se mofan de cualquiera que haga tiempo para la clase de placer "equivocado" o de alguien que a su consideración no esté trabajando con suficiente empeño. También llegan a ser obsesivos con las actividades en su tiempo libre: si van a jugar golf, debe ser el juego correcto en el lugar correcto, o si hacen *spinning* tiene que ser en la clase correcta.

Negligente

Si te necesito, lo sabrás. De lo contrario, yo me dedico a lo mío y no tengo tiempo para ti.

Los narcisistas negligentes son completamente desprendidos. Su falta de empatía se manifiesta en su total indiferencia por los demás, y su arrogancia, en la creencia de que están muy por encima de tener que lidiar con relaciones humanas.

Su búsqueda de validación puede darse en espacios públicos, como en el trabajo, pero casi nunca dentro de los confines de una relación cercana. Pocas veces responden cuando les hablas y tienen poco o nulo interés en ti. Si estás en cualquier clase de relación con ellos, podrías sentirte como un fantasma en tu propia casa, como si dejaras de existir alrededor de ellos. Tal vez no sean confrontativos ni interactúen contigo de ninguna manera; por lo menos si pelearan, te dirigirían la palabra.

Maligno

La razón de que siempre tenga el control es porque la gente me teme y soy bueno para eso. Si alguien se mete conmigo, voy a hacer que ellos y cualquiera a su alrededor se arrepientan el resto de su

vida. Si alguien se interpone en mi camino, o no me da lo que quie-
ro, me aseguraré de conseguirlo.

El narcisismo maligno representa la tétrada oscura, que es la encrucijada entre narcisismo, psicopatía, sadismo y maquiavelismo, o la
voluntad de usar y explotar a los demás.[3] El narcisista maligno sólo se
diferencia del psicópata en que el primero sigue teniendo esa molesta inseguridad y ese sentido de insuficiencia que compensa a través
del dominio, mientras que el psicópata no experimenta la ansiedad
que observamos en el narcisismo. Cuando se sienten amenazados o
frustrados, la ira vengativa de los narcisistas malignos puede escalar
y volverse ruidosa y bombástica, mientras que el psicópata es capaz
de conservar la calma y la compostura, aunque estén enojados.

El narcisista maligno extrae un júbilo casi sádico de vengarse.
Difaman a la gente en público o dañan su reputación. Son altamente manipulativos, transaccionales, y juzgan a todos a partir de qué
tan útiles son, ya sea para el poder, la ganancia, el placer o la validación. En el marco más simple, el narcisista maligno es un *bully*:
es cruel, amenazador, incesante y apabullante. Es la forma más peligrosa de narcisismo: una suerte de última parada en el tren de la
personalidad antes de virar hacia la estación de la psicopatía. Sienten una indiferencia deliberada por tus necesidades y tu seguridad,
y explotan y manipulan a prácticamente todos. Su agresividad se
puede manifestar físicamente a través de la violencia y de una exhi-
bición abusiva de ira, insultos y crueldad interpersonal. Tienen un
sentido agudo de sospecha que bordea la paranoia; con frecuencia,
creen que alguien "conspira en su contra", lo que también alimenta
su agresión.

La batalla entre el narcisismo
y el trastorno de personalidad narcisista

Ha habido comentarios negativos sobre usar el término *narcisista* para describir a la gente. Muchos usan esta palabra para describir a patanes, políticos, celebridades, miembros tóxicos de su familia y exparejas. El narcisismo es mucho más complicado que alguien que se porta como un patán. Muchos terapeutas, analistas en medios de comunicación, jueces, abogados y otros sienten que el término es demasiado diagnóstico, demasiado etiquetador, demasiado derrotista o simplemente un poco cruel, sobre todo cuando se usa sin distinguir entre la característica y el comportamiento. Entiendo el miedo de etiquetar: reduce la complejidad de una persona a una sola palabra. Con regularidad usamos terminología de personalidades para describir a la gente —*introvertido*, *humilde*, *neurótico*—; sin embargo, el término *narcisismo* se topa con reacciones más potentes.

No obstante, sí hay un peligro de utilizar de más el término *narcisismo*, no sólo porque podría etiquetar de manera equívoca a alguien, sino porque pierde su potencia descriptiva. Muchas personas lo usan para describir a alguien que es presumido, que busca atención, que es superficial o infiel, pero no narcisista en sí. Esto genera múltiples riesgos: primero, la gente puede minimizar la difícil situación de quienes sí están en relaciones narcisistas, con lo que quizá no recibas el apoyo ni la empatía que necesitas. Segundo, que no recibas un entendimiento preciso de lo que en verdad es el narcisismo conllevará una oportunidad perdida para protegerte, y así será más probable que te culpes por el comportamiento de la persona narcisista. Y tercero, simplifica la compleja dinámica de la experiencia de la persona narcisista en el mundo, promoviendo que se malentienda todavía más. Por tal motivo, es importante usar el término correctamente, con moderación y criterio, pero también es relevante que sí llamemos a estas características, patrones y comportamientos por su nombre correcto.

Llamar algo por su nombre implica que sabemos cómo interactuar con ello, mantenemos expectativas realistas y que entramos a una situación con los ojos bien abiertos. Si alguien que suele ser empático y compasivo, el día que pierde su empleo responde un poco más agresivo de lo normal, pero al final se disculpa, asume la responsabilidad de sus actos y vuelve a ser amable y respetuoso, no es narcisista, sólo tuvo un mal día. Cuando una persona es encantadora en la superficie, pero no es empática, es pretenciosa y maleducada, luego tiene un mal día y se porta realmente desagradable, no se disculpa y te culpa a ti, es más probable que sea narcisista. Comprender que el narcisismo engloba una serie de características que se traducen en una serie de comportamientos interpersonales dañinos, que no se deben al mal día que pudo haber tenido esa persona nos permite dejar de malgastar nuestra vida tratando de arreglar estas relaciones o permanecer en situaciones imposibles.

También existe una idea generalizada, y a la vez engañosa, de que el narcisismo es un diagnóstico o una enfermedad. Muchas comunidades y terapeutas en línea creen que no puedes diagnosticar a la gente sin el entrenamiento y la evaluación adecuados (y en parte, es cierto). Sin querer humillan a los supervivientes de relaciones narcisistas y antagónicas reales diciéndoles que si una persona tiene un "trastorno", está mal describir su comportamiento como maltrato porque no tienen control de él, aun cuando sabemos que la gente narcisista puede ser bastante táctica sobre cómo muestra sus distintas caras. Esto ha llevado a algunos supervivientes a creer que quizá no tienen derecho a ver los patrones en la relación como tóxicos o abusivos, y que quizás ellos mismos son el problema.

Sin embargo, esto es problemático a distintos niveles. Primero, el narcisismo es un estilo de personalidad, no un trastorno. Un estilo de personalidad es la colección de características que juntas representan la personalidad dada de un individuo y se asocia con cómo se comportarían, manejarían, abordarían y responderían a la vida.

Sí, hay un diagnóstico llamado *trastorno de personalidad narcisista* (TPN), caracterizado por todos los patrones que observamos en una persona narcisista. Pero para recibir el diagnóstico, un médico con experiencia debe observar los patrones como generalizados, estables y consistentes, *y* los patrones deben resultar en impedimentos significativos en su función social y ocupacional, o angustiar a la persona. No podemos diagnosticar a un paciente con base en lo que otras personas estén experimentando, incluso si lo que experimentan es angustia y daño. El TPN es una enfermedad paradójica que puede lastimar a la gente con la que el narcisista interactúa más de lo que lastima al individuo narcisista en sí mismo. La gente que tiene estilos de personalidad narcisista no siempre los muestra en la terapia para una evaluación, y puede tomar varias semanas o incluso meses determinar el TPN de manera definitiva. Si acuden a su terapia, es posible que sea porque experimentan sus propios cambios de humor negativos (por ejemplo, ansiedad o depresión) o concurren cuestiones como uso de sustancias, se les está obligando a ir en favor de su imagen o su vida dio un giro que no les gusta (por ejemplo, su relación terminó), pero no necesariamente se presentan porque experimenten culpa por lastimar a otros (de hecho, casi todos los narcisistas son más propensos a pensar que los otros son los del problema, no ellos).

En lo personal, yo creo que el diagnóstico debería retirarse por completo, pues hay poca evidencia sustentable de un tratamiento accesible y poca fiabilidad entre médicos al asignar este diagnóstico. Va más allá del tema de este libro atender las complejas cuestiones alrededor del diagnóstico, pero el término *trastorno de personalidad narcisista* ha enturbiado las aguas del diálogo sobre el narcisismo. Todos tenemos una personalidad; sólo resulta más fácil llevarse con unas personalidades que con otras.

Para propósitos de este libro, no nos vamos a preocupar por el hecho de que alguien haya sido "diagnosticado". El descriptor *narcisismo* reflejará un tipo de personalidad y no un diagnóstico clínico. Hay demasiados supervivientes que minimizan su experiencia con la premisa de: "Bueno, mi padre/madre/pareja/amigo/colega/jefe/hijo no ha sido diagnosticado con nada, así que tal vez sólo estoy exagerando, y soy yo". Algunos de los lectores de este libro quizás estén recuperándose de una relación con alguien que sí haya recibido un diagnóstico de TPN; algunos tal vez estén intentando superar una relación con alguien que era lo suficientemente narcisista para que fuera un problema, y algunos quizá se estén sobreponiendo de una relación con alguien que hubiera recibido un diagnóstico de TPN, pero nunca vio a un terapeuta. Los efectos son los mismos en todos los casos.

Mitos sobre el narcisismo

Nos perdemos de algo importante cuando tratamos de simplificar el narcisismo o reducirlo a una sola característica. Los patrones y comportamientos narcisistas —como la grandiosidad ilusoria o definir un discurso cruel como "hablar de frente"— se están normalizando más en el mundo en general, y más personas están siendo dañadas por ello, por lo que tener claridad es aún más crucial. Exploraremos y desmentiremos algunos de los mitos más populares para ayudarte a evitar caer en las trampas narcisistas.

Los narcisistas siempre son hombres

Esto es falso. Seguramente varios de los lectores tienen madres narcisistas y saben muy bien que eso no es cierto. Si bien los estudios sí muestran que el narcisismo grandioso es más común entre los hombres, se puede encontrar narcisismo en todos los géneros.[4] El prototipo

del macho alfa grandilocuente perpetúa este mito, pero es un estereo-
tipo engañoso que nos lleva a no ver o dudar de los patrones tóxicos.

Es sólo presunción y arrogancia

La arrogancia es una superioridad pretenciosa. La persona cuya mi-
rada se pierde en la distancia cuando le estás hablando porque decide
que no vales su tiempo, o quien muestra poco interés en alguien más,
a menos de que crea que está "a su nivel" o le puede ser útil en ese
momento. Una persona narcisista es arrogante, pero el narcisista no
se queda contento con sólo creer que es mejor que los demás; por lo
general, también necesita dejar a la otra persona sintiéndose "menos
que" a través de rechazos despectivos y críticas o esnobismo, y dejar-
la confundida a través de manipulación y *gaslighting*. La arrogancia
hace tropezar a la persona; el narcisismo se ríe de ella cuando se cae.
Una persona arrogante simplemente puede ser privilegiada o presun-
tuosa, mientras que la persona narcisista tiene una psicología más
compleja que incluye inseguridad y fragilidad. La arrogancia es interpersonalmente incómoda y desagradable; el narcisismo es dañino.

No pueden controlar su comportamiento

¿Alguna vez has ido a una fiesta con una persona narcisista que sea
cercana a ti? Enfrente de otros, es una persona encantadora, carismática, y tú te sorprendes porque no reaccionó cuando alguien se burló
de ella de broma. Es posible que pienses: "Ay, a lo mejor estaba equivocado, a todo mundo le cae bien y se comporta muy bien". Luego, se
suben al coche al final de la noche y esa persona te ataca, simplemente te vomita encima toda su rabia. Te das cuenta de que, de hecho,
sí le molestó lo que le dijeron, pero pudo tomar la decisión de no

reaccionar para no verse mal delante de los demás, así como toma la decisión de soltarse contigo cuando no hay testigos.

La gente narcisista *puede* gestionar su comportamiento. Pueden dejarse llevar frente a la gente cercana (por ejemplo, miembros de su familia), pero en general no frente a personas "de estatus elevado" o personas nuevas cuya validación desea. Una mujer me contó una vez que su hermana narcisista a veces le llamaba por teléfono cuando estaba en el auto y le preguntaba con voz dulce si estaba sola, sabiendo que estaría en altavoz. Si la respuesta era que sí, entonces la hermana tiraba a matar y explotaba contra ella. Ésa es una decisión. No le gustaba la idea de que la gente pudiera escuchar su comportamiento iracundo, así que estaba consciente de que la ira no se ve bien. A diferencia de la gente que tiene tipos de personalidad más uniformemente desregulados y te grita igual frente a tus amigos, clientes y extraños, los narcisistas tienden a ser más tácticos y menos desorganizados. Saben qué se ve bien y qué se ve mal, y cómo elegir su público para mantener su imagen pública, mientras en privado usan de costales de box y títeres a quienes tienen más cerca.

Los narcisistas pueden cambiar

Toma un minuto para reflexionar sobre tu propia personalidad. ¿Eres introvertido? Si es así, ¿podrías transformarte en alguien que quiere salir cuatro noches a la semana y pasar mucho tiempo en la compañía de grandes grupos? ¿O eres agradable? La afabilidad, un estilo de personalidad caracterizado por empatía, altruismo, humildad, confianza y una voluntad de adherirse a las reglas, se asocia con una mejor salud mental y una mejor regulación emocional.[5] Digamos que eres agradable. ¿Quieres cambiar eso? ¿Sientes que *puedes* cambiarlo? ¿Crees que mañana puedes pasar de ser empático, humilde y ético a ser pedante, manipulativo, egocéntrico y buscar atención? No es probable, e incluso podrías preguntar: "¿Por qué querría hacer eso? No se sentiría bien y lastimaría a la gente a mi alrededor".

No es fácil cambiar de personalidad. La personalidad por lo general se ve como estable y relativamente inalterable. Algunos investigadores creen que una experiencia relevante, como el trauma, puede resultar en cambios de personalidad, así como ciertos traumatismos físicos, como una lesión cerebral o un infarto.[6] No obstante, para siquiera darle un empujoncito a una personalidad, el individuo debe estar comprometido con cambiar y creer que derivará en un resultado deseable. Incluso entonces, bajo condiciones de estrés sacaremos nuestra personalidad básica. El narcisismo se denomina un estilo de personalidad *desadaptativa* porque muchas veces enfrenta a una persona con otra. Sin embargo, cuanto más desadaptativa sea la personalidad, *más resistente será al cambio*. La gente con esta clase de personalidad tiene poco deseo de cambiar, sobre todo porque a muchas personas narcisistas les va bien económica y profesionalmente, y —dado que tienen muy poca conciencia de sí mismos o capacidad de autorreflexión— no se dan cuenta de la experiencia de los demás ni de su propia contribución a ella. En cambio, culpan a todos los demás cuando algo sale mal y son firmes en su determinación santurrona de ser buenos. Si una persona narcisista no cree que haya motivo para cambiar —y de hecho, es posible que crean que les hará daño o les quitará su "ventaja"—, no será más probable ni ellos serán más capaces de hacer el cambio hacia la amabilidad o volverse conscientes de sí mismos de lo que tú serías capaz de dejar de ser agradable para volverte desagradable. Los cambios en la personalidad son posibles, pero éstos requieren una participación enorme de la persona que promueve la transformación. Por ejemplo, una persona que en verdad quiere ser más concienzuda porque cree que esa cualidad la volvería una mejor estudiante quizás esté dispuesta a hacer el esfuerzo de cambiar, pero incluso así seguiría siendo muy difícil.

A todo el mundo le gusta una historia de redención. El mito es que todas las personas pueden cambiar y, si toda la gente puede cambiar, entonces un narcisista también. Si los amas lo suficiente o calmas sus inseguridades, si descubres una mejor manera de hablar con ellos o si *tú* eres suficiente, la relación funcionará. Pero la realidad es que esto es extraordinariamente improbable, y cualquiera que cite el caso de un narcisista que haya hecho un giro de 180 grados —de ser un tirano a ser una adoración— está hablando de un unicornio. Existe mínima investigación que apoye el resultado de cambios conductuales clínicamente significativos en un narcisista, así que no lo compliquemos más y reconozcamos la probabilidad de que la gente narcisista de tu vida tal vez no vaya a ser la excepción a la regla.

Problemas de salud mental que se superponen con el narcisismo

La gente que convive con personas moderadamente narcisistas podría experimentar dificultad para diferenciar este estilo de personalidad de otras cuestiones de salud mental. Esto es porque el narcisismo puede magnificar o parecerse a otros patrones de salud mental. Por desgracia, la presencia de narcisismo hace que el tratamiento de otras cuestiones de salud mental sea mucho más complicado.

Observamos más seguido superposiciones y asociaciones entre narcisismo y los siguientes problemas de salud mental: trastorno de déficit de atención e hiperactividad (TDAH),[7] adicción,[8] ansiedad, depresión,[9] trastorno bipolar,[10] trastornos del control de impulsos[11] y PTSD. Estas superposiciones podrían ser más pronunciadas con ciertos subtipos de narcisismo, por ejemplo, cómo la ansiedad social se observa comúnmente en un narcisista vulnerable.[12] La grandiosidad y los estados de ánimo variables, irritables y reactivos que observamos en el narcisismo a veces pueden derivar en que se atribuyan los patrones de personas narcisistas a un trastorno bipolar o a la hipomanía (una manía de menor grado en que una persona es capaz de trabajar y funcionar). El trastorno bipolar es completamente distinto del narcisismo; sin embargo, no es inusual que una persona presente trastorno bipolar y narcisismo de manera simultánea,[13] una combinación que puede resultar en la persistencia de la grandiosidad mucho después de que haya pasado el episodio maniaco. El estado de ánimo irritable es muchas veces una característica presente en la depresión, y la irritabilidad es una cualidad que se observa en muchas personas narcisistas. Si bien sabemos que el narcisismo y la depresión están vinculados,[14] no es poco común que la depresión observada en el narcisismo vulnerable sea tan pronunciada que el terapeuta no logre ver los patrones narcisistas, así que, aun cuando la depresión mejore, los patrones narcisistas implican que el victimismo, la irritabilidad y la apatía continuarán.

La gente que es narcisista muchas veces experimenta al mismo tiempo trastorno de déficit de atención e hiperactividad (TDAH), o evidencia de problemas de atención.[15] Es un reto porque se puede utilizar el TDAH como excusa para explicar por qué la persona narcisista es impulsiva o no puede poner atención cuando le hablas (pero es capaz de estar totalmente atenta cuando la conversación es sobre ella o estar enfocada en algo que sí le importa), y el TDAH en sí mismo no está asociado con manipulación, pretensión ni falta de empatía.

El narcisismo puede complicar el tratamiento para el uso de sustancias, aumentar la probabilidad de recaída, y la grandiosidad implica que una persona narcisista podría pensar que no necesita terapia y abandonar el tratamiento o no iniciarlo en primer lugar.[16] La adicción podría enturbiar las aguas para ti en la relación, pues podrías creer que su mal comportamiento remitirá una vez que estén sobrios, o podría preocuparte que terminar la relación los conduzca a una recaída.

No es inusual que las personas que desarrollan personalidades narcisistas tengan experiencias de trauma, abandono o caos en su infancia, e investigadores como Tracie Afifi y otros colegas han sugerido que el narcisismo —en particular, la impulsividad y la ira— está relacionado con experiencias adversas en la infancia.[17] Sin embargo, una gran cantidad de gente con personalidades narcisistas no han vivido un trauma significativo, y la mayoría de la gente que experimenta traumas no desarrolla personalidades narcisistas. Dicho lo cual, si eres consciente de que el narcisista en tu vida tiene antecedentes de trauma, es posible que hayas tenido que lidiar con culpas e incluso creer que no es justo hacer responsable a esa persona de sus actos, cuando su comportamiento es de naturaleza postraumática.

Tales superposiciones se pueden volver muy confusas y podrías descubrirte justificando su proceder ("Tal vez sólo está ansioso…", pero la mayoría de las personas ansiosas no maltrata). La clave es recordar que la personalidad es consistente, como ese ritmo de fondo que suena de manera constante atrás de la voz. Otros patrones de salud mental podrían sólo encenderse en ocasiones o ser manejables con medicamento e intervenciones. Muchas personas narcisistas se apropian de las explicaciones de salud mental para su comportamiento crónico invalidante como un argumento más justificable, y luego de todas maneras no comienzan un tratamiento ni intentan cambiar su comportamiento. Asimismo, notarás que es más difícil establecer límites o alejarte de la relación cuando subsumes sus patrones narcisistas a otras cuestiones de salud mental. Irónicamente, es casi siempre la gente que se relaciona con narcisistas la que va a terapia, mientras que el narcisista rara vez se interesa en recibir tratamiento.

El narcisismo sigue representando un páramo turbio y frustrante del mundo de la salud mental. El entorno de la salud mental tal vez haya abdicado de la responsabilidad para comprender y justificar el narcisismo, quizá por el sentido de futilidad que estas personalidades generan en los terapeutas, pero no es excusa. Se trata de un dilema único en el mundo de la salud mental: comprender un estilo de personalidad en un grupo de gente para proteger a otros.

Entonces, ¿qué hay de Carlos y Adam? Después de leer este capítulo, es probable que ya sea más claro que Adam tiene los patrones crónicos, hirientes, invalidantes e incesantes consistentes con el narcisismo, aun cuando el mundo podría percibirlo como un buen tipo. El comportamiento descuidado y egoísta de Carlos puede provocar dolor, sin embargo, también hubo conciencia, contrición y otros comportamientos empáticos y más sanos de larga duración. Una sola conducta no hace a un narcisista.

El narcisismo es una serie de características que van de la mano como estilo de personalidad, y recae en un continuo de leve a severo. Estos rasgos en sí mismos no son el problema; lo que es tan dañino son las tácticas y las conductas que les siguen. Los actos que llevan a cabo los narcisistas para dominar y proteger su fragilidad son donde empieza el daño. Podrías sentirte culpable cuando crees que alguien cercano a ti es narcisista, y es posible que evites identificar el comportamiento como dañino porque todo se siente incómodo. Esta culpa e incomodidad con emplear la palabra *narcisismo* ha mantenido a muchos en las sombras, y si ése es el caso, no te pierdas en el hecho de nombrar la personalidad, y mejor permítete observar con claridad el comportamiento.

Casi ninguno de nosotros está lidiando con la versión villana del narcisismo, sino con los que se encuentran en algún punto medio. La pregunta es: ¿cómo se presenta la conducta narcisista en tu relación? Ya sabes lo que es, ya conoces los tipos; ahora es momento de desempacar estas relaciones y sus comportamientos asociados. Una vez que comprendas el ciclo de abuso narcisista, estarás en un mejor lugar para dejar de culparte a ti mismo... y empezar a sanar.

La muerte de los mil cortes:
la relación narcisista

Imagina lo fácil que sería para nosotros aprender a amar
si partiéramos de una definición compartida.

BELL HOOKS

Jordan se sentía asqueado de todavía querer complacer a su papá; se sentía como un niño de cuarenta y cinco años que seguía tratando de hacer que su papá jugara beisbol con él. Su infancia había sido una montaña rusa. Los buenos tiempos se sentían como un sorprendente día cálido en medio del invierno, y los atesoraba y deseaba que nunca terminaran, porque sabía que pasaría una eternidad antes de vivir otro.

Jordan veía a su papá como el pez gordo en la ciudad mediana donde vivían. Se movía en autos clásicos y se reunía con su séquito en establecimientos locales donde la gente le prodigaba halagos. Pero también explotaba cuando las cosas no se daban a su manera. El solo hecho de ir a un restaurante era una experiencia angustiante. Su padre le gritaba a cualquiera que no lo tratara con deferencia, y decía cosas como: "¿Qué no sabes quién soy? Podría cerrar este lugar si me diera la gana". Toda la familia se organizaba alrededor de los intereses de su padre. Los fines de semana se tenían que modificar para incluir su horario en el campo de golf y se esperaba que la familia fuera y le aplaudiera en cada torneo. Sus padres llevaban cincuenta años de casados, y su madre se había convertido en el cascarón de su antiguo yo: muchas veces parecía triste, ansiosa y asustadiza, y para Jordan era casi imposible creer que alguna vez hubiera tenido una próspera carrera. Le dolía ver lo insensible que era su padre con ella, y Jordan pasó muchas noches escuchándola llorar.

Jordan notaba que su papá les ponía más atención a los hijos de sus amigos que a él y a su hermana. Así que aprendió a evitar a su padre al mismo tiempo que deseaba su atención. Se preguntaba: *¿Qué me falta? ¿Por qué no soy suficiente para él?* Jordan era un alumno excelente, un gran violinista en la orquesta de su escuela y una persona amable. Sin embargo, su padre se burlaba de su talento musical ("¿Qué vas a hacer, tocar tu violincito a nivel profesional?"), ridiculizaba sus sentimientos y nunca hacía un esfuerzo real por conocerlo. Su mamá estaba tan perdida en su infelicidad y su extenuación por tratar de complacer a un hombre que no podía ser complacido, que casi nunca registraba las necesidades de Jordan. Él incluso trató de aprender a jugar golf para poder conectar con su padre, pero se dio cuenta de que odiaba ese deporte. La única vez que Jordan jugó con él, su padre insultó sus capacidades todo el tiempo.

Conforme Jordan entró en la edad adulta, seguía viéndose en situaciones de desempleo, vendiéndose como poca cosa y en relaciones con gente a quien quería "arreglar". El primer matrimonio de Jordan con una mujer difícil terminó en divorcio y había estado tratando de encontrar estabilidad desde entonces. No se sentía capaz de alejarse por completo de su familia. Se sentía impulsado a proteger a su madre —aunque también estaba enojado por verla aguantar el comportamiento de su padre— y sentía una atracción inexplicable por querer ganarse a su padre. Se culpaba a sí mismo por su carrera deslucida, por su matrimonio fallido, por no ser capaz de "entender" a su papá.

La historia de Jordan ilustra lo que le hace el narcisismo a los demás. La personalidad de su padre se tradujo en un comportamiento que lastimó a su familia. La ira, la conducta pretenciosa, las expectativas poco reales que tenía su padre de que la familia simplemente fuera el público de su comportamiento en busca de validación, las burlas y los desprecios... todo eso no sólo lastimaba a Jordan, sino a su madre también. Esta conducta se llama *abuso narcisista*.

Muchas veces, los patrones y las características del narcisismo se pueden traducir en conductas de la relación que son dañinas y nocivas, como la invalidación, la manipulación, la hostilidad, la arrogancia y la presunción, y permiten que la persona narcisista conserve el poder y el control en la relación. Todo esto sucede frente al telón de fondo de otros rasgos narcisistas, como buscar validación, lo que quiere decir que conservan aun el encanto necesario para obtener esa validación. Mientras tú experimentas los patrones dañinos dentro de la relación, el mundo podría seguir viendo la máscara carismática, lo que te dejará con una sensación de confusión e indecisión.

En este capítulo desmenuzaremos el abuso que se da en estas interacciones.

¿Qué es el abuso narcisista?

El abuso narcisista se puede definir como los patrones y las conductas interpersonales hirientes, engañosas e invalidantes, y la alternancia entre disrupciones de seguridad y confianza, y periodos de normalidad e incluso de goce que se observan en una relación con una persona que tenga un estilo de personalidad caracterizado por el narcisismo o el antagonismo. Esta definición se basa en investigaciones, práctica clínica, artículos teóricos y los miles de personas (incluyendo pacientes) con quienes he hablado que han experimentado un comportamiento narcisista en su familia, sus relaciones íntimas, sus amistades, sus lugares de trabajo y sus comunidades. Tales conductas hirientes le permiten a la persona narcisista/antagonista ejercer el control y el dominio en la relación, y mantener una valoración grandiosa y distorsionada de sí mismos —lo cual protege su vulnerabilidad, inseguridad y fragilidad, y suprime su vergüenza—, al tiempo que deriva en un daño psicológico considerable para la otra persona o personas en la relación. El maltrato alterna con periodos de conexión y confort. Asimismo, existe por lo general el mantenimiento de repertorios conductuales separados típicos de la persona narcisista: prosocial y gregario en público, mientras que en privado se comporta antagonista y manipulativo, y propicia un entorno descuidado con parejas, familia y otros, cuya validación se aprecia menos. En otras palabras, los narcisistas te hacen sentir pequeño para que ellos se puedan sentir seguros.

Una forma de comprender el abuso narcisista es considerar la pregunta: "¿Qué necesita una persona narcisista?". La respuesta es control, dominio, poder, admiración y validación. Su forma de obtenerlo es por medio del abuso narcisista.

Así como el narcisismo existe en un continuo, sucede lo mismo para el maltrato. Un abuso narcisista moderado se puede sentir como que te den por sentado y te sientas crónicamente decepcionado, mientras que en un extremo severo, podemos observar violencia, explotación, acoso y control coercitivo.[1] La mayoría de la gente afectada por el abuso narcisista no sólo lidia con la distracción y la ira de un adulto narcisista obsesionado con las redes sociales, o con su violencia y coerción. En cambio, se enfrentan a un abuso narcisista moderado: invalidación sistemática, minimización, manipulación, furia, traición y *gaslighting* con periodos mezclados de algo "normal" y "bueno". Para el mundo, es posible que tu relación se vea bien, mientras que tú vives en una bruma confusa e incómoda.

Veamos algunas de las tácticas, estrategias y comportamientos comunes que usa una persona narcisista para cubrir sus propias necesidades narcisistas. También aprenderás cómo funcionan estos ciclos y los patrones arraigados que te pueden mantener atascado, aun si existe la conciencia de que no es sano. En conjunto, todos los patrones que comprenden el abuso narcisista erosionan tu identidad, tu intuición y tu sentido del bienestar.

Gaslighting

El *gaslighting* es el centro de mesa del maltrato narcisista y opera a través del patrón sistemático de generar duda respecto a tus experiencias, recuerdos, percepción, criterio y emociones. Un *gaslighting* sostenido provoca que cuestiones la realidad y se califica como abuso emocional. El *gaslighting* puede incluir negar que ciertos eventos ocurrieron, comportamientos que mostraron, experiencias que tuviste o palabras que se dijeron. Una persona que hace *gaslighting* puede mover cosas alrededor de la casa y luego negar haberlo hecho. Algunos comentarios típicos de *gaslighting* son:

- "Eso nunca pasó; yo nunca hice/dije eso."
- "¿Por qué siempre estás tan enojado?"
- "Estás exagerando; no estuvo tan mal."
- "No tienes ningún derecho de sentirte así."
- "Todo está en tu cabeza."
- "Otras personas la están pasando peor que tú, deja de ser una víctima."

El *gaslighting* es un proceso gradual. Requiere que tengas cierto nivel de confianza o fe en las habilidades de quien hace *gaslighting*, del mismo modo que podemos tenerla con alguien de quien nos estamos enamorando, un familiar o un empleado. El que hace *gaslighting* capitaliza esta confianza y la usa para desmantelarte, con lo que conserva su poder.[2] Planta la semilla de la duda en ti ("Eso nunca pasó, no tienes derecho a sentirte así"), y luego dobla la apuesta cuestionando tu estabilidad mental ("Debes tener un problema de memoria, ¿estás seguro de que no tienes alguna enfermedad mental? Creo que mejor lo hago yo, porque claramente tú no puedes"). Hacer *gaslighting* también le permite a la gente narcisista conservar su narrativa y su versión de la realidad, lo cual sirve como función protectora del ego para ellos, pero a ti te hace daño. Con el tiempo, es posible que quieras aceptar el *gaslighting* como la realidad, dificultando todavía más que puedas salirte de esa relación.

Para la gente criada por un padre o madre narcisista, el *gaslighting* puede significar que las experiencias de maltrato en la casa se negaban y el *bullying* de parte de los hermanos se minimizaba. Lo que es peor, al volverse adultas, las personas niegan sus experiencias difíciles de la infancia, aun cuando se cuestionen sobre el tema. Crecer en el seno de una familia que hacía *gaslighting* no sólo implicó soportar abuso emocional, sino ver las experiencias de tu infancia llevadas a la ficción.

El *gaslighting* no es un desacuerdo, tampoco es una mentira. Cualquiera que haya querido alguna vez mostrarle "evidencia" a una persona que lo hizo, como mensajes de texto o videos, sabe que eso no lleva al narcisista a hacerse responsable. En cambio, redirigen la atención de la evidencia hacia cuestionar tu bienestar mental, o siguen repitiendo la narrativa distorsionada. La persona podría decirte: "No quiero perder mi tiempo hablando con alguien que elige espiarme y buscar en mi teléfono. Qué miserable de tu parte". O podrían incluso torcer la situación convirtiéndola en un duelo de realidades. "Bueno, ésa es tu realidad", podrían decir, aun cuando tú eres la persona con el documento firmado o el correo que le quita poder a lo que están diciendo.

Si te mantienes firme ante su cuestionamiento, el narcisista podría decir: "Bueno, si así es como te sientes, entonces quizá no estás comprometido con esta relación". Al final, para que una relación con un narcisista dure, te debes someter a su realidad. Cuando esa persona sugiere que tu deseo de recibir reconocimiento en la relación significa que en verdad no la quieres, podrías dimitir, tirar la evidencia y ceder para mantener a flote la relación.

Otro marco de referencia para comprender todavía mejor el *gaslighting* nos lo da la doctora Jennifer Freyd, una renombrada psicóloga mejor conocida por su trabajo sobre traición. Ella conceptualizó el modelo DARVO para explicar la respuesta de cualquier maltratador, pero claramente alguien que hace *gaslighting* responderá cuando se le confronte sobre su comportamiento. DARVO significa *denegar o negar* (el comportamiento), *atacar* (la persona que la confronta sobre la conducta) y *revertir la víctima en el ofensor* (quien hace *gaslighting* se posiciona como la víctima —por ejemplo, "Todos me quieren perjudicar"— y a la otra persona como el maltratador —por ejemplo, "Siempre me atacas y me criticas").[3] DARVO es la puntuación del *gaslighting* y ayuda a la gente a comprender por qué pueden sentirse no sólo confundidos y "dementes", sino incluso como si fueran "malas personas" después de haber sufrido *gaslighting* durante un extenso periodo.

SEÑALES DE QUE HAS SIDO VÍCTIMA DE *GASLIGHTING*

- Sentir la necesidad de enviar correos electrónicos o mensajes de texto con explicaciones extensas a quien hace *gaslighting*.
- Aportar una "base empírica" para justificar sentimientos (por ejemplo, mostrarles mensajes de texto viejos).
- Grabar conversaciones, ya sea abierta o secretamente, para tener pruebas de lo que dijiste.
- Depender demasiado de la retroalimentación de otras personas para determinar cómo te sientes.

- Dar largos preludios antes de decir algo.
- Sentirte inclinado a poner toda comunicación por escrito como "prueba".
- Ceder y estar de acuerdo para poder convivir.

Los patrones DIMMER

Desdén, invalidación, minimización, manipulación, explotación y rabia.

Son patrones conductuales específicos que engloban la devaluación que experimentas en relaciones narcisistas. Yo uso el acrónimo DIMMER (regulador, en inglés) para describir este conjunto de patrones porque la relación narcisista se puede ver como un interruptor que regula tu sentido de identidad y bienestar.

El hecho de estar en una relación narcisista implica que tus necesidades, emociones, creencias, experiencias, pensamientos, esperanzas y hasta tu sentido de identidad se *descarten* e *invaliden*. Esto puede ser tan simple como que el narcisista no escuche algo que dices o lo desestima despectivamente ("Eso es ridículo, a nadie le importa lo que estás diciendo"). Con el tiempo, se puede sentir deshumanizante, porque cualquier cosa que sacas a colación se descarta como falta de relevancia o simplemente no se atiende, y eso puede hacerte sentir poco a poco como si no existieras. La experiencia de rechazo e invalidación puede ocurrir de manera gradual, y lo que en un inicio se sentía como una diferencia de opiniones, puede involucrar un repudio a gran escala.

El rechazo muchas veces anuncia la desconsideración, así como un absoluto menosprecio e indiferencia por ti y cualquier cosa que te importe. La invalidación es no ser visto, sentido, escuchado ni experimentado. Mientras que la displicencia es un rechazo, la invalidación es una negación. La displicencia es ignorar una inquietud o necesidad que puedas tener; la invalidación es que recibas burlas por tus necesidades y se te nieguen de manera crónica ("No seas llorón y no me hagas perder un día en tus consultas con el doctor, no puedo cambiar tu enfermedad ahí sentado y no soporto los hospitales"). Con el tiempo, la invalidación se roba tu voz y, finalmente, tu sentido de identidad. En los primeros días, quizá frunzas el ceño y te preguntes: *¿Me escuchó siquiera?* Si creciste con un padre o madre narcisista, la invalidación te es familiar; no sólo recibías atención de manera inconsistente, sino que, cuando te hacían caso, muchas veces recibías humillaciones, burlas o rechazos. Con el tiempo puede parecer más seguro no ser visto.

La minimización es cuando la persona narcisista reduce tu experiencia al punto de que pueden llegar hasta a negarla. El abuso narcisista suele conllevar que tengas la sensación de ser minimizado con comentarios como "No es para tanto" o "No entiendo por qué algo tan tonto te está molestando". No sólo se minimizan tus sentimientos y tu experiencia, sino tus logros, por ejemplo, trivializando una promoción que recibiste o la dificultad de terminar tu maestría en la universidad. Hay cierta hipocresía en el acto de minimizar: cuando algo le sucede a la persona narcisista, se siente con el derecho de convertirlo en un asunto o una sensación tan enorme como quiera, pero va a empequeñecer la misma experiencia si te ocurre a ti. Minimizar puede incluso ponerte en riesgo, en particular cuando la gente narcisista minimiza tus inquietudes de salud, lo cual tal vez resulte en retrasar la búsqueda de ayuda o tratamiento.

La gente narcisista utiliza la manipulación para controlar o influir en ti con la intención de alcanzar un objetivo deseado que tal vez no sea lo mejor para ti, pero sí para ellos. En lugar de ser transparentes sobre lo que quieren o por qué necesitan tu ayuda, juegan con tu vulnerabilidad emocional —culpa, obligación, baja autoestima, confusión, ansiedad o miedo— para obligarte a hacer lo que les sirve a ellos. Cualquiera que haya escuchado a su padre o madre narcisista adulto decir algo parecido a: "Oh, no me molesta si no vienes a la cena, tal vez no pueda cocinar de todas maneras, me ha estado doliendo la espalda, y cada año me pregunto si será la última vez que pueda preparar una comida tan grande, pero entiendo que tengas otras cosas más importantes que hacer" sabe lo que es manipulación.

La *explotación* hace referencia al proceso de tomar ventaja de otra persona injustamente. Implica aprovecharse de las vulnerabilidades ya existentes o crearlas, como aislarte o volverte económicamente dependiente y sacar ventaja de esa situación. También podría incluir sacar ventaja del dinero, la gente y otros recursos que hayas aportado a la relación. La gente narcisista podría insinuar que les "debes" algo, por ejemplo, tus padres incluso señalarían que estás en "deuda" porque te dieron casa y comida. La explotación significa que habrá una deuda psicológica creada si alguna vez aceptas un favor, y en el futuro, si te sientes incómodo con algo que el narcisista te pida, te recordará lo que hizo por ti en el pasado.

La ira de la persona narcisista puede ser el aspecto más aterrador del abuso narcisista. La gente narcisista se siente con derecho a expresar su ira volátil y reactiva, que muchas veces se activa por vergüenza. Si les provocas una sensación de insuficiencia, muchas veces te agarrarán de blanco para su agresión abierta (gritar y subir la voz) o una agresión pasiva (evadirte, no dirigirte la palabra, mostrar resentimiento).[4] Es posible que entonces sientan vergüenza por haber mostrado su rabia porque en realidad saben que no se ve bien, así que te culparán por ello y el ciclo entero empieza de nuevo.

Lo renuentes que están los narcisistas a controlar sus impulsos significa que pueden ser muy reactivos, sobre todo cuando se sienten provocados, tienen envidia o han perdido poder. La gente narcisista tiene una gran sensibilidad al rechazo, y cualquier experiencia que les sepa a rechazo o a abandono recibe una reacción de enojo como respuesta.[5] La ira del narcisista sale a relucir en casi todas las plataformas de comunicación posibles —mensajes de texto, mensajes de voz, correos electrónicos, mensajes en redes sociales, llamadas, encuentros en persona— y a través de comportamientos como pelearse en el tránsito. La ira es la manifestación conductual más clara del abuso narcisista, y te cobra un precio tremendo.

Los patrones de dominio

Dominio, aislamiento, venganza y amenazas

El maltrato de parte del narcisista tiene que ver con el *dominio*, el cual es un contrapeso para la insuficiencia y la inseguridad que se encuentran en el núcleo de la personalidad narcisista. La necesidad de controlar agendas, apariciones, decisiones económicas y la narrativa es una parte clásica del comportamiento narcisista. Su control también se puede sentir malicioso y simplemente funge como canal para demostrarte quién manda. Puede darse cuando una persona narcisista se niega a ir a un evento que te importa, lo cual puede implicar que tú tampoco irás. Usarán el dinero para controlarte; por ejemplo, pagar tu renta para hacer que vivas cerca u ofrecerse a pagar las cuentas médicas de un familiar para que te sientas silenciado y en deuda. El control se extiende al *aislamiento*. El abuso narcisista muchas veces consiste en que la persona narcisista critique a tu familia, tus amigos y tu lugar de trabajo, y cuando estén con esas personas, el narcisista se comportará de una manera insultante y grosera. Una persona narcisista también puede inventar cosas sobre la gente cercana a ti para hacerte cuestionar su lealtad y amistad. El resultado es que poco a poco tengas menos contacto con la gente que te importa, o que ellos ya no vayan a ti. Cuanto más aislado quedes, más fácil será controlarte.

La *venganza* y la justificación son otras características comunes del abuso narcisista, y la gente narcisista puede ser tenaz. Ni el infierno mismo conoce la furia de un narcisista despechado. Su comportamiento vengativo puede variar, desde esparcir chismes dañinos en el trabajo o robar contactos laborales, hasta cosas más grandes, como renunciar a su trabajo para no tener que pagar manutención o excluirte de la familia porque marcaste un límite. El desafío de la venganza de un narcisista es que la gente con esta personalidad es hábil para volar bajo el radar, lo cual quizá limite tu capacidad de tomar medidas legales; a fin de cuentas, ser un desgraciado no es ilegal. El abuso narcisista se caracteriza por *amenazas* grandes y pequeñas: legales, de exponerte ante personas clave en tu vida o económicas o de custodia durante un divorcio tan sólo para crear una sensación de peligro. Las declaraciones de grandiosidad como "Nadie se mete conmigo" o "Te veo en el juicio", o incluso un comportamiento que te haga sentir que tienes que cuidarte las espaldas promueve el dominio.

Los patrones desagradables

Discutir, provocar, redirigir culpas, justificar, racionalizar, criticar, ser desdeñoso, humillar, palabrerías o ensaladas de palabras

Este conjunto de patrones refleja tácticas que la gente narcisista muchas veces utilizará para lograr la misma meta que cualquier otro comportamiento narcisista: controlar la narrativa. Los narcisistas aman pelear, debatir, argumentar o cualquier forma de conflicto. *Discutir* les da otra forma de recibir su suministro, sacar un poco de vapor, airear sus quejas y continuar dominando. Es como el aforismo "Nunca luches con un cerdo; acabarás embarrado y al cerdo le encanta". Cuando intentas alejarte de estas relaciones, no es inusual que el narcisista te pique y trate de provocar un pleito. La forma más común de lograr esto es con una *provocación*. En ocasiones será torciendo tus palabras: "Pensé que habías dicho que odiabas a la hermana de tu marido". Te metes de inmediato para defender algo que es claramente una mentira y empieza la discusión. Desafortunadamente, si no muerdes el anzuelo, sólo seguirán subiendo el volumen y sacarán a colación asuntos que te importen más. Una vez que caigas y ya estés echando humo, darán un paso hacia atrás con toda calma y te señalarán como la persona desregulada y volátil.

El abuso narcisista siempre entraña una *redirección de la culpa*. Nada nunca es su responsabilidad ni su culpa porque, para una persona narcisista, asumir responsabilidad o aceptar culpabilidad implica tener que reconocer que son imperfectos y tienen que rendir cuentas. Redirigir la culpa les permite mantener su grandiosidad y su concepción moralista de sí mismos como superiores a ti o como víctimas de las circunstancias. En relaciones íntimas, es tu culpa que hayan sido infieles. Con padres narcisistas, es tu culpa que no hayan podido alcanzar sus sueños. Con hijos adultos narcisistas, es tu culpa que no puedan conservar un empleo. En relaciones laborales narcisistas, es tu culpa que se les hayan pasado todas las fechas límite y que no lograran cerrar el trato. No tiene caso discutir porque no te llevará a ninguna parte, ya que la gente narcisista se aferra a su aseveración de que es culpa de todos los demás, no suya.

Redirigir la culpa con frecuencia se apoya en justificaciones. *Justificar* y *racionalizar* son elementos clave del maltrato narcisista y se relacionan con patrones como el *gaslighting*, la manipulación y la negación. Por ejemplo, una persona narcisista podría decir: "Fui infiel porque tú dejaste de ponerme atención desde que nació el bebé, aun cuando trabajo todo el tiempo para conservar nuestro estilo de vida. Tú nunca aprecias todo lo que yo hago". Con el tiempo es posible que te empieces a sentir tan mal como si fueras tú quien estuviera haciendo algo incorrecto, pues se te está utilizando como la justificación de su mala conducta. Las personas narcisistas pueden discutir como si fueran abogados y encontrar justificaciones frías y lógicas para comportamientos que te hieran con tal de que puedan ganar la discusión.

Otros patrones de batalla que caracterizan el abuso narcisista son *criticar* casi todo lo que haces. La crítica se puede revelar como *desprecio* hacia ti, tus hábitos, tu vida o tu mera existencia, pero también puede ir un paso más adelante e incluir *humillación*. Se puede enmarcar como burlas delante de otros y restarle importancia como si fueran bromas, pero también se podrían comunicar de manera indirecta a través de actos no verbales, como poner los ojos en blanco. Humillarte y avergonzarte es una forma inconsciente que la persona narcisista usa para eliminar su propia vergüenza al orientarla hacia alguien más.

Un elemento clásico de los aspectos desagradables del abuso narcisista es abrumarte con galimatías o palabrerías. Esto es cuando lo que dice una persona en realidad no significa nada (por ejemplo, "Veo mis metas como si fueran yo, y yo para el crecimiento y el mundo") o un aluvión de palabras que te caen encima y sacan a colación múltiples cosas del pasado al azar. Por ejemplo, le preguntas a una pareja narcisista por qué sigue quedándose tan tarde a trabajar y te puede atacar con "Yo soy un luchador y tú eres una cazafortunas. Yo trabajo muy duro para que podamos comer, y quiero esforzarme. Yo doy, tú tomas, yo me esfuerzo y doy. Yo no sé lo que haces tú todo el día. ¿Tú qué haces? ¿De dónde sale nuestra comida? Ni siquiera me sé la contraseña de tu teléfono. Yo trabajo y tú juegas. ¿Cómo se llama él? A lo mejor debería aparecerme ahí ahora mismo".

Confuso, ¿no?

Los patrones de la traición

Mentir, ser infiel, fingir futuros

El abuso narcisista se puede sentir tan devastador porque alguien que dice amarte fue capaz de engañarte y abusar de tu confianza. Los narcisistas *mienten*; eso es lo que hacen. No son tan hábiles como los psicópatas mentirosos, pero están cerca. Los narcisistas mienten para conservar sus narrativas de grandeza, obtener atención y vender una imagen al mundo, y mienten para crear un cerco para su vergüenza. La mentira y la traición por lo general se dan juntas. La *infidelidad* narcisista puede ser particularmente dolorosa, y la persona narcisista podría no sentir remordimiento, culparte y entrar rápidamente en un modo de autopreservación para no quedar mal ante otros. Muchas veces no reconocemos lo impactante y traumática que puede ser la traición, pero cuando alguien en quien confías te traiciona, amenaza tu sensación de seguridad y socava tu capacidad de confiar en el futuro.[6] Durante demasiado tiempo hemos visto la traición como un hecho desafortunado que puede darse en una relación, pero eso pasa por alto lo devastadora que puede ser esta dinámica común de las relaciones narcisistas.

Luego, tenemos los *futuros ficticios*. ¿Alguna vez has tenido una experiencia en que el narcisista promete cambiar o te ofrece algo que querías —ya sea casarte, mudarte a cierto lugar, tener hijos, irse de vacaciones, pagarte el dinero que le prestaste, ir a terapia, etcétera— para hacer que continúes en la relación, y luego eso nunca sucede o las fechas se siguen moviendo? Fingir futuros es un elemento en particular retorcido del abuso narcisista. La gente narcisista sabe lo que quieres, así que te lo ofrecen como una manipulación para atraerte de nuevo y mantenerte enganchado. La mayoría de las promesas sobre futuros ficticios están vinculadas a alguna fecha posterior: "Nos mudamos en un año", "Te pago el dinero en cuanto venda la casa",

"Iré a terapia una vez que mi horario de trabajo cambie". Tú única alternativa es hacer una apuesta (una mala). No puedes esperar que te casarás en ese minuto o en una semana o que sí te mudarás en unos días o que la terapia cambiará las cosas de la noche a la mañana. Así que esperas y esperas y esperas. Si preguntas sobre lo que se prometió antes de esa fecha, el narcisista probablemente te acusará de presionar. Si dices: "No te creo", cuando lo ofrecen al principio, dirán: "¿Cómo puedes saber que es cierto si no me das la oportunidad?". Pero cuando transcurre el año o el tiempo que se haya acordado, la promesa nunca se cumple y ya no puedes recuperar ese año.

Los patrones de privación

Privación, migajas

El narcisismo como estilo de personalidad consiste en una intimidad transaccional; la gente narcisista entrega su tiempo o su cercanía sólo cando recibe una paga tangible (suministro narcisista). Esto quiere decir que el abuso narcisista también versa en la *privación*: de intimidad, tiempo, cercanía, atención y amor. La relación consiste en que bajes a perpetuidad una cubeta a un pozo vacío y de vez en cuando saques un poco de agua, pero en términos generales te la pasas sacando cubetas vacías. En otras ocasiones la relación se puede sentir como si intentaras sobrevivir sólo con migajas. Dar *migajas* es una dinámica en la que la persona narcisista en la relación da menos y menos, y tú aprendes a conformarte con menos y menos, e incluso expresas gratitud por ello. Podría ser un proceso gradual o es posible que ésa siempre haya sido la dinámica de la relación y aprendiste a conformarte con muy poco desde el principio, lo cual puede ser una extensión de haberte adaptado a la privación establecida en las relaciones de tu infancia.

El ciclo de la relación narcisista

En una noche de fiesta con amigos, Asha conoció a Dave. Él fue encantador y fascinante, y después de que cerrara el bar se quedaron sentados afuera y platicaron hasta las 3:00 a.m. Dave la escuchaba con atención y le contó de su infancia difícil. Cuando empezaron a salir, le enviaba mensajes con frecuencia y se acordaba de las cosas pequeñas. Asha encontraba café y el desayuno esperando en su escritorio, los cuales le había enviado él. Viajaron juntos con frecuencia y a las cuatro semanas de haberse conocido, como regalo de cumpleaños, se la llevó a Nueva York.

Sin embargo, conforme fue pasando el tiempo, a Asha le pareció extraño que hubiera dos versiones distintas de Dave. Estaba la persona atenta, generosa, encantadora y ambiciosa, pero luego aparecía la persona hosca, resentida y amargada, que se comportaba de una manera pretenciosa. Dave explotaba, hacía berrinche y luego se disculpaba periódicamente.

Al principio, Asha se sentía confundida, pero aprendió a ser muy comprensiva en esos días difíciles. Poco a poco empezó a censurarse, a no compartir sus preocupaciones ni su estrés, porque si lo hacía, Dave la acusaba de agobiarlo y ser egocéntrica. Ella justificaba el comportamiento de Dave porque quería que su relación durara. Las cosas buenas hacían que valiera la pena.

Un día, Dave recibió un ascenso y eso implicaba mudarse. Asha dejó su amado departamento y a sus colegas, y pidió que la transfirieran a una oficina distinta. Luego, las cosas cambiaron. Dave acusaba con frecuencia a Asha de no trabajar lo suficientemente duro o hacer su parte, de no tener lo bastante limpio el departamento, de no estar disponible cuando él quería. La relación se tornó cada vez más en ella defendiéndose y tratando de ser más y más perfecta, sólo para evitar su enojo. Asha se preguntaba qué estaba haciendo mal, qué podía hacer mejor.

Con el tiempo, Asha se empezó a cansar de todo eso. Se arrepintió de haberse mudado, de haber perdido su departamento y dejado buenos amigos atrás, y la montaña rusa de los días buenos y malos de Dave volvieron su vida completamente impredecible. Finalmente, un día ella le dijo que se iba. Pero Dave lloró, le rogó a Asha que se quedara, dijo que era estrés y le prometió que iría a terapia para lidiar con sus demonios. Lo sentía mucho. No tenía que irse, él iba a cambiar.

Así que Asha se quedó. Al principio, las cosas volvieron a ser como eran cuando se conocieron. Dave era de nuevo su yo encantador, generoso, e incluso hizo una cita con un psicólogo. Asha tenía la esperanza de que pudieran hacer funcionar la relación. Pero no pasó mucho tiempo antes de que las peleas volvieran a empezar y Dave ya no siguió con su terapia. Asha de nuevo tenía que tratarlo con mucha sutileza y se sentía estancada. Una vez más sintió que la única salida era acabar la relación y mudarse, y hasta encontró otro departamento. Esta vez Dave dijo: "Lo siento mucho, no te puedo perder, me mudo de regreso contigo, sé que quieres estar cerca de tus amigos y tu familia". Ella creía que teniendo su red de apoyo cerca quizá sería mejor, así que accedió y se mudaron de vuelta a su viejo vecindario. Se sintió como empezar de cero en un lugar seguro. Poco después, reiniciaron los conflictos.

Las relaciones narcisistas siguen un ciclo, el cual muchas veces comienza con encanto, intensidad, idealización o los patrones que llamamos *bombardeo de amor* para atraernos. Luego, gradualmente, la máscara "idealizada" se cae y se ponen en marcha los patrones previstos de devaluación y descarte. Si bien no siempre sucede, es común que la persona narcisista intente traerte de vuelta, y no sólo porque la relación haya terminado o alguno de los dos se haya ido, sino en respuesta a un aumento de límites y distancia de tu parte. Si concedes una "segunda oportunidad", el ciclo inevitablemente se reinicia.

Estas fases aparecen de manera distinta, dependiendo de la naturaleza de la relación, pero el ciclo es universal en todas las relaciones narcisistas. Por ejemplo, un padre o madre narcisista no bombardea de amor a un niño. No obstante, el niño sí se aferrará a momentos idealizados que se alternarán con periodos de devaluación y desprendimiento que tratará de contrarrestar siendo "mejor" para que el padre o madre vuelva a ser de la otra manera. La idealización o bombardeo de amor en realidad es un deseo profundo del niño de tener un padre o madre amoroso, y ellos capitalizan esa disposición.

Cuando una relación narcisista comienza en la edad adulta, el ciclo de la relación y, en particular, el bombardeo de amor son más transparentes, pues la seducción y la idealización son procesos activos que te enganchan y te llevan a un ciclo confuso que alterna entre experiencias y patrones buenos y abusivos. Estos ciclos de relación narcisista se pueden repetir para los hijos adultos de padres narcisistas, y establecer un patrón de verse atrapado en ciclos tóxicos con un padre o una madre, o una pareja (o cualquier persona narcisista) que constantemente arrastra a la otra de vuelta al proceso egoísta e invalidante.

Tales ciclos tóxicos son muy difíciles de romper. La mayoría de nosotros hemos crecido con cuentos de hadas y parábolas de ranas irritables que se vuelven príncipes, de relaciones que requieren "trabajo", de fantasías sobre ser "elegidos" y del amor por el que se debe pelear. Los ciclos de las relaciones narcisistas muchas veces encarnan estas narrativas distorsionadas sobre el amor. Para muchos de nosotros, el ciclo se vuelve una recreación de intentar ganarnos el favor de padres a los que es imposible ganarse, así que se siente familiar ser rechazado, y emocionante y tranquilizador ser idealizado. O sientes lealtad hacia la gente que amas y no quieres impugnar su carácter etiquetándolos a ellos o a la relación como tóxicos (así que terminas culpándote a ti).

El ciclo de relación narcisista no siempre es lineal, una fase después de la otra. En la misma semana, o incluso en el mismo día, una persona puede experimentar ambas, el bombardeo de amor/idealización y la devaluación. O el bombardeo de amor podría nunca darse de nueva cuenta después de iniciada la relación, y se convierte en devaluación todo el tiempo. Miniciclos que involucren idealización, devaluación y descarte pueden ocurrir repetidamente. Algunos de ustedes se darán cuenta de que cada semana es el mismo ciclo. En definitiva, no se trata de una sola ocasión.

El bombardeo de amor: el falso cuento de hadas

En la relación que elijas, el bombardeo de amor es el proceso inicial intenso y abrumador que te atrae y te distrae de ver cualquier foco rojo. Digamos que conoces a alguien, tienen un momento cautivador juntos e intercambian teléfonos. A la mañana siguiente, recibes un mensaje: "Buenos días, bebé". Se siente *tan* bien. Recibes un par de mensajes más durante el día: "Hola, sólo pensaba en ti. No me puedo concentrar en el trabajo. No puedo dejar de pensar en ayer". Te sientes embobado, no te enfocas en nada. Llega la noche y la persona te pregunta: "Hola, ¿qué vas a hacer este fin de semana? Me encantaría verte de nuevo". Accedes a salir a cenar a un restaurante elegante. Parece una de esas noches perfectas... y se siente electrizante.

Siguen pasando tiempo juntos; hay seducción y cortejo. Los gestos podrían empezar a hacerse más grandes, la atención más intensa. Las cosas van rápido; podrían viajar juntos o podrías cancelar otros planes para pasar tiempo con esta nueva persona. Sientes que finalmente conseguiste tu historia de amor, la que has estado esperando. Es posible que incluso te descubras hablando de una vida juntos, matrimonio, los nombres de sus hijos. Es un periodo de idealización.

El bombardeo de amor es un adoctrinamiento hacia una relación controladora y manipulativa. Sienta las bases para las justificaciones: *nos la pasamos tan bien anoche*; *esta persona es tan atenta*; *cualquiera se enoja de vez en cuando*; *no lo dijo en serio*. El bombardeo de amor es el "gancho", y les da entrada. Durante la fase del bombardeo de amor, te sientes deseado y visto y valorado (¡sensaciones buenas!). Incluso dinámicas tóxicas como el aislamiento se pueden romantizar, por ejemplo, anidar y querer tener una historia de amor privada, o estar juntos todo el tiempo. Pero uno de los elementos más perniciosos del bombardeo de amor es que lentamente sacrificas tu identidad, preferencias y hasta aspiraciones para evitar perder la relación, y es posible que ni siquiera notes que lo estás haciendo.

Mientras todo esto se da —la emoción, la conexión, la atención y la necesidad constante de estar contigo—, podrías distraerte y quitarle los ojos al premio, que es conocer realmente a una persona y sentirte seguro expresando tus necesidades, esperanzas y deseos. Al quedar deslumbrado, tal vez no bajes lo suficiente la velocidad para observar a la persona, los patrones o los sutiles indicadores del narcisismo. En esa mezcla de señuelo y luego cambio que es la relación narcisista, el bombardeo de amor es el señuelo que te confunde y juega con tus heridas internas y tus esperanzas. Los narcisistas son capaces de presentarse como aquello que creías querer durante el tiempo suficiente para engancharte y entonces sucede el cambio. La naturaleza superficial de la personalidad narcisista implica que hacer que las cosas se vean bien es algo que les sale con bastante naturalidad.

Durante el bombardeo de amor, también se podría establecer un ciclo de acercamiento y evasión. El narcisista podría dedicarse a estar mucho en contacto y, luego, desaparecer. O si dejas de buscarlos, seguirán tratando de contactarte, y luego, una vez que los busques, se quedarán en silencio durante un tiempo. Esto establece un juego confuso en el que podrías encontrarte de pronto analizando cada mensaje, preguntándote cómo deberías responder y qué significan sus mensajes, y si sientes alivio o emoción cuando finalmente te responde.

Por supuesto, no todos los gestos de grandeza en el inicio de una relación son bombardeo de amor; incluso las relaciones sanas pueden ser cautivadoras y emocionantes al principio. La diferencia es que si externas tus necesidades, como pedir más tiempo o bajar la velocidad en una nueva relación, una persona narcisista se podría enojar y acusarte de no querer un compromiso. Esto te puede dejar con sentimientos de culpa, dudando de ti y justificando los patrones poco saludables o incómodos. Por otro lado, si le pides a una nueva pareja sana que baje tantito la velocidad, no se volverá hosca ni resentida. El verdadero romance es respetuoso y empático; el bombardeo de amor es una táctica.

Si bien el bombardeo de amor clásico a menudo se describe como grandioso y embelesador —bailar hasta el amanecer, regalos elaborados, cenas costosas y salidas—, no siempre se ve así. Con un narcisista vulnerable, el bombardeo de amor podría ser escuchar su decepción y querer rescatarlos; con un narcisista maligno podría ser el contacto constante, la posesividad y el aislamiento disfrazado de "No puedo soportar la idea de que alguien más te tenga"; con los narcisistas comunitarios podría tratarse de sentirte inspirado por sus planes para salvar al mundo o su "conciencia" espiritual; con los narcisistas moralistas se podría tratar del atractivo de un "adulto" organizado y físicamente responsable. Cada uno de nosotros se siente atraído por distintas cosas. Cada cuento de hadas con el que crecimos termina con los amantes caminando hacia el atardecer. La relación narcisista es todo lo que acontece después de ese atardecer.

Una de las preguntas que más escucho es "¿Cómo puedo identificar a un narcisista en una cita?". La respuesta: es algo complicado. Si en tus primeras citas tratas de ubicar los focos rojos, entonces puedes pasar el tiempo vigilante y pierdes la oportunidad de estar presente con alguien nuevo. Muchos de nosotros ni siquiera tenemos un modelo de lo que califica como sano o nocivo. El trabajo más difícil e importante es llevarte a ti mismo a un punto donde puedas sacar tu yo auténtico en una situación y poner atención a cómo te sientes en cualquier clase de relación nueva, en lugar de tratar tus citas como si fueran sobre "ser encantador" o seguir reglas rígidas. Se trata de mantener estándares para ti y darte permiso de involucrarte de una manera coherente con esos estándares.[7] Quizás el trabajo más difícil de todos sea comprender quién eres y darte permiso de aparecer como ese yo auténtico. Parte de este proceso es entender el concepto de lo que en verdad significa autenticidad. Ser auténtico es ser genuino, honesto y estar cómodo con quien eres y lo que te conforma. Eso es difícil para casi cualquiera bajo las mejores circunstancias. Puede resultar dolorosamente difícil para la gente que está en una relación narcisista y debe volver al principio y encontrar quién es su yo genuino.

Ten en mente que muchas personas dirán que los problemas en su relación no se volvieron del todo evidentes hasta uno o dos años después, y no hay un cuestionario breve que pueda desenterrar esto en el primer mes. A menudo, transcurre alrededor de un año antes de empezar a ver los comportamientos problemáticos como patrones, y para entonces es posible que ya estés muy involucrado en la relación. Diablos, hasta un terapeuta necesita unos cuantos meses para comprender de manera definitiva los patrones de la personalidad narcisista en una persona, así que sé paciente contigo mientras desentrañas tu relación y te preguntas por qué "no lo viste antes".

El aspecto clave que debes recordar del bombardeo de amor es que disfrutarlo o siquiera desearlo no es tonto ni malo. No te devalúes por "caer" con un bombardeo de amor; es humano querer ser deseado y disfrutar los gestos románticos. El daño que hace el bombardeo de amor es que te da municiones para las justificaciones que vas a emplear cuando la relación ya no sea sana.

¿Puede haber un bombardeo de amor en una relación que no sea romántica?

No solemos emplear el término *bombardeo de amor* cuando hablamos de la relación que tiene un niño con un padre o madre narcisista durante su infancia, pero sí se puede dar una experiencia similar. Para muchos niños, lo único que necesita hacer un padre o una madre es aparecer con un pequeño regalo, jugar con ellos, leer una historia o tan sólo decir hola. Estas migajas de afecto o esa sintonía fugaz se pueden sentir como un momento idealizado y encaminar a ese niño a que vea las migajas como algo suficiente en sus relaciones adultas. Un niño también podría vivir la experiencia de un padre o madre narcisista intrusivo que busque constantemente su suministro de parte o a través del niño (por ejemplo, se presiona al niño para que destaque en el deporte elegido por sus padres para que a ellos se les alabe), y si el niño no quiere hacer lo que el padre o madre quiere, se alejan. Esta dinámica puede resultar en una dificultad para mantener límites sanos o en que sientas la necesidad de actuar y ser una fuente constante de suministro con tal de mantener una relación con ese padre o madre (y podría ser un patrón en el que caigas en futuras relaciones).

Asimismo, se puede dar una suerte de bombardeo de amor en sistemas narcisistas de adultos: miembros de la familia pueden tratar de ganarte para obtener lo que necesitan de ti, un empleador potencial puede animarte a formar una sociedad de negocios que no es ventajosa para ti, y amigos te pueden buscar por conexiones o dinero.

La vía de acceso hacia el bombardeo de amor: bienvenido a la Suite C

Si te encuentras a la mitad o al final de una relación narcisista abusiva, podrías estarte preguntando cómo es posible que te sintieras atraído por esa persona, por qué tomaste ese trabajo o por qué no has sacado de tu vida por completo a una pareja, padre, hermano o amigo. Escucha: si alguien narcisista manifestara falta de empatía, rabia y presunción, la mayoría de nosotros nunca hubiéramos tenido una relación con una persona. En cambio, la gente narcisista envuelve con algo que yo llamo la *Suite C*: son las cosas que vuelven a cualquiera atractivo, y es lo que nos incita y nos dificulta alejarnos. Echemos un vistazo a la *Suite C*.

Cautivar. El narcisista suele ser la persona más encantadora y atractiva del lugar. Es una máscara grandiosa y cordial lo que les da validez. Saber cautivar es el perfume psicológico que usan para cubrir su inseguridad, y se manifiesta en cumplidos, historias, consideración a corto plazo y modales impecables.

Carisma. Cuando son tan cautivadores que parecen magnéticos, irresistibles, y todos se sienten atraídos hacia ellos, ahí es donde ves el carisma. La gente carismática puede parecer visionaria, extremadamente atractiva o simplemente grandes actores.

Confianza. La arrogancia narcisista, la petulancia, la autoestima distorsionada y la búsqueda de validación se pueden mezclar para producir una persona que parece muy cómoda y segura de sus capacidades. Las personas sanas tienden a ser humildes, por lo que, cuando ves a una persona ser demostrativa sobre lo que sabe o tiene, podrías asumir equívocamente (lo cual es comprensible) que su cheque tiene fondos.

Credenciales. La gente narcisista busca estatus y podría perseguirlo a través de "credenciales", como una educación de élite, domicilios exclusivos, trabajos notables, magnas conexiones, inteligencia, familias ricas o poderosas, o simplemente estar "a la moda". Podríamos creer que estas credenciales hablan de la calidad de la persona e infravalorar "credenciales" sanas como sabiduría, gentileza, respeto, compasión, empatía, humildad y honestidad.

Curiosidad. Los narcisistas pueden ser abrumadores en su capacidad de demostrarte interés. En los primeros días de la relación, quizás hará todo un interrogatorio para conocerte, pero lo que en realidad está haciendo es recabar información que le será útil más adelante, como tus bienes, conexiones, vulnerabilidades y miedos. Para alguien que rara vez se haya sentido escuchado o visto, la aparente curiosidad de una persona narcisista podría ser un gancho.

Devaluación: el desarrollo del abuso narcisista

En el momento en que ya estás inmerso por completo en la relación narcisista, hay un clic que casi puede escucharse. Tal vez dices "te amo". Tal vez accedes a vivir juntos, a tomar el trabajo, a asistir a la reunión familiar. En algún punto entre cuatro semanas y seis meses después de que el bombardeo de amor inicia, el desenlace comienza, invariablemente, una vez que la persona narcisista crea que "te tiene". Es posible que te hayas estado resistiendo a esta relación por un tiempo, es posible que hayas sido lo suficientemente sagaz para saber que el bombardeo de amor podría ser demasiado bueno para ser verdad, y entonces, justo cuando crees que ya has mostrado la debida diligencia y te acomodas, la devaluación comienza.

La transición del bombardeo de amor a la devaluación puede ser gradual, sin embargo, de todas maneras es posible que te tome por sorpresa. La persona narcisista podría empezar a compararte o mencionar casualmente a otras personas, o sacar a colación lo que se supone que otros dijeron; por ejemplo: "Mis amigos dicen que eres muy demandante". Los focos rojos, que podrían haberse visto un poquito rosas antes, ahora son inconfundibles, pero como ya estás inmerso por completo en la relación, es más difícil escapar.

Durante la fase de devaluación, la versión idealizada de la persona narcisista desaparece. Podrías hacer todo —cambiar tu apariencia, tratar de impresionarlo con lo que haces o dices, atender cada uno de sus caprichos, abandonar las cosas que te importan, hacer cosas por su familia o ganar más dinero— para recapturar y conservar su atención. También existe la tentación de hacerte del rogar para que vuelva esa persecución inicial. Una cosa que he visto en supervivientes de padres narcisistas es que algunos recuerdan cómo, una vez que ya no eran tan pequeños, tiernos, portátiles, obedientes o fotogénicos como cuando eran menores, hubo un cambio hacia la devaluación en su relación. Curiosamente, para algunos pacientes, cuando se acercaron a la primera juventud y podían hacer cosas que sus padres disfrutaban (deportes, viajes, trabajar en negocios familiares), el padre o la madre se interesaba en ellos otra vez; aun así, la devaluación nunca desapareció por completo.

Con tanto comentario sobre focos rojos y ciclos, tal vez te preguntes: "¿Por qué la gente no se va una vez comenzada la devaluación?". Porque están confundidos. No eres un robot que sólo procesa focos rojos y corre. Amas y admiras a esta persona, y quieres conservar el vínculo y la conexión. En una nueva relación es posible que quieras darle una oportunidad; en una relación de mucho tiempo, hay una historia. La persona narcisista en tu vida no es la única seductora y atractiva, también lo son el amor, la familiaridad y la esperanza.

Descarte: "Esto ya no funciona para mí..."

La fase de descarte es exactamente eso: ya sea que el narcisista esté harto de ti o tú del narcisista. No siempre implica que la relación termine, pero eso que *había* ya no está ahí. Por ejemplo, la gente narcisista te podría descartar teniendo un romance o haciendo cosas como intercambiar mensajes de texto o publicaciones en redes sociales que sean inapropiados, pero sin dejarte técnicamente. Podrían aceptar un trabajo o una oportunidad que no te toma en consideración, así que tienes que dejar tu vida atrás para unirte a ellos o ser la persona que se queda atrás. Quizá sólo pierdan interés en ti, cultiven una vida que no te incluya, eviten la cercanía y la intimidad, y te hagan sentir como un fantasma. Además, tú mismo podrías estarte alejando. La fase de descarte quizá se dé cuando tengas ese momento de iluminación; tal vez estás yendo a terapia o viendo videos y leyendo libros, con ganas de dar un paso atrás. Esto puede crear un nuevo caos en la relación, ya que la persona narcisista no sólo responderá enojada a tu aparente rechazo, distancia e indiferencia ante sus señuelos, sino que tal vez quiera atraerte de nuevo (¡más confusión!).

Durante la fase de descarte podrías experimentar una intensificación del maltrato, desdén desenmascarado y un *gaslighting* más severo. La gente narcisista busca la novedad, por lo que el suministro de todos se vuelve rancio con el tiempo. Ten presente que no eres *tú* quien es aburrido; ellos se aburren y desdeñan a todos, y viven en un mundo que nunca es suficiente para ellos. Quieren que la vida sea un caleidoscopio de perfecta calma, validación y entretenimiento. En tu familia de origen, el descarte pudo haber sido después de un divorcio, cuando tu padre o madre narcisista conoció o se casó con alguien nuevo, y ya no estuvo interesado en ti, o cuando llegas a una edad en la que te ven como una molestia, o cuando nacen nuevos hermanos, o cuando un padre o madre cambia de carrera y se desvincula de la familia. Durante esta fase, es posible que haya habido una sensación palpable de que tu padre o madre narcisista no quería ser molestado por ti ni por nadie de la familia. El descarte también podría darse cuando el padre o madre narcisista ya no ve al niño como una fuente de suministro.

Si intentas que la persona narcisista se haga responsable de su conducta durante la fase de descarte, lo más probable es que recurra al *gaslighting*. Por ejemplo, si dices que quieres terminar la relación después de enterarte de alguna infidelidad, podría decir: "Yo no quería que nuestra relación terminara ni que nuestra familia se separara, lo hiciste tú", sin asumir responsabilidad por cómo su traición fue un factor. El narcisista está comprometido con su imagen pública y no quiere verse como el patán que te dejó por algo o alguien nuevo (por ejemplo, empezar una nueva relación casi de inmediato e insistir públicamente que nunca hubo un traslape entre su nueva pareja y la relación que tenía contigo). También es bueno para jugar el papel de la víctima y podría esperar que hagas el trabajo sucio de irte para poder voltear y decir: "Tú me dejaste" o "Tú pediste el divorcio" o "Simplemente no me hacías caso".

Durante la fase de descarte quizá se introduzca una nota de desesperación en la relación. Podría haber disculpas, ruegos y apaciguamiento de cualquiera de las dos partes. Podrías pelear por la relación porque sientes que ya invertiste demasiado tiempo, esfuerzo, dolores de cabeza y dinero. Tal vez pruebes estrategias de último minuto, como ir a terapia de pareja. Pero tristemente, el tiempo ya pasó, y darle más tiempo y esfuerzo a esa relación no te hará recuperar lo que ya invertiste.

Aspirar: "Hola, he estado pensando en ti. Empecemos de nuevo"

A las fases de devaluación y descarte en las relaciones narcisistas a menudo les sigue el acecho. Sin importar por qué termina una relación con la persona narcisista, eventualmente querrán succionarte de vuelta como una aspiradora, de ahí el término *aspirar*. Recuerda, para ellos, las relaciones son sobre control, suministro y regulación.

La gente narcisista te aspira para volver a tener tu suministro, que ahora podría verse como fresco y nuevo, sobre todo si lo diste por terminado un minuto o si fuiste tú quien se desvinculó.

Los narcisistas no sólo aspiran a sus parejas románticas, sino a hijos adultos, familia política, excolegas y cualquiera que se sienta fuera de su red de control o que tenga algo que ellos necesitan. Si se sienten solos o quieren compañía, te jalarán de vuelta. Si te ven feliz o teniendo éxito, quieren comandar esa narrativa. Tu felicidad sin ellos implica que ya no te controlan, y aspirar es un intento de recuperar su poder. Si caes, el ciclo entero se reinicia.

Puede ser seductor y fácil confundir la emoción de esa aspiración con amor, destino y ser elegido. Cuando la gente narcisista intenta atraparte de nuevo en una relación, con frecuencia funciona porque todavía tienen su arsenal para cautivar, su carisma y confianza. O usan su propia victimización para jugar con tu culpa ("Mi mamá me abandonó y ahora tú también me dejas"). Usan asimismo seudodisculpas ("Lamento que te sientas así") que nunca reflejan ningún reconocimiento de su papel en tu herida. Dado que aspirar se aprovecha de las esperanzas y las narrativas de ser apreciado y deseado, una persona narcisista que vuelva por ti puede portarse todavía más seductora que en el bombardeo de amor inicial.

En relaciones narcisistas, para cuando llega la etapa de quererte aspirar, ya suele ser claro qué necesita cambiar. A lo mejor necesitan dejar de engañarte o invalidarte, dejar de insultar a tus amigos y a tu familia, o sólo estar más presentes y ser menos arrogantes y presuntuosos. Tal vez probaste pidiéndoles que cambiaran, que empatizaran, que sólo fueran conscientes, hasta que un día te diste por vencido. Y entonces, esa persona narcisista, con su sensibilidad al abandono, su desagrado por perder y su necesidad de controlar y proyectar una buena imagen, te prometerá lo que habías estado pidiendo: "Voy a cambiar". Es posible que ofrezcan ir a terapia o aprender a controlar su agresividad o dejarte ver su teléfono todas las noches. Puede ser increíblemente poderoso pensar que tus palabras por fin hicieron eco. Durante un breve tiempo parecerá que dieron un giro, y luego, justo cuando exhalas y guardas tus ideas de romper o mudarte, poco a poco, regresan a sus patrones narcisistas. En otras palabras, aspirar es donde fingir futuros se emplea como táctica para atraerte. Los mismos focos rojos están ahí, el encanto y el carisma están al frente, pero durante la aspiración podrías sentirte vindicado, como si al fin fueras "suficiente", merecedor de ser escuchado y la excepción a la regla de las relaciones narcisistas. Y pum, ahí estás de vuelta, excepto que en esta ocasión te sientes más tonto e incluso es más probable que entres en un ciclo de autoculpabilidad cuando las cosas empiecen a ir mal.

No todos los ciclos narcisistas terminan en aspirar. En ocasiones, el narcisista encuentra un nuevo suministro —una nueva relación, empleo, lugar donde vivir o notoriedad, por ejemplo—, así que sus necesidades están cubiertas. (Sin embargo, una vez que esa nueva situación estalle, podrían volver a rondarte.) Si te traicionaron, podrían evitarte para no sentir vergüenza. La relación podría estar en un punto muerto y su ego quizás espere que seas tú quien lo busque primero. También es posible que le estés dando suficiente suministro al narcisista si sigues en contacto a través del ocasional mensaje de texto o comentario en redes sociales. En otras ocasiones, aspirar puede darse años después de iniciada la relación. He escuchado historias de intentos de aspirar a alguien hasta diez años más tarde. Por suerte, para entonces la gente ya siguió con su vida, pero si no comprendes lo que es ese acto de aspiración, te podrían hacer caer con la bomba de amor 2.0.

Recuerda, aspirar no es una afirmación de que seas *suficiente* ni un reconocimiento de que la persona narcisista te *necesita*. Aspirar es un reflejo de los narcisistas y sus necesidades: de validación, control o cualquier provecho que representes para ellos, o incluso para impedir que sigas adelante hacia una nueva vida. Cuando te estás recuperando, es una bendición que no haya esa aspiración. Que no te vuelvan a buscar es cortar de tajo; duele al principio, pero es esencial para sanar.

Vínculos de trauma: las aguas turbulentas de una relación narcisista

Muchas veces asumimos que la gente que está en un mal lugar, despechada o insegura se encuentra más en riesgo de quedarse atorada en relaciones narcisistas. Pero no es necesariamente cierto. Asha no se sentía sola ni vulnerable ni necesitada cuando conoció a Dave; estaba en un buen lugar. Se sintió atraída no sólo por los gestos magníficos y generosos, sino por su aparente vulnerabilidad. Vio los focos rojos, vio las dos caras —con y sin máscara—, y poco a poco empezó a alterarse ella misma para gestionar los estados de ánimo de él, para ganárselo y conservar la relación.

Una parte de entender por qué algunos de nosotros nos quedamos atorados en relaciones narcisistas a pesar del abuso no está sólo en desentrañar la personalidad narcisista, sino en reconocer algunas respuestas universales a estas dinámicas. Estoy cansada de escuchar que la gente nos llame "codependientes" o "adictos" a las relaciones narcisistas cuando nos quedamos atorados en estos ciclos. No es eso. Si tienes un mínimo de empatía, si tienes un funcionamiento cognitivo normal y te moldearon con normas y realidades sociales y culturales, no sorprende en absoluto que te quedes atorado ahí. La relación narcisista es como una contracorriente que te jala de nuevo hacia dentro incluso mientras intentas nadar hacia la orilla. La intensidad, la consideración y los altibajos son la razón de que nades hacia donde está la contracorriente. El comportamiento abusivo hace que quieras alejarte de ahí, pero la culpa y el miedo a irte, las cuestiones básicas que tienen que ver con irte (económicas, de seguridad, culturales, familiares), así como la inclinación natural hacia el apego, la conexión y el amor son lo que te deja atorado ante el jalón de la corriente.

Las aguas turbulentas narcisistas se crean a partir de lazos de trauma. El término *vínculo de trauma* a menudo se malentiende como el vínculo entre la gente que tiene experiencias traumáticas similares. En realidad, hace referencia al vínculo enigmático que se crea en una relación caracterizada por daño y confusión, y que luego se replica en relaciones futuras. En las relaciones narcisistas, el vínculo de trauma es una sensación profunda y distractora de amor y conexión que te impide ver con claridad los ciclos tóxicos de la relación.[8] Nadie se queda en una relación narcisista porque es abusiva e incómoda, y describir a los supervivientes de relaciones narcisistas adultas como "masoquistas" o "glotones que quieren castigos" es una caracterización imprecisa e injusta. Los buenos momentos son los que te atraen y los que quieres conservar; los malos, son confusos y perturbadores. La persona narcisista controla el "termostato emocional" de la relación, así que, si le está yendo bien o está tratando de ganarte, podrían pasar semanas o incluso meses de buenos días, y luego, cuando ya no se siente validado o seguro, la relación cae en un abismo de invalidación, ira, manipulación y *gaslighting*. Con el tiempo, los días malos se vuelven una señal de que tal vez venga pronto un buen día, así que incluso los malos momentos se empatan con una sensación de anticipación, manteniéndote todavía más atascado y menos propenso a ver los malos días con claridad, como señales de alarma. Desafortunadamente, esto también quiere decir que los días buenos se empatan con una sensación de aprensión, sabiendo que es cuestión de tiempo antes de que otra cosa pase.

Las relaciones con vínculos de trauma pueden tener dos orígenes distintos: las que se desarrollan a través de relaciones de la infancia y las que se originan en la edad adulta. Una infancia con un padre o madre narcisista implica impredecibilidad, confusión y amor condicional. El padre narcisista simplemente no está en sintonía con el niño como una persona distinta con necesidades, identidad y una personalidad separada de la suya, y no son cosas que el niño pueda pedir directamente. Los niños en relaciones con vínculos de trauma aprenden a justificar y normalizar la invalidación y el comportamiento diacrónico de su padre o madre, no pueden procesar o reconocerlo como "malo", guardan secretos, se culpan a sí mismos, niegan sus propias necesidades e idealizan a sus padres para poder sobrevivir (ya que los niños no pueden romper con sus padres ni sobrevivir sin ellos). Cuando los niños en relaciones narcisistas con maltrato paternal tratan de establecer un límite o expresar una necesidad, muchas veces acabarán con sentimientos de abandono o culpa cuando el padre o madre les retire el habla o se comporte como una víctima. Luego, esos mismos niños se ven en el papel de cuidadores y tienen que portarse en sintonía con las necesidades del padre o madre lastimado y silenciar las suyas.

Vivir una infancia de invalidación crea un esquema relacional que consiste en hacer malabares para ganarte el amor, sentir culpa por expresar tus propias necesidades y creer que el maltrato y la invalidación son parte de una relación amorosa, así como sentir el miedo y la ansiedad que surgen de no ser capaces de fomentar vínculos sanos. Además, la alternancia entre días buenos y malos significa que tales ciclos no sólo se normalizan, sino que autoculparse por ellos se repite hasta las relaciones adultas. El vínculo de trauma es la aceptación y normalización de tales ciclos en la edad adulta, y la sensación de que si esas dinámicas no estuvieran presentes, a la relación le faltaría "química"; el resultado puede ser un *déjà vu* tóxico. Cuando te encuentras en una relación con un vínculo de trauma también puede haber una sensación visceral de pánico ante la sola idea de que la relación termine o de que pierdas a la persona de alguna manera. Quizá tengas la sensación física y emocional de no poder vivir sin esa persona cuando cada célula racional de tu cuerpo sabe que no te conviene. Al final, el carisma, la confianza y lo cautivador del narcisista son lo que nos hace entrar, y los vínculos de trauma son lo que nos atrapa.

Por supuesto, no todos los que experimentan un ciclo de vínculo de trauma en la edad adulta están replicando un ciclo de la infancia. Muchos de nosotros estuvimos por primera vez en el ruedo con una relación narcisista adulta. La ofensiva de encanto y carisma, sumada a los mensajes de cuentos de hadas de que el amor necesita ser intenso, sobre rescates y sacrificios, increíble, apasionado, "de una vez en la vida" o sorprendente, puede preparar a una persona y crear una entrada psicológica a relaciones adultas caóticas. Los ciclos de vínculo de trauma que empiezan en la adultez muchas veces son más cognitivos y menos primitivos. Estás comprometido con querer que funcione, amas a la persona, la relación podría presionar ciertos botones en ti y se vuelve más como una máquina tragamonedas: aguantas pensando que el premio gordo va a venir y subsistes con los pagos intermitentes mientras tanto. Como consecuencia, esas personas cuya primera experiencia con un vínculo de trauma se dio en la edad adulta se dan cuenta de que informarse sobre estos ciclos puede hacer una enorme diferencia en su recuperación, mientras que para las personas cuyos ciclos de vínculo de trauma comenzaron en la infancia es esencial realizar una labor terapéutica más profunda y con experiencia en trauma. Los ciclos de la infancia pueden crear un vínculo de trauma más estrecho, más primitivo y difícil de romper, pero sin importar en qué punto de tu vida haya comenzado, se trata de dinámicas desafiantes.

El daño que hace el narcisismo no versa tanto en el narcisismo en sí, sino en el comportamiento. La gente con personalidad narcisista despliega conductas invalidantes y defensas, como la grandiosidad y la pretensión, que trabajan como contrapeso para su inseguridad y le permiten una sensación de poder y control. Y tales

---

LOS DIEZ PATRONES COMUNES DE LAS RELACIONES
CON VÍNCULO DE TRAUMA

1. Justificar el comportamiento invalidante y abusivo.
2. Creer en los futuros ficticios.
3. Experimentar conflicto crónico: terminar la relación y volverla a empezar; pelear por las mismas cosas.
4. Calificar la relación como mágica, metafísica o mística.
5. Temer lo que pasará si la relación concluye.
6. Convertirte en el proveedor integral de suministro para la persona narcisista.
7. Ocultar tus sentimientos y tus necesidades.
8. Racionalizar la relación ante otras personas o esconder los patrones tóxicos.
9. Sentir lástima y culpa por tener malos pensamientos sobre la relación.
10. Temer el conflicto.

---

comportamientos se alternan con patrones como cautivar y mostrar carisma e incluso empatía, los cuales surgen cuando se sienten seguros y validados. Todo esto resulta en ciclos que nos confunden. Se trata de una relación con alguien a quien puedes amar, que te preocupa, a quien admiras o con quien quieres prolongar la conexión, que no está dispuesto a reconocer tus necesidades, tus esperanzas o a ti como individuo independiente, y que está dispuesto a usar cualquier táctica que pueda para conservar el control y el dominio. Nada de esto se siente bien. El abuso narcisista te puede hacer creer que hay algo mal en ti. Las reacciones al abuso narcisista son universales: cualquiera expuesto a una pareja, familiar, amigo o compañero de trabajo que incurra en abuso narcisista experimentará y exhibirá pensamientos, emociones, conductas y efectos similares.

Los supervivientes del abuso narcisista rumian cosas similares: *tal vez tienen razón*; *tal vez sí es mi culpa*; *tal vez soy yo*.

No eres tú. Sigue leyendo para descubrir qué nos sucede a todos cuando experimentamos una relación narcisista.

3

La repercusión:
el impacto del abuso narcisista

El dolor es importante: cómo lo evitamos, cómo sucumbimos a él,
cómo lidiamos con él, cómo lo trascendemos.
AUDRE LORDE

Jaya llevaba un año viviendo con Ryan. En la fase inicial de su relación, se la pasaron muy bien. Pero unos meses más adelante, Jaya
empezó a pasar casi todas sus noches escuchándolo criticar a su jefe.
Él casi nunca le preguntaba sobre su extenuante trabajo como médica en una clínica siempre llena porque, según él, "todo lo que ella
hacía era escribir las mismas prescripciones todos los días". Cuando
las cosas no le salían como él quería, así fueran pequeñeces, Ryan
enloquecía, un patrón que aterraba a Jaya. Él acabó perdiendo su
trabajo y, si bien lo describió como una "situación injusta", no lo
persiguió por medios legales. Ella se enteró mucho después de que
lo habían despedido porque acosaba a sus compañeros, era grosero
con los clientes y faltaba mucho.

Jaya y Ryan tenían un ciclo en el que empezaban peleas intensas
y él salía azotando la puerta. Ella se sentía aliviada por unos días,
luego entraba en pánico, y cuando él la buscaba, en lugar de respon-
sabilizarlo por sus actos, lo aceptaba de vuelta sobre la base de falsas
promesas. Jaya empezó a sentirse exhausta, y como si fuera más la
mamá de Ryan que su pareja. No podía dejar de rumiar todas las

mentiras que él había dicho, las traiciones, cómo seguía pidiendo dinero y gastándolo en sí mismo a pesar de su deuda con ella. Jaya quería que se responsabilizara por su comportamiento, quería que se disculpara. De pronto, estaba más distraída en el trabajo, dudaba de su juicio en general y se sentía tan ansiosa que en ocasiones tenía ataques de pánico en su camino al trabajo.

Jaya repasaba la relación en su cabeza, preguntándose cómo separar por completo sus posesiones, pero también dudaba sobre terminar la relación. Se quedaba estancada pensando qué tan atractivo era Ryan para ella y cuánto miedo tenía de salir con otras personas, y se aferró a la esperanza de que si la nueva idea de negocio de Ryan funcionaba entonces quizá las cosas cambiarían. Le costaba trabajo quedarse dormida, había perdido el apetito, se enfermaba más seguido y se estaba volviendo más confrontativa en el trabajo, un patrón que ponía en riesgo su carrera y su desempeño. Le daba mucha vergüenza contarles a sus amigos de su situación, así que sentía como si no tuviera con quién acudir. Se culpaba a sí misma: *Quizá si pasara más tiempo en casa y no llegara tan molesta del trabajo, él estaría mejor. Quizá debería hacer más, me he descuidado. Quizá no digo las cosas de la manera correcta.* Algunos días, Jaya deseaba que nunca se hubieran conocido y pensaba en las oportunidades que había dejado pasar para hacer que esta relación funcionara. Otros días apenas se podía levantar para ir a trabajar.

Si todas las personas en una relación narcisista tomaran ahora mismo un papel y escribieran las diez formas principales en que el comportamiento tóxico les ha afectado y juntáramos todas esas listas, encontraríamos muchas similitudes. Esa ansiedad constante y el agotamiento no son una debilidad tuya ni son algo que sale de la nada; son resultado de la conducta inconsistente y emocionalmente abusiva que has estado soportando. La repercusión del comportamiento narcisista afecta cómo piensas y cómo te relacionas con el mundo. A veces, se superpone con lo que observamos en personas que han experimentado trauma; se puede manifestar en cambios en tu forma de percibirte y en tus capacidades, o incluso cómo te hablas a ti mismo, e influye en tus reacciones emocionales, patrones de comportamiento, salud y funcionamiento físico. Cada aspecto recibe el impacto. El estrés del maltrato narcisista te cambia y modifica tu visión del mundo de una manera profunda.

Gran parte del discurso sobre el narcisismo está orientado a comprender a la persona narcisista, lo que actúa en tu detrimento como superviviente. Identificar a una persona narcisista es mucho menos importante que entender qué califica como un comportamiento inaceptable y lo que éste te hace. En mis años de experiencia trabajando con supervivientes he visto que la mayoría de la gente mejora de formas significativas cuando por fin recibe validación por la toxicidad de la conducta en su relación, y en ese momento puede empezar a dejar de autoculparse e iniciar su recuperación.

A veces, el estrés, el conflicto y la tensión se pueden disipar ya que el narcisista está fuera de tu vida, pero la confusión, la rumiación, la culpa, la pena y el enojo suelen permanecer. Una mujer de una cultura tradicional en un matrimonio de cincuenta años con un narcisista mayor podría decir: "No me puedo ir, la culpa y el estigma serían enormes". Incluso se siente culpable cuando su estado de ánimo mejora en los momentos en que él no está. ¿Alguien en una situación como la suya puede sanar de verdad? Por supuesto, y establecer un marco claro puede hacer toda la diferencia. Incluso podrías experimentar culpa por sentirte mal o enojado por la manera en que alguien cercano a ti se está comportando. Así de profundo corre el vínculo de trauma; como si tú fueras una mala persona por sentirte ansioso porque alguien está furioso contigo y te está manipulando. Los mensajes que prevalecen son hacerte fuerte o superarlo. Pero nadie puede simplemente "superar" esto.

Este capítulo explica lo que te hacen las relaciones narcisistas: desde la ira y la ansiedad hasta la autoculpabilidad y la vergüenza, desde la desolación y la depresión hasta los ataques de pánico, el uso de sustancias y un estrés agudo e incluso traumático. Reconocer que tu angustia y tu confusión por soportar conductas narcisistas son previsibles y, me atrevo a decir, normales en tales situaciones, es un primer paso esencial para reconocer que *no eres tú*.

¿Qué nos hace el abuso narcisista?

Tu experiencia tiende a transcurrir en fases. Éstas pautan la evolución de tu posible respuesta a estas relaciones. Al inicio, tal vez incluso te mantienes firme y te comportas como si hubiera equilibrio y equidad en la relación. Luego, comienza la lenta devolución mientras intentas encontrarle sentido a la relación sin un marco de referencia. Comprenderlo te puede ayudar a mitigar la culpabilidad que te atribuyes, y verás que las partes sanas de ti —tu empatía, tu capacidad para asumir la responsabilidad de tus actos y tu deseo de un vínculo y amor— se derrumban por la toxicidad y el control de las relaciones narcisistas.

Fase 1: Ser firme

Definir a los supervivientes como "personas tímidas" es una equivocación; muchos de ustedes entran en estas relaciones fuertes y seguros. Durante la primera fase quizá no sepas con qué estás lidiando y cuando tu realidad y tu experiencia se niegan, te defiendes. Puedes señalar el comportamiento de la gente narcisista o discutir con ellos sobre su responsabilidad en el asunto. Sin embargo, muy pronto, la confusión empieza a asentarse. Quizá no seas capaz de conciliar por qué a veces disfrutas mucho estar con la persona narcisista y en otras ocasiones es simplemente peligroso y doloroso. Podrías empezar a culparte porque te hacen *gaslighting* y te dicen que hay algo mal contigo, y se siente un poquito plausible que así sea. Si estás lidiando con un familiar narcisista, es posible que tengan las mismas peleas en repetidas ocasiones, pero también que sientas la misma confusión de cuando eras niño. Cuanto más comprometido estés con la relación, más dejarás de rechazar su conducta.

Fase 2: ¿Qué estoy haciendo mal?

El *gaslighting* y la invalidación ya te empiezan a alcanzar y experimentas más ansiedad, pero en concreto, sientes que podrías ser en parte culpable. Durante esta fase quizá pases más tiempo rumiando qué está pasando en la relación, repasando en tu cabeza las palabras del narcisista y justificando su comportamiento. También podrías tratar de cambiar para hacer que la relación funcione, en gran parte apaciguando a la persona narcisista, desprendiéndote de tus propias necesidades y cediendo. Para este punto ya es posible que te sientas más aislado, confundido o enojado por la discrepancia entre las imágenes pública y privada del narcisista. Quizá cumplas con tus responsabilidades, trabajo, escuela y cuidados sin problemas; muchas personas podrían no notar por lo que estás pasando y, de hecho, varios quizá piensen que tu relación está bien porque ven la versión de "máscara buena". En este momento, algunos deciden dejar la relación narcisista, pero muchos quizá pasen una vida entera en esta fase.

Fase 3: Desesperanza

En esta fase tal vez ya te rendiste. Te culpas y dudas de ti mismo, tienes problemas para tomar decisiones e incluso notas que la depresión y la ansiedad ya están pasando una factura considerable en tu vida. Tal vez experimentes grandes problemas en el trabajo, en la escuela o en otras relaciones, y quizá lo padezca tu salud. Rumias al grado de distraerte y, tristemente, otras personas tal vez ya te retiraron su apoyo o salieron de tu vida. Te encuentras muy aislado para entonces, y aun si pasas tiempo con gente, te preocupa que no entiendan por completo tu experiencia. Es posible que te culpes totalmente de lo que está pasando o que tan sólo no seas capaz de ver un camino hacia delante.

En este momento, algunos sentimos que ya no nos reconocemos a nosotros mismos, o que las aspiraciones o esperanzas que hubiéramos podido tener para el futuro ya quedaron frustradas. En esta fase podrías experimentar ataques de pánico u otros patrones típicos del estrés postraumático, incluyendo evasión, pesadillas e hipervigilancia. No todos llegamos a este punto, y si bien la terapia es útil en todas las fases descritas, para cuando llegamos a ésta, la terapia ya es crucial.

LA REPERCUSIÓN DEL MALTRATO NARCISISTA

Ideas y creencias

- Rumiación
- Remordimiento
- Reminiscencia eufórica (recordar "lo bueno")
- Desamparo

- Desesperanza
- Impotencia
- Confusión
- Perfeccionismo
- Culpa

Cómo es la experiencia de ti mismo en el mundo

- Soledad
- Dificultad para confiar
- Aislamiento
- Vergüenza

Respuestas severas al estrés

- Reviviscencias
- Hipervigilancia (estar excesivamente alerta, monitoreando constantemente tu alrededor)
- Hiperexcitación (sentirte al límite y nervioso)
- Dificultad para concentrarte
- Disociación por falta de sensiblilidad (por ejemplo, desconectarte mentalmente, pensar de más, tener comportamientos nocivos)

Tu sentido de identidad y de responsabilidad

- Miedo a estar solo
- Duda de ti mismo
- Autodevaluación (minimizarte)
- Autoculpabilidad
- Autodesprecio

Tus emociones

- Depresión
- Pena
- Irritabilidad
- Pensamientos suicidas
- Ansiedad
- Apatía (que no te importe nada)
- Desmotivación (no quieres hacer nada)
- Anhedonia (no te agrada hacer lo que antes
  te era placentero)

Cosas que haces para manejar la relación

- Apaciguar
- Reafirmar
- Disculparte
- Automonitoreo
- Autonegación

Las formas en que esta relación afecta tu salud

- Problemas de sueño
- Cuestiones físicas de salud
- Déficit de autocuidados
- Fatiga/extenuación
- Afrontamiento desadaptativo

Reconocer las 3 R

Las relaciones narcisistas se quedan atoradas en tu cabeza y te sacan a jalones de tu vida, lo cual se plasma en las 3 R: remordimiento, rumiación y reminiscencia (eufórica). Se trata de experiencias universales de todos los supervivientes que pueden mantenerte atascado en la dinámica, perseguirte después de que hayas dejado la relación e influir en tus dudas y culpas sobre ti mismo.

Remordimiento

El remordimiento se puede vincular con la autoculpabilidad (*¿Por qué no puse atención a los focos rojos? ¿Por qué no lo intenté con más ganas?*), las circunstancias (*¿Por qué tengo padres así?*) o el tiempo (*¿Por qué me quedé tanto tiempo? ¿Por qué no lo vi antes?*). Entre los remordimientos comunes se encuentran:

- Que la relación se haya dado.
- Que no fuera diferente.
- Oportunidades perdidas.
- Perderte de una infancia feliz.
- Efectos en tus propios hijos.
- Que no te saliste antes.
- Que no hiciste más para "arreglarlo".
- Que terminó.

Las relaciones íntimas o las amistades cercanas pueden terminar en un remordimiento más enfocado porque te sientes responsable de haber elegido a esta persona o no haber visto su narcisismo antes. Hay un círculo vicioso en este remordimiento. Podrías temer el remordimiento potencial de quedarte y que no cambie, pero también el miedo a arrepentirte de que termine la relación por la posibilidad de que la persona narcisista sí cambie y la siguiente persona reciba una mejor versión de él. Tal vez te quedes estancado entre tu miedo al divorcio y el remordimiento por el daño que podrían sufrir tus hijos, y tu miedo a quedarte y lamentar haber perdido todavía más tiempo, lo que dañaría a tus hijos, que son testigos de un matrimonio nocivo donde el comportamiento de la persona narcisista nunca cambia.

Si vienes de una familia narcisista, los remordimientos pueden parecer insuperables. Es posible que lamentes haberte perdido de necesidades emocionales y de desarrollo social cruciales. Quizá te arrepientas de no haber desplegado las alas por sentir que no eras suficiente. Podrías lamentar nunca haber recibido el estímulo que necesitabas para perseguir tus sueños o no tener un espacio sano e incondicional a dónde acudir, ni siquiera como adulto. También podrías sentirte mal por no haber tenido un modelo de relación sana. En el lugar de trabajo, puede haber remordimientos sobre trabajar duro para un jefe o mentor narcisista que frena o descarrila tu carrera. Podrías arrepentirte de haber dado lo mejor de ti durante años y creer que tu trabajo sería reconocido, y en cambio, ver cómo robaban o ignoraban tus ideas, cómo te reemplazaban los facilitadores del narcisista y ver potencialmente afectada tu carrera y tus ingresos.

Rumiación

El comportamiento narcisista es tan confuso, que muchas veces te quedas atorado rumiando ciclos de pensamiento como "disco rayado" para encontrarles sentido a estas relaciones. Una encuesta entre algunos de los participantes de mi programa mensual de recuperación reveló que la rumiación era la cuestión contra la que más luchaban. Cuanto más *gaslighting* ocurre en la relación, más rumias cuándo va a terminar, sobre todo si también hay traiciones significativas. Los re-mordimientos contribuyen también a la rumiación, porque es muy común permanecer impregnado de remordimientos mientras navegas estas relaciones. Ya que la rumiación te extrae de tu vida, pues básicamente te la vives en tu cabeza, te pierdes de mucho. Es como ser castigado dos veces: no sólo estás incómodo rumiando problemas "irremediables", además estás distraído siempre frente a las partes buenas de tu vida, como tu familia, tus amigos, tus pasatiempos y otras actividades significativas. La rumiación también te bloquea la entrada a nuevas relaciones y experiencias. Te das cuenta de que no puedes hablar o pensar en otra cosa, y con el tiempo puedes empezar a romper lazos con amigos y familiares que ya están cansados de escucharlo.

La rumiación en las relaciones narcisistas implica repasar conversaciones, releer correos y mensajes de texto, pensar en las cosas que pudiste decir o hacer de otra manera, y enfocarte en los "errores" que crees haber cometido. Una relación narcisista se puede sentir como el intento de ganarle la jugada o aventajar a la otra persona, y es posible que estés rumiando errores "tácticos" (*Le contesté el mensaje muy rápido*; *debí haberme esperado antes de llamarle*; *ojalá no le hubiera preguntado eso*) o sobre los buenos momentos de la relación, deseando que pudieran volverse a dar. Cuando se acaba, es común quedarse perdido en un *post mortem* obsesivo, dándole vueltas a cada evento y tratando de encontrarle sentido a la conducta de la persona. Si la relación termina y la persona narcisista ha seguido adelante, tu mente podría enfocarse en: *¿Qué tenía esa otra persona que yo no?* y *¿Va a cambiar?*

En tu familia de origen, la rumiación puede ocurrir de dos maneras: primero, podrías seguir rumiando la invalidación, el rechazo y el descuido en tu infancia. Segundo, si todavía tienes una relación con ese padre o con el sistema familiar, entonces también podrías rumiar conversaciones actuales y *gaslighting* e invalidación en tiempo real. Podrías desear que ese evento o conversación fuera distinto, y después rumiar lo que salió mal. La rumiación en el lugar de trabajo te puede mantener despierto toda la noche y distraerte de tu vida, tus amigos y tu familia. Podrías quedarte atascado y obsesionado con un jefe que elige favoritos, con el *gaslighting*, con la triangulación o con la promoción injusta a un colega que no la merecía tanto como tú.

La rumiación es capaz de contribuir a la "niebla mental" que ya podrías estar experimentando. Es algo muy común, y un subproducto de la confusión y el estrés emocional crónico que estás viviendo debido al abuso narcisista. Sólo haz consciente el no empezar a hacerte *gaslighting* tú mismo y culparte por ser el "problema", por creer que no estás pensando con claridad.

Reminiscencia eufórica

La R final de las 3 R es la reminiscencia y, en específico, la reminiscencia *eufórica*, que es elegir lo mejor de los buenos momentos y recuerdos de la relación. Después de años de invalidación, todavía podrías recordar esa maravillosa cena en unas vacaciones hace tiempo atrás. La reminiscencia eufórica puede dificultar la recuperación del abuso narcisista porque te impide ver la relación de manera balanceada, lo cual resulta en un *gaslighting* personal y en que dudes de tu propia realidad (*A lo mejor no era realmente tan malo y yo le estoy dando demasiada importancia a su comportamiento*). La reminiscencia eufórica no sólo es parte de la repercusión del abuso narcisista, sino también el cemento que usan ambas partes para justificarlo.

En una relación íntima, la reminiscencia eufórica puede tener un papel desde el inicio. Tal vez tengas muchas ganas de que la relación funcione, así que te enfocas en lo bueno, ignoras los focos rojos y el comportamiento invalidante. Conforme pasan los años y el comportamiento narcisista se acumula, la reminiscencia eufórica podría dificultar que veas tales relaciones con claridad, que establezcas límites o que te alejes porque te pierdes en la selección de buenos recuerdos. En las familias, la reminiscencia eufórica ocurre cuando quieres recordar a tu familia y tu infancia de manera idealista, quizá pintando a tu familia como un muégano, recordando los campamentos cuando eras niño o las tardes que pasaban horneando algo, y pases por alto la manipulación y la invalidación crónica. La reminiscencia eufórica se vuelve una suerte de pensamiento idealista y una forma de evitar el duelo y el dolor de ver con toda claridad las relaciones familiares.

La reminiscencia eufórica representa un híbrido entre negación, esperanza, justificación y distorsión. Recordar los buenos momentos no necesariamente es algo malo, a menos de que te deje atorado en patrones tóxicos y ciclos de autoculpabilidad.

Autoculpabilidad

"¿Soy yo?" es el mantra de casi todos los que experimentan abuso narcisista. Al tratar de encontrarle sentido a la confusión provocada por el comportamiento narcisista, terminas culpándote a ti mismo por el abuso ejercido sobre ti. Muchos de ustedes experimentan una vida entera e incluso ciclos intergeneracionales de autoculpa. La autoculpabilidad es una encrucijada en muchas dinámicas: una internalización del *gaslighting*, un intento de encontrarle sentido a lo que está pasando y un esfuerzo por obtener alguna clase de control (*Si es mi culpa, lo puedo arreglar*). Autoculparte significa que podrías acabar lastimado por partida doble: una vez por el comportamiento narcisista en la relación y, otra, por creer que eres tú el que se está equivocando. Esto no te permite ver con claridad la situación y conseguir la ayuda que necesitas, y puede hacer que la relación continúe, ya que, si es tu culpa, vas a tratar de arreglarla. La autoculpabilidad es capaz de dejarte estancado en un ciclo de autoagresión psicológica que podría persistir a lo largo de años.

¿Por qué los supervivientes se culpan a sí mismos por lo que les ocurre en sus relaciones tóxicas? ¿Es una reliquia de la infancia? ¿Es una forma de conservar el control? ¿Es la industria de expertos en relaciones que presionan con la retórica de que ambas partes son igualmente responsables por lo que pasa en una relación, y que tener citas y hacer ejercicios de gratitud en la relación va a darle la vuelta a la situación? ¿Es más fácil creer que tú tienes la culpa, a creer que alguien cercano a ti —padre, madre, pareja, cónyuge o incluso un hijo adulto— podría ser capaz de un comportamiento tan cruel? ¿Es la culpa que sentimos cuando conocemos la historia de alguien y creemos que explica "por qué" hacen lo que hacen?

La respuesta a todas las anteriores es *sí*. Si experimentaste abuso narcisista en la infancia, autoculparte se volvió una táctica de supervivencia, una forma de conservar una imagen idealizada del padre o de la madre, y cubrir necesidades de apego esenciales. La mayor parte de la "industria de las relaciones" predica que los paliativos rápidos, como ver a tu pareja cuando le diriges la palabra son suficientes para enderezar el curso. Escucha eso todo el tiempo y te empezarás a culpar a ti mismo y a preguntarte si te comunicas con la suficiente claridad. La autoculpabilidad es autoprotección; al culparte, evitas el conflicto y el *gaslighting*.

También podrías culparte a ti por tener pensamientos negativos o desleales, como *No puedo soportar a mi propio padre*; *mi hijo es un ser humano horrible*; *odio a mi esposo*, o *creo que mi hermana es una idiota egocéntrica*. Terminas juzgándote por tener esa clase de pensamientos horribles (*Diablos, tal vez el problema soy yo por pensar esto, a lo mejor lo sienten y yo soy la razón de que esta relación sea tan terrible. Me pregunto si yo soy el narcisista*). Internalizas la dinámica de tu relación narcisista y cambias cómo te hablas a ti mismo (*Es mi culpa*; *tal vez soy demasiado sensible*; *no doy una*).

Una pieza crucial para comprender la autoculpabilidad en las relaciones narcisistas viene del trabajo de la doctora Jennifer Freyd sobre *ceguera a la traición*, la cual describe como "la inconciencia, el desconocimiento y el olvido exhibido por personas respecto a la traición".[1] Básicamente, una persona que experimenta ceguera a la traición podría ver el texto incriminatorio en el teléfono de su pareja, podría incluso confrontarla y recibir *gaslighting*, y luego sólo retomar su vida y no integrar el texto problemático porque verlo en su totalidad y consolidarlo significa que se debe modificar su percepción de ella. Esto es todavía más pronunciado en la experiencia de trauma por traición en la infancia, cuando ver con claridad al padre sería catastrófico para un niño que debe conservar una visión distorsionada e idealizada del padre o la madre para sentirse seguro y tener apegos. Lo vemos, pero no lo vemos, y esto ocurre con la intención de conservar las relaciones, la cosmovisión y los sistemas sociales e institucionales.[2] En su forma más simple, la ceguera a la traición nos permite mantener nuestros apegos y conexiones con las personas que amamos.

No obstante, el desplazamiento conveniente de estas traiciones inconvenientes no se da sin costo, y una ceguera a la traición puede significar que, aun cuando no lo atendemos de manera consciente, la conciencia de las traiciones está ahí, en nuestra mente. La doctora Janja Lalich, experta en cultos, lo llama la "repisa" en el fondo de nuestra mente, que al final colapsa cuando suceden suficientes cosas terribles en una relación y se nos obliga a ver el cúmulo de traiciones y comportamientos de abuso emocional.[3] Antes de ese colapso, la gente "ciega" ante la experiencia de la traición se culpará a sí misma (*Tal vez no soy una esposa atenta*; *tal vez soy un niño malo*) y junto con eso experimentará toda clase de patrones psicológicos negativos, como ansiedad, pánico, aislamiento y confusión.

Una de las grandes trampas de la relación narcisista es que los narcisistas en realidad creen que son buenas personas. En serio lo creen. Es parte de su sistema de grandiosidad ilusoria, arrogancia y rectitud moralista. Sería mucho más fácil si fueran por el mundo aceptando quiénes son: "Hola, soy un patán y creo que todo debería tratar sobre mí, así que confórmate". Luego, cuando se portaran mal o de alguna manera manipulativa, podrías sentirte un poco perturbado, pero no te sorprendería y sería mucho menos probable que te culparas por su mal comportamiento. Se trata de relaciones profundamente asimétricas, y la persona narcisista y tú están jugando con reglamentos y expectativas diferentes: donde tú esperas conexión y apego, ellos laboran hacia el control y el egoísmo. Y el resultado es que invierten emocionalmente mucho menos y obtienen mucho más.

La gente narcisista con frecuencia es tan resuelta en la creencia de su bondad, candor, empatía y genialidad en todo que, si tú ya tienes un concepto devaluado de tu propia valía, eres más propenso a echarte la culpa (*Ellos dicen que son geniales, y yo no me veo como alguien genial, así que ¿quizá SOY yo?*). Y justo cuando la relación parece insostenible, la gente narcisista muchas veces se saca un as bajo la manga: unas vacaciones, hacer algo que pediste durante años, ayudar a alguien que es importante para ti. Ay, y esto sólo magnifica la autoculpabilidad y es posible que te sientas como alguien ingrato que debería reconocer lo "afortunado" que es.

Las dinámicas de estas relaciones nos encaminan directo a culparnos a nosotros mismos, sobre todo el vínculo de trauma. En situaciones de la infancia, el padre o la madre explota las necesidades de apego del niño y su disponibilidad a internalizar la culpa y la vergüenza parental (*Es mi culpa, mami, lo siento*), y con el tiempo el niño se desprende de sus propias necesidades y se convierte en una niñera de facto del padre narcisista. De ahí en adelante, internalizar la vergüenza y la culpa, y asumir responsabilidad por el comportamiento de otros se vuelve un acto reflejo en todas las relaciones.[4] Los niños no pueden divorciarse de sus padres, así que se deben ajustar a las condiciones antagónicas, y ese ajuste se ve como autoculparse.

DECLARACIONES Y COMPORTAMIENTOS
DE AUTOCULPABILIDAD

Lo que dices:

- Es mi culpa.
- ¿Cómo puedo ser mejor?
- Tal vez no estoy hablando con la suficiente claridad.
- No lo estoy intentando al máximo.
- Siempre digo lo que no debo.
- Necesito tener más cuidado.

Lo que haces:

- Disculparte constantemente.
- Apaciguar al narcisista y tratarlo con mucha sutileza todo el tiempo.
- Aceptar la culpa por actos y sucesos que claramente no fueron culpa tuya.
- Prepararte de más o asumir responsabilidad por cada detalle de la casa, el trabajo o la familia.
- Crear y darle a la gente múltiples opciones (por ejemplo, múltiples opciones para comer).
- Intentar leer la mente del narcisista y anticipar sus necesidades.
- Cambiarte a ti mismo o el ambiente para complacer al narcisista (por ejemplo, limpieza obsesiva del hogar).
- Negar tus propias necesidades o deseos.

Vergüenza

La vergüenza nos deja sintiéndonos dañados, rotos y en ocasiones incluso como si no tuviéramos remedio. La vergüenza es la autoculpabilidad que se torna pública, la creencia de que el mundo nos está juzgando por lo que nosotros mismos ya nos juzgamos. Si provienes de una familia narcisista en la que "no es suficientemente bueno" se vuelve lema familiar, los secretos y las mentiras proliferan, y el aislamiento es común, la vergüenza se asienta a temprana edad. Los hijos de estos sistemas se pueden agotar tejiendo historias falsas o intentando retratar a su familia como "normal" ante el resto del mundo. Se pueden sentir aislados, apenados de traer a sus amigos a la casa y avergonzados cuando son testigos de sistemas más sanos en sus compañeros o vecinos. La narrativa de vergüenza coloca la carga de estar "dañado" en ti en lugar de en los miembros de tu familia que causaron los problemas. La relación narcisista puede funcionar sólo si internalizas la vergüenza de la persona narcisista y la vuelves tuya. En esencia, te vuelves el almacén de la vergüenza del narcisista.[5]

Esta dinámica de vergüenza también tiene un papel en cómo te quedas atrapado en relaciones narcisistas en la edad adulta. Existe la vergüenza y la subsecuente autoculpabilidad sobre el hecho de que la relación no funcione, la vergüenza de quedarte en esa relación tan disfuncional y la vergüenza de irte y divorciarte. La dinámica de la vergüenza (*Estoy roto*) se puede traducir a *Seguro hay algo mal conmigo*.

Confusión

La confusión, en general, surge de la incapacidad de concebir que otra persona tenga tan poca empatía, de que puedan pasar de decirte que te aman a invalidarte o desaparecer, de aprovecharse de ti incluso cuando cuentan contigo, de una mezcla de buenos y malos días, de comprender sus historias y sentir compasión por ellos aunque sigan cargando contra ti, de luchar simultáneamente entre el deber, la lealtad y el desagrado a la gente que se "supone" que te debería caer bien, como tus padres y tu familia. Cuando recibes abuso de parte de narcisistas se te dice cómo te debes sentir y qué debes pensar, así que pierdes todo el sentido de quién eres y qué haces, lo cual amplifica la confusión.

Existe una danza complicada de negación con la que debes lidiar en estas relaciones. Quizá te des cuenta de que debes volverte bueno para comportarte como si todo lo que estuviera pasando a tu alrededor fuera normal, y la gente narcisista y sus facilitadores lo esperan de ti. En parte, se trata del lento adoctrinamiento y la distorsión de la realidad, pero también de la confusión sobre lo que constituye un comportamiento normal o sano. Fuiste lo suficientemente flexible para tratar de hacerlo funcionar, pero el lado oscuro es que esta expectativa o tu incapacidad para aparentar que todo está "bien" significa que incluso las buenas personas a tu alrededor muchas veces no tienen idea de lo mal que la estás pasando.

El *gaslighting* y los futuros ficticios contribuyen a la confusión. Podrías pasarte el tiempo analizando viejos mensajes, asegurándote de que los escuchaste bien, y luego pensando que tal vez no. Sus mentiras también suman a tu desorientación. Luego, aparece el desconcierto que viene de la triangulación, que es una forma de manipulación e involucra enfrentar a las personas entre sí y usar comunicación indirecta, como hablar a espaldas de la gente, en lugar de comunicarse directamente con alguien. Por ejemplo, tu madre narcisista te dice que tu hermana dijo que eres avaricioso. Esto hace que te enojes con tu hermana y quizá no la invites a la fiesta. Tu hermana nunca lo dijo y está herida y confundida porque la hiciste a un lado. La triangulación fomenta confusión y cultiva desconfianza en las familias, los grupos de amigos y los lugares de trabajo.

Desolación

Darte cuenta con el lento paso del tiempo de que la persona que amas o que se supone que deberías amar no tiene empatía real, no parece importarle que te lastime y siempre se pone antes que nada es una materialización desoladora. Casi todas las personas que navegan en relaciones narcisistas experimentan desolación, y ésta es una combinación de tristeza, impotencia, desesperanza, indefensión, miedo y, en ocasiones, incluso de pensamientos suicidas. No hay forma de componer la situación, mejorarla, ser visto o recibir empatía. No importa lo que digas o lo que hagas, nada cambia. Sin importar el tipo de relación narcisista, reconocer que no puede cambiar crea una sensación de temor y una pena insondable.

Si tratas de ejercer tus deseos, aspiraciones o necesidades en una relación de este tipo, la persona narcisista no tolerará esos intentos, y con el tiempo, dejarás de sentirte como un jugador relevante en tu propia vida. Las relaciones narcisistas muchas veces no son sólo sobre ti: pueden afectar a tus hijos, tus trabajos, tus amistades o relaciones con otros miembros de la familia. La impotencia que sientes en las relaciones narcisistas se puede extender a una indefensión en tus demás relaciones también, y podrías sentir desasosiego por no poder proteger a otras personas. Es posible que experimentes algunos (o varios) de los patrones que se observan en la depresión, incluyendo tristeza, irritabilidad, alteraciones en el apetito, problemas de sueño, sentimientos de desvaloración, distracción y una incapacidad para concentrarte, llanto y alejamiento social.

Un reto considerable es descubrir si estás deprimido o si se trata de algo derivado del abuso narcisista. Algunos dirán que en ciertas áreas de su vida están bien —ríen con amigos, disfrutan el tiempo con sus hijos, el trabajo va bien— y que su tristeza y desasosiego se restringe a la relación narcisista; podrías temer encontrarte con la persona narcisista y disfrutar ver a todos los demás. Sin embargo, si estos patrones depresivos empiezan a penetrar otras áreas de tu vida y sientes que no puedes funcionar bien en el trabajo, en la escuela o en tus responsabilidades como cuidador, o simplemente ya no te interesa la vida, entonces la situación quizá ya escaló a una depresión clínica y requiere cuidados de salud mental lo más pronto posible. Si tus sentimientos de desasosiego y depresión te han provocado pensamientos suicidas, no estás solo. Es crucial que busques ayuda de inmediato; se incluyen recursos en la página 309.[6]

Cómo es la experiencia de ti mismo en el mundo

Experimentar el abuso narcisista puede ser algo muy solitario. Hasta que reconoces que tu situación no es única, es como vivir en un universo alterno donde el mundo contempla tu relación y a la persona narcisista de una manera muy distinta de como tú lo haces. Esa soledad puede persistir si decides terminar la relación y romper el contacto. Después de una experiencia de abuso narcisista, podrías sentir que nunca más podrás volver a confiar en ti ni en los demás y sospechar de todos. En consecuencia, te podrías perder de construir amistades en el futuro, colaboraciones, relaciones y oportunidades. Si creciste en una familia narcisista, la confianza se encuentra distorsionada, mal colocada o nunca se desarrolló. La desconfianza también puede implicar que no sólo no confías en el mundo, sino tampoco en ti. Puede ser agotador contemplar el mundo con suspicacia y una sospecha crónicas.

La pérdida de la confianza que experimentas a causa del abuso narcisista también se puede extender al miedo de depender de otras personas. Esto puede crear una seudoautonomía desgastante en la que sientas que eres tú contra el mundo, y que tienes que hacerte cargo de todo para que los demás no te decepcionen. Pero el abuso narcisista también podría volverte muy ineficiente porque nunca sabes cuándo puedes contar con otra gente. Quizá te volviste muy bueno para hacer concesiones por la impredecibilidad de la gente narcisista. Esa metamorfosis bueno-malo implica que la persona narcisista podría llevarte felizmente al aeropuerto en un buen día y luego gritarte por tu egoísmo cuando le pides que te lleve la próxima vez. Tener estas experiencias y percepciones al pedir ayuda se pueden volver algo generalizadas y quizá llegues a creer que pedirle ayuda a cualquiera resultará en decepción o enojo.

Problemas de salud mental en las personas que experimentan abuso narcisista

Si estás experimentando las repercusiones del abuso narcisista, gran parte de los sentimientos y patrones se superponen con o podrían estar ocurriendo al mismo tiempo que otras cuestiones de salud mental. Ten en mente que la repercusión del maltrato narcisista no es un trastorno sino una reacción esperada al estrés de una relación tóxica. Aspectos de salud mental, como pánico, ansiedad y depresión, podrían concurrir con otras consecuencias del abuso narcisista. Se puede tratar de cuestiones que precedían y que luego empeoraron el abuso narcisista (por ejemplo, tuviste una historia preexistente de depresión antes de empezar una relación narcisista) o cuestiones que tal vez se activaron con el maltrato de parte del narcisista (por ejemplo, desarrollaste un trastorno de ansiedad después de vivir una relación narcisista).

Si tienes un historial de trauma, las respuestas postraumáticas se pueden volver todavía más pronunciadas como resultado de quedar expuesto a un comportamiento narcisista. La ansiedad social también podría entrar en la mezcla porque después de mucho *gaslighting* crees que estás leyendo las situaciones sociales de manera incorrecta o el narcisista te ha dicho que suenas tonto cuando estás con otras personas. Si experimentas cualquiera de los demás patrones listados aquí y te das cuenta de que interfieren con tu trabajo, tu capacidad de aportar cuidados, con la escuela, tus relaciones sociales u otras áreas de funcionamiento, por favor, busca a un especialista calificado de salud mental para tener una evaluación y un tratamiento adicionales.

¿El abuso narcisista puede afectar a tu salud física?

Pregúntate si tu salud mejora o empeora dependiendo de tu contacto con una relación narcisista. Estar en una relación de este tipo es estresante, y el estrés afecta tu salud en una gran variedad de formas; por ejemplo, podrías experimentar dolores de cabeza, tensión muscular y función inmunológica disminuida, lo cual te puede dejar mucho más vulnerable a contraer enfermedades. Si tienes condiciones de salud crónicas preexistentes, como padecimientos autoinmunes, asma o diabetes, el estrés puede exacerbar tu enfermedad. Se ha sugerido que el trauma suprimido se puede experimentar como dolor físico,[7] y el dolor crónico y otras molestias físicas similares que informaron sentir personas con experiencias de abuso narcisista a largo plazo son consistentes con esa observación.

Hacer la clase de investigación necesaria para sustentar esta conexión entre enfermedad-abuso narcisista no es fácil. En un mundo ideal, seguiríamos a grupos de personas que viven maltrato narcisista durante muchos años, haríamos un monitoreo de su salud, mediríamos sus niveles de estrés y relaciones, y observaríamos cómo se desarrollan. Desde mi posición de observadora, he sido testigo de cómo personas en general sanas que experimentan las repercusiones del abuso narcisista desarrollan enfermedades que no tienen sentido considerando su edad, su perfil genético y su condición física, o cuyas enfermedades tomaron un curso mucho más complejo del esperado. Como anécdota, muchos profesionales de la salud están buscando los efectos negativos de las relaciones tóxicas en la salud.

Tu cuerpo lleva la cuenta de una manera más honesta del precio que tiene el maltrato narcisista en tu mente. Tu cerebro y tu mente están inmersos en justificaciones y racionalizaciones por el vínculo de trauma, mientras que tu cuerpo siente y retiene el dolor, la pena, el trauma y la pérdida con mucha menos censura. También he sido testigo de cómo muchos de estos mismos problemas de salud empiezan a remitir una vez que la persona se distancia de la relación narcisista. Recuerdo a una mujer que tenía numerosas condiciones de salud, como dolores de cabeza, problemas gastrointestinales y dolor crónico, y su cónyuge narcisista murió inesperadamente después de una breve enfermedad. Ella me contó que sus síntomas físicos remitieron en cuestión de un mes después de que él murió, aun cuando su muerte y la deuda que él dejó la pusieron en una posición económica precaria y estresante. Se sentía culpable de estar aliviada por su pérdida y por el final del tormento psicológico que vivía, e incluso por cómo había mejorado su salud cuando sabía que el mundo estaba esperando verla como una viuda en duelo. Dicho lo cual, nada de esto es simple.

Los efectos físicos del abuso narcisista también ocurren a través de vías indirectas. No te cuidas. Tal vez estés tan exhausto y preocupado, que se te olvide comprar tus medicinas o tomarte algún medicamento de la manera adecuada, podrías dormir y comer mal, no hacer ejercicio o no seguir un tratamiento médico preventivo con consecuencias trágicas potenciales, como no hacerte revisiones regulares de cáncer. Asimismo, las personas narcisistas son pésimas cuidadoras, y si bien podrías quedarte en un matrimonio narcisista con la esperanza de que un día tu pareja te cuide en la vejez, no es probable que vaya a pasar. Lo más probable es que los narcisistas consideren un inconveniente tus problemas de salud; no les gusta la enfermedad ni ningún otro recordatorio de la fragilidad humana o la moralidad, y son demasiado egoístas e impacientes como para dedicarse a impartir cuidados de manera sostenida y compasiva. He escuchado demasiados episodios de personas narcisistas que dejan plantados a sus cónyuges o a sus familiares para sus citas de quimioterapia o visitas a urgencias. Si tenías la esperanza de que quizás algún día tu pareja tóxica o tu familiar tóxico te cuidara si surgía la necesidad, su desaparición en tus momentos médicos vulnerables no sólo conlleva a la desazón, sino que puede ser bastante peligroso y caro, ya que podrías tener dificultades para encontrar cuidadores o vivir sin suficiente asistencia. De muchas maneras, las relaciones narcisistas te roban años de vida.

El abuso narcisista no es sólo sobre sentimientos. Cuando te encuentras expuesto al comportamiento narcisista, experimentas una serie de reacciones psicológicas a éste. Es un patrón que viven casi todas las personas que se involucran en una relación narcisista, lo cual sirve de recordatorio de que *no eres tú*. No estás teniendo una reacción dramática ni extraña; esta repercusión le sucede a cualquiera en una relación como ésta, y ni siquiera el dinero, el privilegio o el poder pueden proteger a la gente por completo.

Es momento de hablar de recuperación, de sanar, crecer y prosperar. Por difícil que sea, he visto a muchas personas salir de estas relaciones siendo más sabias, más valientes e infundidas de sentido y propósito. No podemos cambiar nuestras historias, pero sí podemos seguir adelante. Puedes recuperarte, sea que te quedes o te vayas, sea que veas a la persona narcisista todos los días o nunca más. Darás un giro de enfocarte en el manejo de la gente narcisista en tu vida y culparte a ti mismo, a ver tu propio crecimiento, autocomprensión, realidad y claridad. En lugar de enfocarte en una mera supervivencia, es momento de aplicar tu energía, tu capacidad y tu tiempo para prosperar y florecer.

SEGUNDA PARTE

Reconocimiento, recuperación, curación y crecimiento

*Nos deleitamos en la belleza de la mariposa,
pero rara vez reconocemos los cambios que ha vivido
para tener esa belleza.*
MAYA ANGELOU

El término *abuso narcisista* le da por fin un nombre al dolor que muchos de ustedes han sentido. No se trata de un corazón roto común, para muchos es el espíritu despedazado que empezó en la infancia o una serie de relaciones invalidantes que te moldearon, te hirieron, te cambiaron y se robaron tu realidad y tu sentido de identidad. Algunos de ustedes han llegado a terapia para escuchar que sólo están ansiosos, que todas las relaciones son difíciles y que deberían encontrar mejores formas de comunicarse, lo cual los hizo dudar de ustedes mismos todavía más. Otros tal vez sintieron vergüenza por estar "distanciados" de miembros de su familia. Cuando experimentas activamente la repercusión del maltrato narcisista, no puedes imaginar salir de ahí, e incluso cuando estás fuera de la relación, algunas heridas permanecen: la pena, la pérdida de confianza y una visión del mundo persistentemente alterada.

¿Qué es lo que significa para ti sanar? Podrías creer que sanar implica estar en paz; ya no dudar de ti ni culparte; no rumiar; sentirte entero; confiar en tus instintos, y perdonarte. Quieres que se señale la responsabilidad del narcisista, que se le desenmascare, que asuma por sí mismo la responsabilidad de lo que hizo, y quizá sientas que, para sanar, necesitas justicia. Quieres ver que la persona narcisista no puede simplemente seguir adelante mientras tú lidias con ansiedad, tristeza, remordimiento y duda. Tristemente, no siempre hay justicia ni responsabilización, o una disculpa siquiera. ¿Es posible recuperarse aun cuando la persona narcisista no enfrente ninguna consecuencia?

Sanar no se trata sólo de llorarlo un rato. Se trata de vivir un duelo y liberar espacio, y en ese nuevo espacio construir una nueva vida, encontrar tu voz y sentirte empoderado para articular tus necesidades, deseos y esperanzas, y sentirte a salvo al fin. Es un proceso de evolución desde la supervivencia y los manejos, hasta el crecimiento y la prosperidad.

No hay una agenda para sanar. Toma el tiempo que sea necesario y varía dependiendo de la naturaleza de la relación, ya sea que decidas quedarte o partir, y de tu propia historia de vida. Sanar implica ser amable contigo, aun cuando te manipulen de vuelta o te atormenten después de darle una segunda oportunidad a la persona narcisista. Implica sabiduría, discernimiento y la voluntad de alejarte de gente tóxica, aun cuando otras personas te quieran hacer sentir avergonzado con relación al perdón. Es sobre aceptación radical y vivir con el doloroso entendimiento de que los patrones narcisistas no cambian. Se trata de ya no culparte a ti ni preguntarte si eres suficiente. Se trata de encontrar significado y propósito, y aprender a respirar después de años o de una vida entera caminando sobre la cuerda floja de apaciguar y validar mientras a ti se te censura.

Yo no hubiera escrito este libro si no creyera que es posible recuperarse. Cada día soy testigo de cómo las personas aprecian las pequeñas alegrías que no podían tener mientras estaban en relaciones narcisistas, persiguen metas por las que se burlaban de ellos tiempo atrás, se reconectan con personas que perdieron. También he visto cómo por fin encuentran su propia identidad y la experimentan sin la gente narcisista en su vida. He visto a la gente enamorarse de nuevo... y tentativamente aprender a confiar.

Pero sanar es sólo parte del destino. Tu meta es llegar a prosperar y vivir en sincronía con tu yo auténtico (y descubrir quién es ese auténtico yo en realidad), recuperar esas alas que se cortaron durante la relación narcisista y al fin volar. Una vez que contrarrestas la rumiación y el remordimiento, que proteges y liberas al niño con vínculos de trauma en tu interior y cambias la forma como hablas contigo mismo y te dejas de hacer *gaslighting*, empiezas a desempacar tu verdadero yo, además de las metas y aspiraciones que silenciaste, y te permites vivirlas.

Sé activo al usar la siguiente parte del libro. Escribe un diario, registra tus pensamientos y sentimientos, y también tu progreso. Prueba las técnicas y reflexiona sobre cómo funcionan. Toma algunos riesgos y pon atención a cómo se siente. La recuperación es un proceso activo.

Las personas narcisistas son ruidosas contadores de historias y tienden a infectarte con sus narrativas limitantes sobre ti. Al final, sanar es acerca de recuperarte a ti, revisar las historias que te contaron y reescribirlas a tu manera.

4

Comprende tu historia

Ella tenía ahora un interior y un exterior
y de pronto supo cómo no mezclarlos.
Zora Neale Hurston

Cuando Sarah se mudó a Los Ángeles, fue desconcertante y emocionante a la vez. Acababa de salir de una relación tóxica y quería empezar de cero. En su trabajo le ofrecieron una transferencia, lo cual también fue una bendición porque su jefe anterior le había hecho la vida difícil a ella y a su equipo. También le agradó el respiro de mudarse lejos de su familia. Tratar de encargarse de todo por ellos se sentía como un trabajo de medio tiempo.

Sarah no estaba buscando una relación cuando llegó a Los Ángeles. Así que, cuando conoció a Josh, tenía la guardia baja. Después de su última relación, se había tomado el tiempo de aprender todo sobre narcisismo y relaciones narcisistas. Conocía la arquitectura de una relación narcisista, el bombardeo de amor y todo lo demás, pero como Josh era sólo un amigo, no creía que nada de eso fuera relevante. Con el tiempo se dio cuenta de que la emocionaba verlo. Dado que era un "amigo", se abrió más, compartió historias de la invalidación de su familia, cómo tantas veces sentía que no era suficiente, cómo siempre intentaba arreglar todo para todos y las dificultades de su relación con su expareja. Él escuchaba con atención. A cambio, él compartía más de su vida y le contó a Sarah de un proyecto que le había estado costando trabajo echar a andar. Sarah se sentía terrible de que Josh no tuviera el apoyo de su familia y empatizaba con eso.

Unos meses después de conocerse, Josh le contó que estaba planeando mudarse del edificio donde vivían y dormir en el sillón de un amigo para ahorrar dinero y perseguir su sueño. Sarah odiaba la idea de perder a la persona que se había vuelto como un oasis en la ciudad, así que le ofreció su sofá para que se quedara ahí. Al vivir en el mismo lugar, se desarrolló una relación más íntima, y era reconfortante para ella porque ya sentía que lo conocía. Era agradable tener a alguien con quien compartir los pequeños placeres, como cenar en casa o su mutuo amor por las películas anime. Le gustaba caminar junto a alguien y tener de nuevo intimidad en su vida.

Sarah pronto descubrió que la vida no siempre era perfecta con Josh, pero ¿quién es perfecto? No ayudaba con las tareas de la casa tan seguido, pero ella no lo cuestionaba porque ya estaba acostumbrada a hacerlo todo sola, además de que él estaba ocupado con su nuevo negocio. A veces "ayudaba" en el departamento haciendo ajustes que le beneficiaban a él (por ejemplo, moviendo muebles para crearse un espacio donde trabajar), y aunque a Sarah la desconcertaba un poco, le daba gusto que Josh se sintiera como en casa y esperaba que todo esto sirviera para que su empresa tuviera éxito. Josh a menudo le hacía preguntas detalladas sobre adónde iba y a quién veía, pero era bastante reservado sobre sus propias idas y venidas. "Es lindo que hasta le importe dónde estoy. Mi último novio era tan egoísta que ni siquiera preguntaba", pensaba Sarah. Se sentía mal por lo difícil que era para Josh lanzar su nuevo negocio y, al mismo tiempo, se sentía culpable de que su propia carrera estuviera yendo tan bien. Por eso tenía una inclinación a dejarle pasar todas cada vez que él se lanzaba en monólogos eternos sobre su día, sus frustraciones y su trabajo. O cuando respondía a sus consejos con: "Deja de actuar como si entendieras algo de manejar un negocio.

Es fácil nada más marcar tu llegada a la oficina". O cuando se negaba a contribuir económicamente a la casa. Sarah creía que arreglar las cosas por los demás era una forma de demostrarles amor, así que trataba de darle ánimos y le presentó colegas que pudieran ayudarlo.

Si la gente narcisista es tan mala para nosotros, ¿por qué nos sentimos atraídos? ¿Por qué no corremos a la primera señal de un foco rojo? Es una pregunta complicada, y una con la que muchas veces me peleo al hablar sobre recuperación. Recuerdo haber escuchado una entrevista con una mujer que había estado en una relación con muchísimo abuso narcisista. El entrevistador, que no sabía del tema, le preguntó: "¿Por qué no sólo te fuiste?". Yo me estremecí ante la pregunta porque se sentía como si culpara a la mujer de haberse quedado. Ella le contestó cortante: "¿Por qué no me preguntas por qué él me maltrataba?". Era una pregunta válida, pero ni siquiera eso llega al núcleo de la recuperación. El hombre que la maltrató era profundamente narcisista, abusaba y continúa abusando de las personas, y es muy probable que siempre sea así. Por ello, *sanar no puede estar supeditado en exclusiva a atender el comportamiento de quien maltrata.*

Recuperarte no sólo implica atender las heridas ya existentes, sino prevenir las heridas futuras lo más posible. Casi todos nosotros tenemos características o historias que nos vuelven vulnerables a entrar y quedarnos en relaciones narcisistas. Atender tales vulnerabilidades no sólo se trata de "culparte" por una debilidad, sino de ayudarte a comprender cómo es que algunas partes muy sanas y buenas de ti mismo (tu empatía, compasión y bondad), así como otros elementos complejos de tu historia (trauma, familia narcisista), te pueden dificultar el desengancharte de estos ciclos.

Es fácil comprenderlo cuando tenemos una vulnerabilidad física: me torcí el tobillo, no puedo subir por las escaleras. Tengo asma, no puedo entrar a un cuarto lleno de polvo. De la misma manera, para sanar de las repercusiones del abuso narcisista y ayudar a prevenir un futuro maltrato, primero debemos conocernos por completo, incluyendo nuestras vulnerabilidades, sistemas de creencias e historias. Aun si vienes de una familia feliz, si estás contento en un buen trabajo y tienes bastantes amigos, las relaciones narcisistas podrían seguir influyendo en tus sistemas de creencias.

Entender tus antecedentes y tu vulnerabilidad a estas relaciones te puede ayudar a sanar y protegerte en el futuro. Este capítulo desarrollará estos factores de riesgo en múltiples niveles: tú como individuo, las experiencias que tuviste con tu familia de origen, los mensajes culturales que recibiste y los mensajes de la sociedad en general. También exploraremos la idea de que "encontrar los focos rojos antes" en realidad es inútil, y que puede tomar un minuto determinar qué está pasando en una nueva relación.

¿Qué nos vuelve vulnerables?

Las características magnéticas que tantas veces observamos en individuos narcisistas, como lo encantadores que son, su carisma y confianza, pueden explicar la atracción, esa gravitación, y algunas de las justificaciones que creamos para su conducta. Así pues, *todos* somos vulnerables a tener relaciones narcisistas, pero hay características, situaciones e historias capaces de amplificar esa susceptibilidad. Cuantas más situaciones así pueblen tu pasado, más vulnerable podrías ser a los encantos de una persona narcisista o a quedarte atorado en una de estas relaciones. Tratar de sanar y cambiar sin reconocer esto es análogo a arrancar solamente la parte de arriba de una mala hierba, dejando que la raíz se afiance y eventualmente se apodere de tu jardín. Me frustra cuando la gente imparte consejos rápidos y fáciles de "cambia tu forma de pensar" sin reconocer que traes contigo una historia complicada que se desenvuelve en un mundo complicado. Intentar simplificar procesos individualizados con tal nivel de detalle muchas veces sólo acaba humillándote. No existe ningún truco de cinco pasos para sanar del abuso narcisista.

Una vez platiqué con un grupo sobre sus historias y vulnerabilidades, y me preguntaron con pesar: "Con base en tu lista de factores de riesgo, ¿quién no es vulnerable?". Todos nos reímos, pero hay un poco de verdad en ese comentario. La mayoría de nosotros, ya sea por nuestras historias o por nuestras características innatas, nos encontramos en cierto nivel de vulnerabilidad de vivir relaciones narcisistas. Manejar estas vulnerabilidades implica comprender nuestras historias, pero también comprender cómo se ve el narcisismo, tener claro cuáles son los comportamientos interpersonales nocivos, atraparnos en el momento en que justifiquemos algo y tengamos una actitud reflejo, y ser conscientes de cuándo queda secuestrada nuestra realidad. Más que nada, también implica no ver nuestras vulnerabilidades como debilidades, sino como partes valiosas e integrales de nosotros mismos. Sanar significa reconocer todas las partes que te conforman, pero además darte permiso de usar tu discernimiento, ser autoprotector y consciente.

Empatía

Las personas empáticas son magníficas, y yo quisiera que todos viviéramos en un mundo lleno de ellas. (No es así.) Pero los narcisistas suelen explotar esta bondad. Tu empatía te vuelve extremadamente vulnerable a los ciclos de idealización, devaluación, disculpas y justificaciones en la relación narcisista, y te deja en posición para ser una gran fuente de suministro narcisista. La gente empática da segundas oportunidades, perdona y siempre intenta ver el punto de vista de la otra persona.

Si eres empático y no comprendes el comportamiento narcisista, podrías seguir ofreciendo esa empatía, así como actitudes adyacentes a ella, por ejemplo, el perdón, y la persona narcisista lo tomará sin reciprocar, lo que resulta en una reversión asimétrica de la empatía (toda la empatía sale, pero nada entra). Si eres empático, podrías seguir creando excusas y ver a la persona narcisista a través de un lente de compasión hasta quedar exhausto. La empatía quizá sea una vulnerabilidad no sólo para entrar en una relación, sino para quedarse atorado a largo plazo, aun cuando los patrones tóxicos estén firmemente establecidos. Al principio de este capítulo, por ejemplo, la empatía de Sarah por los problemas de Josh la volvió una gran fuente de suministro para él y la dejó vulnerable a escuchar sus diatribas a una voz sin quejarse ni preocuparse.

Ser un salvador

Los salvadores son personas complacientes que quieren arreglar, resolver problemas y tratar de mejorar las cosas. Podrías sentirte obligado a animar y alabar a otras personas todo el tiempo. Podrías incluso ofrecerles un lugar dónde vivir, un auto, dinero o ayuda para conseguir trabajo. Pero el resultado es que terminas quedándote en posiciones precarias en aras de ese rescate, como gastar dinero o tiempo que no tienes, o incluso ponerte en posiciones legales o éticas cuestionables. Puede ser arriesgado cuando estás lidiando con un narcisista que te va a dejar a merced de todo sin preocuparse mucho por lo que te suceda.

Los narcisistas, en particular los vulnerables, salen pronto a la luz con su narrativa victimizada y un sentido hosco de pretensión ("Todos los demás reciben un trato especial. Nada es justo para mí"). Esto podría hacerte sentir culpable e incitarte a "componer" las cosas por ellos. Incluso podrías tratar de hacer lo que tú hubieras deseado que se hiciera por ti en momentos de necesidad, así que el acto de salvar a alguien tal vez sea una forma de trabajar tus propias heridas. O tal vez intentes ganar un atisbo de control dentro de la relación rescatando y haciendo más y más para que funcione. Pero la persona narcisista es una misión de rescate que nunca terminará. Sin importar cuánto hagas —sin importar la cantidad de dinero, oportunidades, contactos o tiempo que les des—, nunca será suficiente. Podrías creer que puedes mejorar la relación "arreglando" todo, pero algo menos que acordonar a una persona narcisista para salvarla de todas las decepciones posibles no funciona. Los salvadores están en riesgo no sólo de caer en estas relaciones, sino de permanecer en ellas con la ilusión de que "Si hago lo suficiente, entonces estará bien".

Cuando observamos a Sarah, sus arreglos y rescates no sólo fueron un gancho temprano, sino que la mantuvieron enfocada en qué "hacer" dentro de la relación, en lugar de estar presente en lo que estaba pasando.

Como nos muestra la historia de Sarah, puede haber una superposición entre los narcisistas y sus salvadores. No obstante, las personas empáticas tal vez no siempre se sientan impelidas a "arreglar", pues su empatía suele ser un sentimiento que contribuye a la culpa y a las justificaciones. Por otra parte, los salvadores podrían sentir empatía y estar motivados por la necesidad de complacer para estar a salvo, conectados y sentirse útiles.

Optimismo y positividad

Le ves el lado positivo, haces limonada con tus limones y ves el vaso medio lleno. Genuinamente crees que todos tienen potencial y que cualquiera puede cambiar. Crees en la equidad y la justicia, y en que todo se arregla. Quizá también creas que si tan sólo le das a alguien una segunda oportunidad, entonces posiblemente cambie. Pero si eres muy optimista y positivo, puede ser un reto hacer las paces con la idea de que la gente narcisista no cambia.

Los sistemas de creencias son el corazón de quienes somos, y puede ser devastador abandonar tu visión del mundo. En un aspecto clínico, me he dado cuenta de que un trabajo de recuperación con supervivientes optimistas y temperamentalmente positivos toma más tiempo al inicio porque hay mucha resistencia al concepto de la inmutabilidad. Cuando al fin queda claro que el comportamiento de la persona narcisista en serio no va a cambiar, entonces llega el momento de la devastación y la depresión. (Por el lado bueno, este optimismo a menudo se aprovecha después del duelo inicial y puede alimentar la resiliencia). El optimismo es una doble vía de atracción. La gente optimista podría sentirse atraída por el magnetismo y el carisma de la persona narcisista, y el narcisista podría sentirse atraído por la positividad y el impulso de validez que proviene de un optimista. La gente optimista también podría quedarse atascada por su voluntad crónica a aferrarse a la esperanza de que todo puede mejorar.

Si bien Sarah no era una optimista clara, su voluntad para crear espacio para los planes ostentosos de Josh y sus grandes ideas reflejaban una apertura a los pensamientos de aquél, aun si no mostraban señales de despegar. De la misma manera, tu positividad y optimismo también podrían avivar las llamas de la grandiosidad en la persona narcisista y volverte el blanco principal para el futuro ficticio de una persona narcisista.

Perdonar siempre

¿Perdonas a todos? ¿Das segundas oportunidades? Existen muchas razones por las que podrías perdonar: porque crees que es lo correcto, es parte de tus enseñanzas religiosas o culturales, esperas que la persona cambie una vez que hayas perdonado, crees que todos merecen una segunda oportunidad, crees que tal vez todo fue un gran malentendido o tienes miedo de lo que podría pasar si no los perdonas. El perdón en sí mismo no es algo malo. Simplemente no funciona con la gente narcisista. Si eres alguien comprometido con perdonar, eso genera una vulnerabilidad tremenda porque en lugar de abrazar el perdón como una llamada para ser mejor, los narcisistas lo ven como señal de que su comportamiento no tendrá consecuencias. Dado que les falta empatía, la preocupación de una persona narcisista por ti no será lo que detenga su actitud. En ausencia de consecuencias significativas y con la suposición de que serán perdonados, el ciclo de traición y mal comportamiento persistirá. ¿Recuerdas que Sarah consentía todas las transgresiones de conducta de Josh? Si bien no las perdonaba activamente, las justificaba y no las cuestionaba. Perdonar puede derivar en concesiones para los focos rojos tempranos, lo cual contribuye a quedarse atorado en estas relaciones.

Padres narcisistas, antagónicos o invalidantes

Crecer en un sistema familiar narcisista es una forma de adoctrinamiento. Estos sistemas familiares te dejan sintiéndote desanimado, culpándote a ti mismo, autodevaluándote y pensando que no eres suficiente.[1] El mensaje en estas familias es que necesitas ganarte el amor o ser una fuente de suministro narcisista para tu padre o madre para conservar su amor, o se te juzgará con base en lo que puedes hacer por el miembro narcisista de la familia. El resultado es que aprendes a reprimir tus propias necesidades, te vuelves facilitador del miembro narcisista de la familia y te acostumbras a recibir *gaslighting*, ser manipulado y quedar sujeto a la ley del hielo. Con el tiempo, las familias narcisistas normalizan el comportamiento narcisista, lo cual te deja todavía más vulnerable a la demás gente narcisista que encuentre su camino hacia tu vida en la edad adulta. Estos sistemas familiares te inculcan la idea de que necesitas "conformarte" y que no tienes derecho a tener estándares en lo referente al comportamiento de otra gente. Los hijos de estas familias desempeñan diferentes papeles diseñados para beneficiar al padre o padres narcisistas y los mantienen limitados y definidos por la función que tienen en la familia. Haremos una exploración profunda de estos papeles más adelante en este capítulo.

Hay un riesgo de que alguien que superficialmente ofrezca lo que sea que le haya faltado a tu sistema tóxico —estabilidad económica, afecto, interés intenso o atención— se pueda sentir como la contraparte de los patrones tóxicos de la infancia. Eso quizás haga que pierdas de vista otros patrones tóxicos que se estén desarrollando, como la invalidación. Por ejemplo, Sarah se había alejado de su familia y sentía empatía por Josh porque él también provenía de una familia que lo invalidaba. Esto tocó la fibra de su salvadora interna y su sentido de empatía, y tal vez estaba atendiendo sus heridas principales al estar ahí para él. Es muy probable que no notara lo poco sano que era su comportamiento porque ya se había vuelto muy normalizado para ella y esto quizá no sólo la volvió menos capaz de discernirlo al principio, sino que la dejó enganchada porque le era muy familiar.

Familias felices

Sí, la vulnerabilidad de la familia feliz es real, aun cuando pueda parecer paradójico. Algunos de ustedes crecieron en familias felices donde los padres tenían un matrimonio amoroso y respetuoso; tu familia es genuinamente una amalgama; hay empatía y compasión; se cuidan la espalda entre todos; la gente escucha tus sueños, te ve y te ama; cuando estás triste te consuelan, y nadie está gritando, peleando ni lastimándose. ¿Y cuál es el inconveniente de eso? No aprendes cómo transitar las peligrosas calles del narcisismo. Con esta clase de origen, te podría costar trabajo creer que la gente puede invalidar, manipular, ser displicente y cruel. Se te enseñó que cualquier bache en el camino de la relación se puede atender por medio de la comunicación, el perdón y el amor. Podrías creer que el amor al final todo lo puede porque así es como siempre ha funcionado en las relaciones felices que viste al crecer.

Es posible que tu familia feliz crea en la redención, pero la consecuencia de esto es que también podrían ser involuntariamente permisivos con las situaciones de tu relación narcisista y sugerir que ames todavía más a la persona narcisista y se queden juntos. Recuerdo haber conversado con una pareja mayor que tenía una hija adulta en un matrimonio narcisista. Los padres ya llevaban cuarenta y cinco años de casados y el sistema familiar era muy cercano. Cuando su hija estuvo en una relación con un narcisista maligno, no lo entendieron por completo, y probaron de todo, incluyendo préstamos, vacaciones lujosas y cuidar a sus nietos para apoyar que se conservara el matrimonio y mejorara. Cuando eso no funcionó, vieron cómo su hija se marchitaba psicológicamente y su matrimonio se disolvía al fin. La pareja creía en la justicia y que la corte le daría la custodia completa porque el papá era un "hombre malo". Los padres quedaron destrozados al darse cuenta de cuáles son las maquinaciones reales en el proceso de divorcio con un narcisista. El lado positivo es que si creciste en una familia feliz, el apoyo social y la resiliencia derivada de venir de un lugar con lazos seguros y tener un santuario al cual acudir te fortalecerá una vez que empieces a comprender tu relación narcisista.

Transiciones difíciles

Muchos de nosotros, cuando estamos pasando periodos de transición, no estamos en nuestro mejor momento. He sido testigo de cómo muchas personas entran en relaciones narcisistas poco después de terminar una relación o durante un divorcio, pero también después de mudarse a una nueva ciudad o cuando están lidiando con la muerte de alguien cercano. Las transiciones pueden ser traumáticas (pérdidas) o pueden ser inspiracionales (un nuevo trabajo o una mudanza), pero de cualquier manera, te pueden desestabilizar. Tu atención se dirige hacia las cosas nuevas que pasan en tu vida. Estás lidiando con crisis agudas o de logística, y no tienes tus típicas piedras angulares, como tus rutinas, tus redes de apoyo o siquiera el lujo de entrar en piloto automático gracias a lugares, trayectos y personas conocidos. Lo nuevo y lo desconocido puede generar ansiedad o una sensación de incompetencia que te haga sentir vulnerable. Tu capacidad está ocupada con este proceso de aclimatarse a las nuevas situaciones, dejándote en riesgo de no ver patrones tóxicos que tal vez se desenvuelvan frente a ti. Recuerda que Sarah acababa de mudarse a una nueva ciudad, apenas había terminado una relación tóxica y trabajaba en una nueva oficina cuando conoció a Josh. Si bien no estaba buscando activamente una nueva relación, dio la bienvenida a poder conectarse con un nuevo amigo en un lugar que no le era familiar. Estar en una fase de transición puede volverte más vulnerable para involucrarte en una relación narcisista.

Relaciones apresuradas

Muchas relaciones narcisistas obtienen su impulso de una sensación de presión. Los relojes biológicos, la presión social o incluso una oportunidad con tiempo límite puede hacer que no estés buscando los focos rojos porque podrían ser un impedimento para obtener lo que quieres. He tenido pacientes en relaciones narcisistas que se sientan frente a mí y me dicen: "Yo sé que esta relación no es buena para mí, pero no tengo tiempo de volver a salir, encontrar a alguien nuevo, casarme y tener un hijo antes de que sea demasiado tarde". Bajo tales circunstancias, el malo conocido se vuelve el malo que conservas, y a la larga se demostrará que la prisa termina en divorcios desastrosos, dolorosos y caros, o en relaciones insatisfactorias y abusivas. La realidad es que rara vez tomamos nuestras mejores decisiones bajo presión.

Las relaciones narcisistas muchas veces se desarrollan con demasiada rapidez. Podrían mudarse juntos muy pronto, comprometerse muy pronto o invertir tu dinero en un proyecto de negocio muy pronto, y el bombardeo de amor implica que grandes pasos en la relación, como irse de vacaciones juntos o presentarse a sus familias, se da demasiado rápido. Si ese rápido avance se entrecruza con metas de vida que te estés apurando a concretar, entonces es fácil involucrarte demasiado en una relación pensando que podrás lidiar con los problemas después sin reconocer qué tan tóxica es ahora.

Las circunstancias empujaron la mano de Sarah; al malabarear múltiples transiciones y querer conservar una nueva persona, sus tendencias de rescate adelantaron un cambio de amistad a relación romántica, además de meter a Josh a su departamento.

Antecedentes de trauma, traición significativa y pérdida

La experiencia de trauma o de una traición significativa nos cambia. Moldea nuestros mundos internos y nos vuelve más vulnerables a la autoculpabilidad, a la duda en nosotros mismos, a tener emociones negativas, vergüenza, culpa y dificultades con relaciones cercanas.[2]

La traición también puede ser bastante traumática, ya sea que se trate de una pareja infiel, un socio que malversa fondos del negocio o un familiar ladrón. Estos *traumas de traición* son muy dolorosos psicológicamente porque una persona o un sistema en el que confiamos nos engañó o abusó de nuestra confianza y nuestra sensación de seguridad en la relación, y muchas veces puede tener repercusiones psicológicas peores y más duraderas que otras formas de trauma o pérdida.[3] Esta combinación de autodevaluación, autoculpabilidad y distorsiones del discernimiento y la confianza que son consecuencia de un trauma de traición te deja más vulnerable a la gente y al abuso narcisistas. Muchos supervivientes de trauma, en especial quienes experimentaron algún trauma complejo en la infancia, nunca han recibido una terapia sobre trauma que sea adecuada, y sanar puede ser un proceso que dure toda la vida. Si has tenido antecedentes de trauma, podrías juzgar tus reacciones y hacerte *gaslighting* tú solo (*Estoy exagerando ante esta persona que me está gritando*) en lugar de reconocer que la forma en que el cuerpo y la mente contienen el trauma y el dolor emocional significa que los ritmos de una relación narcisista te pueden pasar una factura todavía más grande. Dado que muchas personas tienen historias de trauma no tratado, la falta de conciencia sobre cómo funciona el trauma crea un riesgo de entrar y permanecer en futuras relaciones abusivas.

Conforme analices tu historia pasada y las vulnerabilidades que crea, observa cómo se superponen y se alimentan una de otra. Tu positividad podría alimentar el rescate. Tu familia narcisista y tus antecedentes de trauma podrían disminuir tu discernimiento. No puedes cambiar lo que has vivido, pero sí puedes dirigirlo para entender mejor cuándo debes ir lento, poner atención, ser amable contigo y dejar de culparte.

El sistema familiar narcisista

En la familia Smith, a la matriarca, Isabelle, le importaban las apariencias y el estatus más que nada. Las emociones quedaban en segundo plano, y era como si todo y todos en su hogar fueran una pieza sobre un tablero o tuvieran un papel en una obra de teatro. El hijo mayor, Andrew, muchas veces terminaba protegiendo a sus hermanos y al pendiente de su papá, que constantemente soportaba las críticas de Isabelle por no escalar lo suficiente en su carrera. La siguiente hermana, Sheryl, se veía igual que su madre y era una bailarina de *ballet* prodigio. Su madre se enfocaba en asegurar que Sheryl estudiara en la mejor escuela de danza y obtuviera el papel que todos ansiaban en *El cascanueces* cada Navidad. Era una estudiante casi perfecta, e Isabelle viajaba muchas veces con ella, para llevarla a presentaciones de *ballet* por todo el país.

Diane, que era dos años menor, tenía un temperamento dulce y gentil, no era una alumna muy sólida y padecía problemas de peso. Isabelle solía saludar a Diane con desprecio, le imponía numerosas dietas y en los días malos la culpaba de todo lo que no saliera bien, la insultaba y le decía: "Por favor, dime que ya encontraste un amigo con quien jugar este fin de semana para que no tenga que lidiar contigo. Sheryl y yo estamos ocupadas". Martine era sólo trece meses más joven que Diane, y básicamente vivía en el olvido dentro del sistema familiar. Se cultivaban pocos de sus intereses, así que dependía de ella encontrar la manera de atenderlos o dejarlos ir. Había investigado un programa extracurricular y hasta había conseguido una beca que le permitía asistir, pero sus padres casi siempre olvidaban recogerla. Martine pronto averiguó cómo funcionaba el sistema de transporte público y caminaba tres kilómetros de la parada del camión a su casa.

El más joven era Thomas, que desde muy temprana edad pareció "entenderlo". No decía nada y era muy servicial; a los cuatro años ya se hacía cargo de que su cuarto estuviera limpio y les rogaba a sus hermanos que hicieran lo mismo. Para cuando cumplió doce, y sobre todo desde que su madre se enfocó más y más en Sheryl, en ocasiones se aseguraba de cocinar la cena. A pesar de lo atento que era Thomas, había algo en él que ponía a Isabelle nerviosa. Lo necesitaba, pero era como si su presencia la humillara. Thomas calmaba a Diane, que sufría por la crueldad de su madre. Diane le preguntaba a Thomas: "¿Por qué no le agrado?", y Thomas, con una sabiduría que sobrepasaba su edad, contestaba: "Diane, no eres tú".

Andrew, el hijo mayor que arreglaba todo y mantenía la paz, quedaba agotado tratando de ser escudo humano y terapeuta.

Sheryl, la niña de oro, generalmente ni se enteraba, pero con el tiempo se sintió aterrada porque no sabía cómo decirle a su madre que no estaba interesada en continuar con el *ballet* de manera profesional.

Diane, el chivo expiatorio, desarrolló patrones consistentes con trastorno obsesivo compulsivo, hacía peligrosas dietas extremas para perder peso y lidiaba con la depresión y la ansiedad.

Martine, la hija invisible, se quedó sola a su suerte y, al carecer de la guía necesaria, tomó algunas malas decisiones a medida que se fue acercando a la edad adulta.

Thomas, el servicial y observador de la verdad, se desgastó tratando de hacer que funcionara la casa y, por más difícil que se le hizo dejar a Diane, a quien quería proteger, se mudó al cumplir dieciocho años y nunca volvió.

En los sistemas familiares sanos, si bien las preferencias, las diferencias y los temperamentos se reconocen, no necesariamente se definirá a un niño por ellos. En los sistemas familiares narcisistas, la tendencia del padre o de los padres a usar al niño dentro del sistema para regularse, para verlos ya sea como suministro o como inconveniente, y para usarlos con el fin de ver cubiertas las propias necesidades, implica que los niños del sistema queden definidos y reciban un papel que funcione para el padre narcisista, sin considerar en realidad quiénes son los niños y cuáles son sus necesidades. Estos papeles también le permiten al padre o a la madre narcisista retener un poder y control indiscutibles dentro del sistema. No siempre se pondrá a los hijos en estos papeles, pero el niño podría detectar que asumir el papel y los comportamientos quizá lo mantenga a salvo, en un intento por conservar el apego a un padre invalidante. No todos ustedes crecieron en familias narcisistas, pero lo interesante es que tal vez observen estos papeles en lugares de trabajo tóxicos o en la familia de una pareja o un cónyuge. Comprender los papeles tal vez no sólo ilumine cómo se repiten los ciclos dentro de una familia de origen u otro sistema, como un trabajo o un grupo de amigos tóxicos, pero puede además contribuir a tu recuperación, ya que tales papeles son capaces de limitar el proceso de individuación tan esencial para sanar.

Si provienes de una familia narcisista, podrías verte reflejado en al menos uno de estos papeles.

¿Fuiste blanco de maltrato, *bullying* e insultos? ¿Andabas por ahí tratando de asegurarte de que todos estuvieran bien, actuando como un diplomático de primer nivel? ¿Eras consciente de la naturaleza problemática del comportamiento de tu padre o madre narcisista, una conciencia que amenazaba su ego? Al leer sobre estos papeles, quizá notes que algunos de ellos se enciman; podrías ser tanto un observador y contador de la verdad como un chivo expiatorio, por ejemplo. O si eres parte de una familia combinada, podrías asumir un papel en una familia y otro en otra. Tus papeles también pueden cambiar con la edad: podrías ser el niño de oro de joven y ser reemplazado por un hermano menor o ser destronado porque ya no eres lo suficientemente lindo o ya no aportas el suministro narcisista adecuado a tu padre o madre. Cuanto más grande sea la familia, más probable será que se vean representados todos estos papeles; en familias más pequeñas, los hermanos podrían asumir múltiples papeles, mientras que habrá papeles sin representantes en algunos sistemas. También podrías asumir papeles en tu sistema familiar extendido de primos y tíos.

Desafortunadamente, si tus dos padres fueron narcisistas o antagonistas, estos papeles pueden quedar cimentados en tu identidad y convertirse en la única forma en que logres ver cubiertas tus necesidades. Estos roles te dejan estancado en identidades falsas que bien podrían persistir en tus relaciones adultas, y es importante hacerlos conscientes para que puedas alejarte lentamente de ellos. Cuantos más papeles hayas tenido, más trabajo necesitarás para dejarlos atrás y reconocer tu yo verdadero.

Repasemos cada uno por separado.

El niño de oro

En la familia Smith, Sheryl pudo haber recibido una parte desproporcionada de la atención de su madre, pero aun así siente una sobrecogedora ansiedad por tener que enfrentar la ira y la decepción de su madre si trata de perseguir sus propios intereses. El *niño de oro* es el hijo favorito, la fuente de suministro familiar preferida del padre o la madre narcisista. Los niños de oro representan algo en los valores de los padres narcisistas: probablemente se parecen al padre; son muy atractivos, obedientes y dóciles, o son estudiantes o atletas brillantes. El éxito del niño de oro, su apariencia o su conducta es suministro para el padre o la madre narcisista, y los niños de oro ven cubiertas sus necesidades de apego y afiliación al ser lo que sus padres quieren. A veces el niño de oro recibe más recursos o mejores (su propia habitación, un coche, becas) que sus hermanos. Sin embargo, el niño de oro vive en un pedestal condicional y peligroso, pues sabe que si deja de desempeñar su papel o entregar resultados, sus bonos bajarán.

Los niños de oro empáticos podrían sentir culpa, pena o incluso vergüenza por ser los "elegidos" en lugar de sus hermanos. Los niños de oro que no son empáticos podrían ser *bullies* y evolucionar hasta convertirse en adultos narcisistas. Si tú fuiste un niño de oro, podrías encontrarte en la prisión de querer retener ese estatus complaciendo continuamente al padre narcisista, y eso podría restringir tu libertad para perseguir tus propios intereses o la trayectoria de tu vida. Como niño de oro, en la edad adulta podrías permanecer comprometido con este papel, aún dependiente de la validación de tu padre o tu madre narcisista. También podrías sentir que debes dar un paso adelante y coordinar la vida de tu padre o madre narcisista conforme envejece porque tus hermanos podrían ya haber dejado la relación por la paz. Sin embargo, aun en la edad adulta, si te sales del carril, el padre narcisista podría retirar su validación.

Si tú fuiste el niño de oro en tu familia disfuncional, sé consciente de cómo este papel afectó a tus hermanos y quizá todavía influya en las relaciones tensas que tengas con ellos. No les hagas *gaslighting* cuando compartan sus experiencias de tus padres o de su infancia, pues podrían ser muy distintas de las tuyas. También podría haber culpa del superviviente si a ti se te proveyó y a tus hermanos o al otro padre no; es esencial tomar terapia para explorar esa culpa y el dolor. Asimismo, evita perpetuar este ciclo intergeneracional ungiendo a uno de tus hijos como el niño de oro.

El chivo expiatorio

La gente narcisista usa y abusa de otras personas para regular su comportamiento y sus emociones, y ahí es donde entra el *chivo expiatorio*. Si lo fuiste, entonces tú recibiste el grueso de la ira de tu padre o madre narcisista y te dieron los golpes psicológicos más duros. Quizá se te culpó por comportamientos en los que no participaste, se te dio una carga desproporcionada de tareas, no recibiste recursos de la misma manera que tus hermanos y experimentaste todos los aspectos del abuso narcisista desde muy temprana edad, incluyendo lo peor de cualquier maltrato físico. Todo ello puede resultar en un daño psicológico. Por ejemplo, Diane, el chivo expiatorio de la familia Smith, enfrentaba numerosas cuestiones que tuvieron efectos nocivos a largo plazo, incluyendo trastornos alimentarios y patrones obsesivos compulsivos que, tal vez, representaban un intento de permanecer a salvo dentro del sistema familiar o soportarlo.

Existen múltiples razones para ser el chivo expiatorio. El padre o la madre narcisista lo perciben como débil o indeseable, como una amenaza o como vulnerable. El chivo expiatorio se vuelve el repositorio principal de la vergüenza proyectada del padre narcisista. O quizá no sea como el padre quiere o es una fuente insuficiente de validación: un niño con un padre narcisista atlético que decide estudiar arte o no es físicamente fuerte se puede volver el chivo expiatorio, o podría ser un niño que no se conforma con los roles de género y las expectativas. Los chivos expiatorios también pueden ser parte de una dinámica más grande llamada *mobbing familiar*, en la cual el sistema familiar entero ataca al chivo expiatorio y los hermanos siguen la corriente para evitar la ira del padre o la madre narcisista.

Como chivo expiatorio, podrías entrar a la edad adulta sintiéndote profundamente distanciado, experimentando baja autoestima y una falta de sentido de pertenencia. Tienes enfrente uno de dos caminos. El más problemático te conduce a continuar luchando con tu identidad, tu autoestima y la ansiedad. No sólo podrías caer en ciclos de vínculos de trauma en tus relaciones adultas, sino que podrías quedarte atascado en la vorágine de la familia y tratar eternamente de ganarte al padre o la madre narcisista. El mejor camino te permite establecer límites o distanciarte de los miembros nocivos de tu familia. (También podrías ser un híbrido que se aleja, pero sigue lidiando con su identidad, su autoestima y la ansiedad).

El papel del chivo expiatorio puede cargar mucho dolor e incluso trauma complejo, y ahí es donde se vuelve esencial tomar terapia relativa al trauma para atender estos impactos. Si tú fuiste el chivo expiatorio de tu familia, trabaja en encontrar tu voz lejos de tu sistema familiar, cultiva nuevas fuentes de apoyo, crea una familia elegida e involúcrate en actividades que sean autoafirmantes y te permitan desarrollarte como una persona independiente del sistema invalidante.

El ayudante

Si tuviste el papel del *ayudante*, como Thomas, entonces te mantuviste a salvo asegurándote de que las necesidades del padre o madre narcisista se cumplieran. Esto se puede ver como cualquier cosa, desde preparar las comidas, limpiar la casa, cuidar a tus hermanos más pequeños o incluso calmar y dar seguridad a tu padre o madre narcisista. Quizás adquiriste cierto sentido de control o de seguridad porque podías "hacer" algo para captar la atención del padre o la madre narcisista, pero también es posible que quedaras agotado, tuvieras problemas en la escuela, te perdieras de tus amigos y de cosas normales de la infancia por tener que "servir" al narcisista. Ten en mente que existe una enorme diferencia entre ser colocado en el papel del ayudante y tener una mentalidad solidaria de "manos a la obra". En las familias sanas grandes, las familias con padres solteros o las familias en situaciones económicas precarias, ayudar puede ser un requerimiento, pero también se puede reconocer y apreciar, y el niño se siente seguro, amado y apoyado, en lugar de sentir que debe hacer esas cosas para ser amado.

Si fuiste ayudante de niño, tal vez te encuentres siempre ayudando en tus relaciones adultas o sobrepasando tus deberes en escenarios laborales. Los padres narcisistas son lo suficientemente pretenciosos para creer que sus hijos son medios para cubrir sus necesidades, y aunque el niño ayudante es cooptado a ese papel, algunos niños ayudantes podrían reconocerlo como la única manera de que el padre o la madre los note, mientras que otros lo hacen para apaciguar al padre, evitar su enojo y mantener funcionando el sistema familiar. Si no empiezas a desengancharte del papel de ayudante en la edad adulta, podrías todavía estar asistiendo a tus padres y obstaculizando tu propia vida, mientras tus hermanos, si los tienes, te buscan a ti, el ayudante, para que te encargues de todo.

Si fuiste ayudante de niño, empieza a practicar cómo decir "No" y no sientas que siempre debes ayudar con los platos, llevar a un lugar a todo el mundo o hacer todo. Reconozco que no "hacer" podría aumentar la ansiedad, pero se trata simplemente del proceso de soltar la identidad de este papel. Empieza diciendo *No* a cosas pequeñas y amplíalo a situaciones más importantes.

El que arregla o mantiene la paz

El papel del que *arregla o mantiene la paz* es el hijo que se vuelve el diplomático de facto en el sistema familiar narcisista. Por ejemplo, como mediador de la familia, Andrew siempre estaba tratando de negociar la paz o calmar a su padre, pero también trataba de asegurar que sus hermanos no estuvieran en la línea de fuego psicológica. En este rol, tal vez te motivaba la ansiedad, la autoprotección, el miedo al abandono o proteger a otros. Estabas agudamente consciente del mal genio del padre o la madre narcisista, y todo el tiempo estabas intentando mantener la paz. Es posible que también fueras protector e intentaras ser un escudo para el padre que no te maltrataba, para el hermano que era el chivo expiatorio y para cualquiera en el sistema familiar (incluyendo mascotas) al tratar de atenuar conflictos. De cierta manera, fuiste el payaso de rodeo residente, intentando distraer al padre o la madre narcisista y adelantándote a cualquier eventualidad que pudiera hacer enojar al narcisista redirigiendo la conversación o incluso echándote la culpa tú. Es un papel extenuante, que con el tiempo te vuelve vigilante y estás siempre nervioso, monitoreando cualquier cosa que los pueda hacer explotar. Desafortunadamente, también te vuelves un facilitador involuntario, al tratar de suavizar los golpes para calmar a todos, incluyendo al padre narcisista, y en nombre de la paz, podrías persuadir a todos de que aprueben el comportamiento del padre narcisista.

En la edad adulta podrías conservar el papel de quien arregla y seguir insertándote en dramas familiares, actuando como réferi, tranquilizando a todos en el disfuncional grupo de chat de la familia, e intentando hacer que todo parezca más funcional de lo que en realidad es. Fuera de tu familia enfrentas un riesgo real de involucrarte en relaciones narcisistas, siempre tratando de mediar y encontrar soluciones. También podrías volverte renuente al conflicto, un patrón que vemos muchas veces como parte del vínculo de trauma. Los que arreglan suelen ceder ante lo que quiere la persona narcisista y evitar poner límites por la tensión y el conflicto que podrían acarrear esos límites.

Analizar el papel de quien arregla que adquiriste en la infancia implica permitirte experimentar la ansiedad que surge cuando no solucionas ni conservas la paz. Un lugar grandioso donde empezar es dándote permiso de establecer pequeños límites con tu familia de origen; por ejemplo, date un respiro del chat familiar donde todos te buscan para que pongas en orden las cosas y lidies con el padre o la madre narcisista.

El niño invisible

Martine hubiera pasado toda la noche en la escuela si no hubiera encontrado la manera de volver a casa. Parecía que sus padres ni siquiera se iban a tomar la molestia. Literalmente, no la veían. Si tú fuiste el *niño invisible*, entonces también te perdiste entre la baraja. Tus intereses no se cultivaron y tus necesidades se pasaron por alto. Tu padre narcisista rara vez te notaba, preguntaba por ti o se dirigía a ti. El niño invisible queda psicológicamente abandonado casi por completo. La angustia del niño invisible es que tal vez tuviste hermanos que eran "vistos", sobre todo el niño de oro, así que el contraste entre tu experiencia y la suya puede fomentar la "sensación de no ser suficiente" que caracteriza a los hijos de familias narcisistas. Te encuentras en una posición dolorosa muy única porque incluso el chivo expiatorio es visto (aunque, por supuesto, en detrimento suyo). En algunas familias, el niño invisible también puede volverse el *niño perdido*, el hijo que está quizás a la deriva, con poca dirección, y que puede entrar y salir del sistema familiar.

Si tú fuiste un niño invisible, es posible que te dejaron solo y tuviste que descubrir muchas cosas por tu cuenta, como tomar decisiones importantes de vida y resolver problemas en la escuela. No ser visto te puede hacer sentir devaluado, con una autoestima empequeñecida y limitar tu capacidad de defenderte. Esto te pone en riesgo de entrar y permanecer en relaciones adultas en las que tampoco eres visto o se aprovechan de ti personas narcisistas que inicialmente sí te pusieron atención. El único consuelo aquí es que, cuando te alejes como tal del sistema familiar, bien podría pasar desapercibido. El riesgo, sin embargo, es que podrías pasar toda una vida intentando que la familia te note, esfuerzo que desafortunadamente no suele rendir frutos. Esto te mantiene atrapado en el sistema tóxico, negando tu verdadero yo para tratar de ser lo que ellos necesitan que seas para ser visto, y perderte la oportunidad de desarrollar tu identidad fuera de este sistema.

Alejarte del papel invisible implica ser muy perspicaz, pues no toda la atención es buena. Encuentra la forma de ser visto que sea auténtica para ti. Deja de compartir tus logros, alegrías y experiencias con tu familia de origen; el hecho de que no las reconozcan empaña la alegría de vivirlas y te pone en riesgo de repetir el ciclo queriendo llamar la atención de gente que no te puede ver.

El que ve/dice la verdad

Casi siempre hay un hijo intuitivo y sabio en los sistemas familiares narcisistas, el cual, con tremenda sabiduría y perspicacia, ve los patrones narcisistas como tóxicos y crueles (incluso si no conoce las palabras para describirlos). Es el que *dice la verdad* o *ve la verdad*. Si tú lo fuiste, entonces tienes un don, pero también te puede poner en riesgo. Tu mera presencia, sin que digas una sola palabra, puede evocar la vergüenza del padre o la madre narcisista. Tal vez soltaste un comentario como "A mamá no le gusta cuando la gente no cree que es lista" y rápidamente te convirtió en un chivo expiatorio. Si bien el padre narcisista a menudo intentará acallar tu verdad, no puede evitar que veas qué está pasando. Es posible que hayas tranquilizado a tus hermanos heridos, es posible que te hayas peleado con el niño de oro que se benefició del sistema y es posible que en silencio o abiertamente hayas señalado al padre o a la madre narcisista como el emperador desnudo. Pero, a medida que creces, te conviertes en la "oveja negra" proverbial que ve la dinámica familiar con claridad y a quien el padre narcisista desearía quitar del camino.

Si tú fuiste quien dijo la verdad, es posible que estuvieras esperando tu momento, buscando la oportunidad de salirte del sistema. En la familia Smith, por ejemplo, Thomas pudo haber sido el ayudante, pero también fue quién más verdad vio de todos y se fue corriendo en cuanto pudo. No obstante, pese a tu sabiduría y debido a que creciste en una familia narcisista, todavía puedes seguir plagado de ansiedad a pesar de tu resiliencia. Es posible que te falte la confianza en ti mismo o la autoestima para activar tu plan y marcharte, o podrías sentirte culpable por dejar a tus hermanos o a tu padre o madre no narcisista atrás. Es posible que también lidies con una sensación permanente de tristeza porque eres capaz de discernir que no tuviste un lugar seguro ni una familia que te amara incondicionalmente.

No obstante, también es posible que lo superes. Tal vez seas muy bueno para poner límites, o tengas buenos instintos y seas capaz de ver situaciones no sanas, dar un paso atrás y no involucrarte. Si tu familia te descarta por orden del padre narcisista, puede ser muy doloroso, y es cuando se vuelve esencial tomar terapia para manejar esas emociones, así como cultivar fuentes más sanas de apoyo social (una "familia elegida"). Tienes un don. Valora tu habilidad para ver los patrones tóxicos y actuar en consecuencia.

Entiende tu historia

Proyectarte a ti mismo bajo la luz de tu historia puede ser abrumador. Implica reconocer cómo algunas de las partes más hermosas de ti paradójicamente pudieron ponerte en riesgo mientras aún tenías que protegerte en un mundo, lugar de trabajo o familia que no reconoce o no le importa lo que está pasando. Como psicóloga, me parece difícil equilibrar cómo hablo de la importancia de conocer tu historia, tus vulnerabilidades y tus roles familiares anteriores mientras me aseguro de no afianzar una narrativa que coloque la responsabilidad exclusivamente en el superviviente; por ejemplo, que entraste en una relación narcisista porque eres alguien que arregla. Es la razón de que también debamos comprender cómo las personas, las familias y la sociedad en general son permisivas con el narcisismo y magnifican nuestras vulnerabilidades y dudas personales.

En los sistemas familiares narcisistas e invalidantes, la dinámica con frecuencia es "ves algo, no dices nada". Si señalas lo que hace un miembro narcisista de tu familia, se te tiene a ti como el problema o quien debe ser silenciado, quien debe recibir *gaslighting* o ser marginado. Los lugares de trabajo también fomentan el narcisismo promoviendo culturas que protegen a la gansa de los huevos de oro y recompensan a los que tienen un alto desempeño, aun si su conducta en el espacio laboral es nociva. Aquellos que denuncian se pueden sentir silenciados o recibir *gaslighting* si intentan crear conciencia sobre *bullying* u otros comportamientos abusivos. Ya sea por impulsar o aplaudir el comportamiento narcisista sin concesiones, o por ignorar en silencio la cuestión, el mundo se dedica al juego de la conformidad. Todo esto ha tomado la problemática narcisista y la ha hecho estallar, con ciclos repetitivos entre generaciones y entre sociedades. Incluso si eres consciente de tu historia y de las vulnerabilidades asociadas a ella, los sistemas en general continúan recompensando los patrones narcisistas, lo que quiere decir que debes sanar en un contexto que posiblemente no aporte un ecosistema sano para recuperarte. Si seguir adelante parece difícil, no tiene que ver con que no te estés esforzando lo suficiente, sino con tratar de sanar mientras permaneces en sistemas dañados.

Dicho lo cual, sí puedes hacerlo. En su forma más simple, sanar es llegar al niño vulnerable dentro de ti que necesita escuchar de alguien "No es tu culpa", "Solucionar esto no es tu responsabilidad" y "Tu voz importa". Es posible que experimentes múltiples vulnerabilidades y que llegues a una historia llena de matices que explique no sólo por qué te sientes atraído a eso, sino sobre todo por qué te quedas enganchado. Por ejemplo, podrías haber crecido en un sistema familiar narcisista, tener antecedentes de trauma, ser muy empático y estar viviendo una transición en el momento en que conoces a una persona narcisista. La presencia de múltiples vulnerabilidades magnifica tu probabilidad de crear vínculos de trauma, dudar de ti mismo y culparte. Sanar significa entender esto.

No puedes volver atrás ni cambiar tu historia, pero sí puedes permanecer en sintonía con estas vulnerabilidades y episodios de vida y ser consciente de ellos. Recuperarte muchas veces es sólo cuestión de abrir los ojos y ver las situaciones con más claridad. Tales estrategias son una forma de integrar tus vulnerabilidades y perspectivas de una manera que considere el riesgo y la dinámica de las relaciones narcisistas, así como una forma de protegerte a ti mismo.

Sé consciente y baja la velocidad

Tus vulnerabilidades se pueden manifestar como respuestas de reflejo, como brincar para solucionar algo o siempre dejar de hacer lo que estás haciendo para escuchar los problemas de otros. La única forma en que puedes empezar a modificar estos patrones tan profundamente arraigados es reconocerlos. Empieza bajando la velocidad, hablándote y siendo consciente de cómo respondes. Si te encuentras en un momento de tu vida en el que te sientes apurado, busca maneras de promover el *mindfulness* con respiración, meditación y desacelerando tu mente. Tómate diez minutos y haz una actividad que necesites completar: vaciar el lavavajillas, doblar la ropa limpia, ir al supermercado, llenar una hoja de cálculo, pero hazlo lentamente y presta atención a lo que sientes al hacer las cosas de manera deliberada. Moverte y hacer las cosas con rapidez quiere decir que no siempre somos intencionados ni perceptivos, así que buscar maneras de practicar la desaceleración también te puede ayudar a discernir o poner atención a los momentos en que tu historia te puede estar llevando de vuelta a una situación nociva. Tus metas y aspiraciones de alto orden, como el matrimonio, los hijos y la carrera importan, pero precipitarte a una relación o a una oportunidad y perder de vista los patrones dañinos puede ocasionar que esas metas se distorsionen.

Aprende a discernir

El *mindfulness* es un fundamento esencial para el siguiente paso, que es el discernimiento. Tiene dos elementos: cómo evalúas a la gente nueva y cómo lidias con la gente ya presente en tu vida. Aplicar el discernimiento con la gente nueva implica observar cómo se comportan y aprender cómo responden al estrés, reciben retroalimentación y respetan tu tiempo, para después reconocer esa información en lugar de justificar actitudes nocivas e inaceptables. Usa un truco que aprendí en la universidad: la primera vez es una irregularidad, la segunda vez es coincidencia, la tercera vez es un patrón. Con esa regla de tres puedes decidir darle una oportunidad a alguien y luego darte permiso a ti mismo de reconocer cuándo se expone un patrón problemático y alejarte.

Con la gente que ya está en tu vida, nunca es demasiado tarde para observar con ojo analítico su conducta. Puede ser difícil pensar en el discernimiento aplicado a las personas, así que considera cómo se aplica a la comida: no te comerías algo desagradable o echado a perder. Discernir es estar dispuesto a alejarte de personas que no son buenas para ti. El discernimiento tiene otra función clave: te puede evitar quedarte enganchado una vez que ya se acumularon suficientes focos rojos y patrones incómodos.

Consultar contigo mismo es un gran ejercicio de discernimiento. Poner atención a cómo te sientes después de pasar tiempo con la gente narcisista en tu vida: emocional, mental, física y hasta energéticamente. Haz lo mismo cuando pases tiempo con personas sanas. Después de estar con una persona sana, te darás cuenta de que te sientes lleno de energía, inspirado, feliz y con la mente clara. En cambio, con una persona narcisista, ¿cómo te sientes? Yo creo que fatigado, frustrado, asqueado o enojado. Luego reflexiona cómo te sientes sobre ti mismo tras encontrarte con alguien. Luego de un encuentro sano solemos sentirnos un poco mejor sobre nosotros mismos (a menudo digo que nos sentimos como tres centímetros más altos cuando pasamos tiempo con alguien sano). Sin embargo, después de estar con gente no sana, te puedes sentir mal, dudar de ti, sentirte agotado o de cierta manera "menos que". Estos chequeos contigo mismo te pueden enseñar algo útil que puedes aplicar entonces con nuevas interacciones y que te ayudarán a seguir en sintonía con tu forma de sentir. Sabes cómo se siente lo sano. Sólo necesitas bajar la velocidad y poner atención.

Nadie aplica su discernimiento bien todo el tiempo; tendrías que ser un robot para lograrlo. Si eres empático, te vas a quemar otra vez, y está bien. Eso no quiere decir que siempre vas a quedarte enganchado en relaciones tóxicas, y es mejor quemarse o chamuscarse un poco que perder esas partes humanas, hermosas y compasivas de ti que están abiertas a nuevas personas. El discernimiento es un proceso de calibración para el resto de tu vida y la disposición de identificar que los patrones de comportamiento narcisista son consistentes, inamovibles y malos para ti. El discernimiento tampoco implica que tengas que salir huyendo de la gente; quizá quiera decir que debas dar algunos pasos para atrás y continuar ese monitoreo sobre tus sensaciones. Si perdonar es parte de ti, entonces pon atención a si tu perdón conduce al crecimiento en la relación y al cambio de actitud, o si sigues disculpando los mismos errores y pecados. Si alguien se sigue comportando mal y tú lo sigues perdonando, entonces introduce el discernimiento a tu ciclo de perdón. Es posible que hayas creído que perdonar es divino, pero ya has aprendido que discernir puede ser trascendental.

Practica actos contrarios

Tu historia y los papeles que tuviste te pueden predisponer a un comportamiento automático que sea dañino en una relación tóxica y a establecer precedentes difíciles de romper. Por difícil que sea, trata de cortar esos instintos haciendo lo opuesto de lo que sueles hacer. Por ejemplo, quedarte sentado y no arreglar las cosas ni perdonar ni dar una segunda oportunidad. Practica con otras relaciones en tu vida también. Cuando parezca que alguien está buscando ayuda, pero no lo pide directamente, no hagas una entrada triunfal para hacerte cargo. Reflexiona sobre los orígenes de tu comportamiento de salvador. Si estás conociendo a una persona nueva, considera un periodo de tres a seis meses antes de aplicar cualquiera de tus soluciones o arreglos usuales.

Cultiva espacios seguros

Tener espacios donde te sientes seguro y no necesitas preocuparte por tu historia ni por que se exploten tus vulnerabilidades, ya sea entre amigos, con miembros seguros de tu familia, en terapia o en grupos de apoyo, es crucial para recuperarte. Si fuiste un chivo expiatorio o un niño invisible, simplemente quieres ser visto y escuchado con atención, y estos espacios seguros te pueden ayudar a atravesar la rigidez de tus papeles, permitirte experimentarte a ti mismo y expresarte más plenamente. Las relaciones tóxicas consumen tanto tiempo, que quizá no seas capaz de promover ni cultivar fácilmente espacios sanos cuando te encuentras en una. Empieza poco a poco, sólo mantén contacto con personas sanas, luego lentamente empieza a priorizar estas relaciones y dedícales tiempo de manera intencional por encima del rescate, las soluciones y el perdón que sueles aportar a la gente narcisista de tu vida. Puedes mantener tu relación tóxica sólo en el teléfono y llevar lo mejor de ti a tus espacios seguros.

Infórmate

Infórmate sobre el narcisismo, y si vienes de un sistema familiar feliz, también podrías informarlos a ellos para que puedan ser un espacio de apoyo para ti (¡pero no lo hagas en un sistema familiar narcisista!). Vuelve a leer los primeros capítulos de este libro y reconoce que no se trata de etiquetar a una persona como narcisista y luego alejarte, sino de identificar los comportamientos nocivos que simplemente no son buenos para ti, y darte cuenta de que estos patrones en realidad no se alteran.

Ten reglas

Después de una cirugía nos dan reglas: nada de poner peso en la pierna por seis meses, nada de agacharte por un mes, nada de manejar por dos semanas, y las seguimos para poder sanar. Dadas tus diversas vulnerabilidades y tu historia, tener reglas y límites firmes te puede servir de protección, como no involucrarte en una nueva relación durante una transición significativa, crear una base de apoyo antes de considerar salir en citas o apagar tus notificaciones para no ser interrumpido en el trabajo por las necesidades pretenciosas del narcisista. No se trata de reglas arbitrarias; pueden ser barreras de seguridad que te conecten de vuelta a ti y te recuerden que "no debes recargarte en esa pierna", hasta que te sientas más fuerte.

Considera ir a terapia

Depende de tus antecedentes de trauma o tus relaciones narcisistas, pero la terapia enfocada en trauma puede ser esencial. Una de las premisas centrales de este trabajo es reconocer que no te define tu trauma y que tienes una identidad aparte de lo que te haya sucedido. La gente que tiene historias de trauma de traición muchas veces se balancea entre un déficit de confianza, confianza excesiva y confianza mal colocada. La terapia también se vuelve un lugar en el que puedes explorar tu relación con la confianza, practicar tu capacidad de tomar decisiones sanas y simplemente admitir que tienes la autonomía para tomarlas, algo de lo que muchas veces el trauma y los sistemas familiares narcisistas se apropian.

Ábrete

Tu historia en ocasiones te limita y te cierra a la idea de que las cosas podrían ser diferentes, pero tu vida y tus relaciones no tienen por qué quedarse igual. La curiosidad podría ser un motivador poderoso. Podría parecerte abrumador explorar otros patrones que quizás aborden sentimientos desagradables, como el remordimiento. Si puedes siquiera plantar una semilla mental de que tu vida puede ser distinta, tu perspectiva cambiará significativamente. No tienes que modificar nada ahora mismo, pero abrirte a otras posibilidades puede plantar esa pequeña semilla. Abrirte no es sólo sobre las condiciones de tu vida, sino sobre ti y las posibilidades en tu interior. Es dejar de aferrarte con tanta fuerza a ese guion rígido y distanciarte de la idea de que no hay más que un camino para ti. Existen direcciones infinitas dentro de ti, recuérdalo.

Identifica tu justificación favorita

Tus vulnerabilidades y tus papeles son los que dirigen tus justificaciones, y hasta tu negación, en las relaciones narcisistas. Pero una vez que seas capaz de ver con claridad tus justificaciones *como* justificaciones, estarás en una mejor posición para darte cuenta. Escribe las justificaciones que más utilizas (*No lo dijo en serio*; *a lo mejor le estoy exigiendo demasiado*; *tal vez es una tontería esperar que la gente sea cortés*; *no sabe lo que hace*; *le estoy dando demasiadas vueltas, así es como ella se comunica*; *ya se está haciendo viejo*) y reflexiona sobre ellas. Quizá notes patrones, como usar distintas justificaciones para los miembros de la familia, en comparación con los amigos, o te des cuenta de que las justificaciones tienden a ser más *gaslighting* que te haces a ti mismo (por ejemplo, justificar el comportamiento del narcisista con base en que tú siempre estás demasiado sensible). Tal vez generas justificaciones distintas a partir del género, la edad, el tiempo que tienes de conocer a alguien o la situación. También considera cómo es que tu historia y tus vulnerabilidades podrían guiar tus justificaciones. Los que sean empáticos podrían emplear justificaciones motivadas por la empatía (*A lo mejor sólo está teniendo un mal día*), mientras que un salvador podría justificar al otro diciendo *Sólo necesita que alguien le ayude*. Una vez que las hayas puesto en papel, sé consciente, detecta esas justificaciones y contempla tus relaciones con más claridad.

Trabaja tu culpa

La culpa es una emoción incómoda que evocas cuando crees que hiciste algo malo. Pero la culpa es subjetiva y es posible que te sientas culpable al establecer un límite, al esperar que otras personas hagan su trabajo o al no asistir a un evento, aun cuando sepas que te van a tratar mal ahí. Años de trabajar con supervivientes de abuso narcisista me han enseñado que los supervivientes pasan mucho tiempo sintiéndose culpables. Mi pregunta para ellos es: "¿Qué hiciste mal?".

Cuando te sientas culpable, pregúntate: "¿Qué *hice* mal?". Y luego, una pregunta de seguimiento: "Si alguien más hiciera esto, ¿yo sentiría que está haciendo algo malo?". Llevar un diario de esto puede ser útil, y reflexionar cómo tus historias y papeles pueden magnificar esta sensación de culpa y cómo se desarrolla en tus distintas relaciones te puede ser útil para empezar a contenerla. Tal vez te des cuenta de que estas "cosas malas" que estás haciendo son pequeños placeres, como tomarte un día libre por tu cumpleaños, dormir hasta tarde un día o ya no tener contacto con alguien que te hace *gaslighting* todo el tiempo.

Recuerda tus fortalezas

Identificar tus fortalezas puede ser una de las cosas más difíciles para un superviviente, pero, de hecho, fueron tus fortalezas lo que no sólo atrajo a una persona narcisista a ti, sino las que también te mantuvieron a salvo en la relación. Son también parte del modelo que sigues para entrar y engancharte. Podrías reconocer que en realidad eres muy flexible, un gran planeador de toda clase de contingencias, un experto en resolución de problemas y un buscador de soluciones. Las cosas que atrajeron al narcisista hacia ti —tu creatividad, tu risa, tu inteligencia— siguen ahí, quizá más ocultas ahora, pero ahí. Escribe las fortalezas que desarrollaste para sobrevivir y las fortalezas que siempre has tenido. Es parte de tu proceso para identificar que tu experiencia dentro de esta relación narcisista no fue un mero acto pasivo de seguir la corriente, sino un decidido acto de supervivencia.

Identificar y comprender tu historia, tus vulnerabilidades y los papeles limitantes en los que has estado en las relaciones narcisistas te puede volver más consciente y capaz de discernir. Pero esa historia, esas vulnerabilidades y esos papeles no se dan en el vacío, y conforme

hagas cambios y marques límites en ti mismo, encontrarás resistencia de parte de otros que quizá te humillen o duden de ti. Al escarbar
más hondo y explorar estos patrones empiezas a desenterrar tu yo
auténtico: no la versión que se moldeó para atender las necesidades
y preferencias de la gente narcisista, sino quien eres en realidad. Sanar no significa que todas las relaciones narcisistas se esfumarán
mágicamente de tu vida. En cambio, sanar implica que continúes el
proceso de crecer fuera de estos espacios tóxicos con definiciones
estrechas mientras te preparas para los demás narcisistas y manipuladores que inevitablemente conocerás mientras sigues adelante. El
crecimiento y la individuación requieren que enfrentes el núcleo de
la recuperación del maltrato narcisista, y ésa es la aceptación radical.

5

Abraza la aceptación radical

El dolor llega al corazón con velocidad eléctrica, pero la verdad
se mueve hacia el corazón con la lentitud de un glaciar.
BARBARA KINGSOLVER, *Animal Dreams*

Tal vez conozcas la historia del escorpión y el cisne. El escorpión cautiva al cisne, le pide que lo lleve al otro lado del río, prometiéndole no picarlo, y contra su mejor juicio, el cisne accede y lo lleva (el escorpión le contó un futuro ficticio al cisne, ¡y lo bombardeó con amor también!). No es ninguna sorpresa que, al alcanzar la otra orilla, el escorpión pique al cisne a pesar de su promesa. Al final, sin importar cuán persuasivo sea, un escorpión te va a picar. Es lo que hace.

El escorpión y el narcisista tienen un juego muy similar. A pesar del encanto, de los halagos, de las promesas y de la falsa seguridad, el narcisista no cambia y te va a picar. Aún más relevante que comprender el narcisismo es reconocer cómo se han dado en tu relación los patrones conductuales nocivos asociados. Hay muchos análisis intensos sobre por qué la gente narcisista hace lo que hace, pero cuando se trata de sanar, la verdad es que no importa. Es menos sobre "¿Por qué lo hicieron?" y más sobre "Lo hicieron, no es bueno para mí y lo van a volver a hacer". La aceptación radical es reconocer esta consistencia e inmutabilidad para ayudarte a seguir adelante.

Comprender la aceptación implica entender tanto lo que es aceptación *como* lo que no. Aceptar no significa que des autorización

a lo que sucedió en tu relación narcisista, y no es sumisión ni ca-
pitulación. Aceptar no significa que seas un tapete de entrada. La
aceptación radical es admitir cuál es el panorama real de la relación
narcisista y, más que nada, que *su comportamiento no va a cambiar.*
La aceptación radical te da permiso para sanar porque dejas de canalizar toda tu energía a tratar de arreglar la relación y en cambio te
enfocas en seguir adelante tú. La alternativa es quedarte estancado
con la esperanza infundada de que podría ser mejor y quedarte en
estos ciclos de invalidación a perpetuidad.

El poder de la aceptación radical

Luisa por fin lo entendió. Después de veinticinco años de relación
narcisista, trabajarlo en terapia, conocer grupos de apoyo, lo entendió: su pareja no iba a cambiar. Aquí fue cuando hizo conciencia: era
más o menos la centésima vez que ella preparaba una gran cena y él
decía estar "trabajando hasta tarde" después de haberle prometido
que llegaría a tiempo. Como la proverbial gota que derramó el vaso,
nada en especial pasó esa noche. Ni siquiera se enojó cuando él dijo
que no llegaría, y se sentía extrañamente tranquila cuando al fin llegó. No trató de hacer el interrogatorio usual, preguntándole dónde
había estado, ni corrió a poner la mesa y calentar la comida. En cambio, sin levantarse y sin querer parecer mordaz, señaló los platos y el
microondas, le quitó la pausa a su programa de televisión y lo siguió
viendo. Había rehuido este momento cientos de veces con tal de evi-
tarse la pena de saber que así sería siempre. Sintió una mezcla de
tristeza, claridad y ligereza.

De manera similar, Costa había estado soportando los insultos
de su esposa los últimos veinticinco años. Él siempre hacía demasiado o no lo suficiente. Apoyó su carrera, se enfocó en los niños y to-
leraba las burlas de sus suegros de cómo su cuñado era más exitoso

que él. Nadie en su familia se había divorciado, y sus hijos eran su vida, así que no podía soportar la idea de pasar la mitad de su tiempo lejos de ellos. Sus amigos veían cómo lo trataba su esposa, pero él por lo general respondía: "Es difícil ser mujer en su industria; trae su imagen ruda a casa".

Cuando la hermana de Costa le enseñó un video sobre narcisismo, él lo descartó y sintió que era desleal que un hombre pensara así de su mujer. Sin embargo, su salud había empeorado y estaba exhausto por sus responsabilidades contrapuestas, la constante invalidación y el *gaslighting*. No quería ir a terapia, pero cuando habló con su hermana, aceptó la idea de que simplemente no quería explorar el concepto de narcisismo... porque le daba miedo lo que pudiera averiguar.

Todos los caminos son azarosos cuando se navega en territorio narcisista, pero sólo uno de esos caminos te llevará a un destino mejor, y es el de la aceptación radical. Por supuesto, como nos muestra la historia de Luisa, aceptar una situación narcisista como ésta puede levantar el telón y darte la oportunidad de verla para que por fin dejes de luchar contra molinos de viento. Hay dolor cuando tienes que aceptar que tu relación no puede mejorar, que no habrá un fénix resurgiendo de las cenizas y que la persona narcisista nunca va a intentar verte y comprenderte de verdad. Puede ser algo devastador, pues consolida la pérdida que quizás hayas tratado de evitar mental y emocionalmente.

No obstante, la aceptación no sólo abre una vía hacia la recuperación y el crecimiento, también te da una sensación de alivio. De cierta manera, es como enterarte de que no había una respuesta correcta a una pregunta en un examen, así que nunca habrías acertado. Puedes al fin dejar ir la creencia equívoca de que hay algo que puedes hacer para "arreglar" la relación, y luego puedes dejar de perder el tiempo e invertir esas horas en ti y en las relaciones y las actividades que sí son buenas para ti.

A la mayoría de nosotros no nos gusta la pérdida de poder, eficacia y esperanza que surge con la aceptación radical. No queremos exponernos a la tristeza que conlleva que una situación no cambie; queremos evitar el conflicto; hay cierto alivio en mantener el *statu quo*. ¿Tienes que dejar la relación para que haya aceptación radical? No. Pero ¿es posible que se dé una recuperación significativa en ausencia de esa aceptación radical? No realmente. Si, como Costa, sigues creyendo que tu relación puede cambiar o que todavía hay algo que puedes hacer para que las cosas mejoren, significa que el ciclo continuo de maltrato, culpa autoimpuesta y decepción persistirá hasta la eternidad, y ésta también es una forma difícil de vivir.

La aceptación radical es la puerta hacia la recuperación

Recuerdo haber atendido a un paciente que coordinaba un personal extenso. Aunque dirigía un equipo de cien elementos, había tres personas que requerían más tiempo, esfuerzo y energía que los otros noventa y siete. Por las complicaciones que ocasionaban esos tres, él estaba desgastado, ansioso, distraído y exhausto. Cuando pudo ver los puntos en común entre la conducta de los tres (una lista básica de comportamientos narcisistas) y entendió el narcisismo, pudo trabajar para conseguir una aceptación radical. Dejó de verse a sí mismo como un mal gerente y, en cambio, modificó sus procedimientos de contratación y evaluación. Reconoció que, hasta que ya no fuera su supervisor, tendría que descubrir la manera de darles la vuelta. Admitió que, aunque no era fácil, se sentía menos cansado al darse cuenta de que no podría lidiar con ellos. Sólo tenía que llegar a un punto en que pudiera despedirlos o esperar que ellos renunciaran.

Sanar ya es un viaje bastante difícil de por sí, y sanar en la ausencia de aceptación radical es como tratar de caminar con una pierna

rota al día siguiente de que te la rompiste. Ver con claridad la relación narcisista y el comportamiento, que no te sorprenda el *gaslighting* ni la invalidación, y ser decidido aun cuando continúe el
abuso narcisista, pero con expectativas realistas y el beneficio de saber que nada va a cambiar, te permite cortar lentamente el vínculo
de trauma, calmar esa autoculpabilidad y aclarar esas aguas turbias de
la confusión. Sin embargo, la aceptación radical no es una pastilla
mágica; también necesitas aceptar que, aun si alcanzas esa aceptación radical de que no van a cambiar, su continuo comportamiento
hiriente, incluso si estás preparado para recibirlo, seguirá doliendo.

Cuando guío a las personas a través de su recuperación del abuso narcisista, trabajamos la cuestión de la "sorpresa": la agitación
que experimentan después de leer otro mensaje de texto, correo o
conversación y decir: "No puedo creer que esté pasando esto. ¿Cómo
pudo hacerlo?". Alcanzar la aceptación radical implica que te sorprendes menos y, de hecho, sería más sorprendente que estas cosas
no pasaran. Cuando se desenvuelven los patrones tóxicos, no caer
en la sorpresa no implica que estés de acuerdo, ni siquiera que no
duela, sino que ya sabías que venía y te vuelves más hábil para prepararte y experimentar las emociones derivadas de su comportamiento sin juicio.

Por último, la aceptación radical es crucial porque te permite
dejar de enmarcar la evaluación de tu vida a partir de cómo van las
cosas en esta relación. Una vez que aceptas que los patrones nocivos
en la relación son una constante, puedes redirigir tu atención hacia
ti y hacia la gente y las actividades que te importan. El día que dejas
de esperar que la situación narcisista mute es el día que recuperas
los recursos psicológicos y el tiempo que invertías en la esperanza, la
evasión, en tratar de encontrarle sentido y en intentar cambiar para
que funcione.

Las barreras de la aceptación radical

Admitir cuál es la realidad de la relación narcisista no es fácil. Aceptar y vivir con el reconocimiento incipiente de que esta persona nunca cambiará y que la relación nunca será mejor significa entrar en una realidad muy distinta de la que esperabas, la que quizá todavía quieras y por la que te moldeaste durante tantos años, en ocasiones durante toda una vida, para poder embonar. La barrera más grande de la aceptación radical es la esperanza. La esperanza de la evolución. La esperanza de que se cumplan las promesas. La esperanza de que las cosas estén mejor. La esperanza de una disculpa genuina o de que asuman su responsabilidad. La esperanza de ese final feliz. La esperanza de que en realidad sea una relación normal y sana. En una relación narcisista toma mucho tiempo que la esperanza se desvanezca. El reto de aceptar es que sofoca esa esperanza y trae tristeza, impotencia y culpa.

En cuanto se extingue la esperanza, muchas personas se sienten presionadas para tomar una decisión cuando todavía no están listas, pues la aceptación radical plantea la pregunta: "Si en serio todo está tan mal y no va a cambiar, no me puedo quedar, ¿o sí?". También puede provocar una culpa tremenda, como si fueras una mala persona por tener una mentalidad "derrotista" sobre alguien a quien se supone que amas. Para evitar tener que tomar una decisión difícil, podrías erigir barreras ante la aceptación, como la justificación, la racionalización, la negación y las narrativas personales que formulan tu historia de una manera más digerible (*No está tan mal, encontramos el amor a pesar de nuestras infancias duras*; *las relaciones son difíciles, y un día, cuando las cosas se calmen, todo estará bien*; *las familias son complicadas*; *trabajamos duro y peleamos duro*). Todo esto te permite continuar en la relación y no enfrentar los temas más aterradores que plantea la aceptación, como tener que abandonar la esperanza, sentar límites, estar solo, distanciarte de la familia, empezar de nuevo o estar equivocado.

Pero la aceptación radical no es necesariamente un llamado a abandonar la relación ni las circunstancias. Es una modificación de las expectativas a pesar de lo que elijas hacer. Significa que, si permaneces en esa situación, ves claramente la relación y el comportamiento que se da en ella.

Aceptar no sólo es ver que la personalidad y la conducta de la persona seguirán igual, sino que no será un espacio seguro ni una relación de la que puedas depender. No es fácil hacerlo, pero el camino hacia la aceptación radical empieza con el simple reconocimiento de que así son las cosas y así seguirán siendo. Al inicio no se necesita tomar medidas; no tienes que romper con nadie ni pedir el divorcio ni cortar el contacto. De hecho, en los primeros días de la aceptación radical, dejar que respire un minuto es esencial, pues tu realidad entera tiene que integrar este giro sísmico. Después del primer paso, estás en una mejor posición para tomar decisiones informadas que te protejan.

Éste es un cambio sustancioso acerca de lo que has pensado hasta ahora de tu relación, en ocasiones durante décadas, y se podría sentir pesimista o incluso cínico "darse por vencido" con una persona. Podrías percibir esta alteración en tu forma de pensar como una barrera porque quizá no te visualizas a ti mismo como alguien que tira la toalla por nadie. Pero la aceptación radical no es la desaprobación de una persona narcisista; es un rechazo a su comportamiento y el reconocimiento de que este comportamiento inaceptable no se va a modificar. Cuando estamos viviendo la agonía de una situación narcisista, ya tenemos que lidiar con la autodevaluación, y la aceptación radical podría amplificar esas emociones si piensas que te estás rindiendo en lugar de luchar por otro ser humano. La trampa mental de "Necesito perdonar, yo sé que no lo dice en serio" o "Soy tan malo como ellos si me rindo" puede mantener enganchadas a las personas y bloquear el proceso de recuperación. En cambio, si te enfocas en describir el abuso narcisista como un comportamiento, puede sentirse menos deshumanizante que verlo como "Es una mala persona".

Lo desafortunado de la aceptación radical es que a veces se requiere salir un poco chamuscado para verlo al fin. Los sutiles elementos del abuso narcisista quizá no sean suficientes. Tal vez se necesite que pase una traición o un daño tan profundo que no lo puedas ignorar, como una infidelidad, poner un niño en riesgo, que te arresten, que un colega comparta información confidencial sobre ti con un supervisor o tu jefe, o destruir las finanzas de la familia o de un negocio. Puede ser el día en que su ira y su rabia sigan escalando y finalmente te amenacen o te maltraten físicamente.

Otras veces es difícil ver el daño que hace el maltrato, en particular en la infancia. Un niño no puede aceptar de manera radical que el comportamiento de un padre o madre sea tóxico. Los niños con sistemas familiares narcisistas aprenden a justificar y racionalizar a la perfección.[1] Romper con esos patrones duraderos y al fin ver bien los patrones en la edad adulta no es tarea fácil. Sólo si eres capaz de aceptar radicalmente que tu padre, madre o familia no cambiarán, y también que tu infancia no puede ser distinta, puedes empezar a sanar.

Lo triste es que algunos de nosotros nos vemos como manchados o incluso dañados por estas afiliaciones e historias. Evitar la aceptación radical implica que puedes evitar el tener que luchar con estos sentimientos difíciles a corto plazo. Pero no estás dañado sólo porque estuviste en una relación narcisista y no eres de cierta manera menos porque tu padre o madre fuera narcisista, ni porque estés con una pareja narcisista. Ver el comportamiento narcisista no te vuelve "malo", sino bastante valiente. Ver con claridad y aceptar el patrón que es doloroso reconocer, y sin embargo, estar dispuesto a tomar decisiones realistas y protegerte es la cúspide de la intrepidez y la resiliencia.

La aceptación radical si te quedas

Emma pasó años tratando de comunicarse con su esposo, de hacerle saber sus necesidades y de señalar cosas con claridad; por lo general, se enfrentaba a su enojo y manipulación. Trató de todo con su madre, se acordaba de las ocasiones especiales, la visitaba tan seguido como podía, pero justo cuando pensaba que estaban teniendo un buen día, *pum*, su madre la provocaba con algo, Emma se defendía y todo se desmoronaba otra vez. Emma trató de trabajar en sí misma, fue a terapia y asumió que debía ser su culpa porque ella era el único común denominador en ambas relaciones. Emma lidiaba con depresión, fatiga, culpa y ansiedad, y tanto su esposo como su madre le decían que era una manipuladora y no tenía ningún motivo para luchar.

Después de que sus hijos nacieron, su marido se quejaba con frecuencia de tener que balancear el trabajo y la paternidad; su madre criticaba su forma de criar a los niños y le decía que no pasaba suficiente tiempo con ella. Emma seguía pensando que debía haber una manera de mantener felices a su esposo y a su madre, o por lo menos moderadamente satisfechos, y cuando reconoció que no, lo asumió: *No me voy a divorciar porque no puedo costearlo. No voy a alejarme de mi madre porque soy hija única. Reconozco que estoy en un matrimonio con un hombre con el que a veces me llevo bien, pero la mayoría del tiempo son manipulaciones y decepciones y berrinches. Tengo una madre que es tan egocéntrica, que se preguntó por qué no le hablé cuando estaba dando a luz a mis hijos.*

Después de que Emma aceptó de verdad que la actitud de su esposo y de su madre no iba a cambiar, y que no se sentía capaz de abandonar ninguna de las dos relaciones, la golpeó una avalancha de tristeza. Se sentía capaz de aceptar que nunca tendría una relación perfecta con su madre y que su matrimonio sería difícil. Pero aceptar que no cambiaría jamás se sintió como perder la esperanza; era posible que jamás llegara a tener una pareja amorosa y paciente, ni una madre compasiva que le brindara seguridad. Dejar ir esas esperanzas y narrativas fue como celebrar un funeral en su mente.

Ahora, Emma ya no se engancha y desarrolló nuevos intereses. Sus amigos y su terapeuta son actualmente su caja de resonancia, e invierte tiempo y esfuerzo en apreciar a sus amigos y disfrutar a sus hijos. Ha descubierto otras salidas a los problemas en casa y sabe que acudir a su marido por ayuda sólo genera más conflicto (esas salidas implican más trabajo, pero menos angustia; es más fácil meter ella sola los botes de basura). Agenda los encuentros con su madre y ya sabe que lo que ella quiere —acceso 24/7 a su hija— es imposible. En sus días más difíciles, Emma siente que su vida es una farsa. La mayor parte del tiempo está agradecida de que la cifra de conflictos haya disminuido y se siente menos decepcionada en el día a día. Con el paso del tiempo reconoce que, de muchas formas, la aceptación radical la ha liberado, y si bien los ecos de la tristeza siempre están ahí, cada vez se escuchan menos.

La inmensa mayoría de nosotros se queda en por lo menos una relación narcisista. Es la razón de que esos consejos que sólo te instan a irte no sirven. La aceptación radical no implica que debas concluir la relación; simplemente quiere decir que la veas por lo que es. Nuestros motivos para seguir ahí, aun después de entender de qué se trata en verdad una relación narcisista, incluyen realidades financieras, relaciones familiares que queremos conservar, religión, expectativas sociales y culturales, miedo a perder conexiones sociales, miedo al abuso después de la separación y hasta el amor. Sin embargo, la aceptación radical sí derrumba otros motivos para quedarte, como la esperanza.

Cuando ya aceptas a la persona narcisista tal y como es, se da un duelo normal por la relación o por la situación que esperabas. Podrías empezar a preguntarte: *¿Y qué se supone que me hará seguir por este camino ahora?* La aceptación radical te exige que examines, casi quirúrgicamente, por qué te estás quedando en esa situación narcisista. ¿Son factores prácticos, como hijos o dinero? ¿Son factores de vínculos de trauma, como la culpa o el miedo? Ser honesto contigo es una pieza clave en el proceso diario de aceptación. Tal vez se trate de un baño de realidad pesado que también rompa con la vergüenza de quedarte en algo que sabes que no es sano y que te invalida, y coloca el "quedarte" en un contexto (y reconoce la falta de otras posibilidades y opciones viables).

Si decides quedarte, la aceptación radical podría volverte menos propenso a engancharte con las provocaciones de la persona narcisista, y como ya sabes que nada va a cambiar, es menos probable que pelees y más probable que busques otras soluciones alternativas. Establecer límites se vuelve un poco más fácil. Ya no estás tratando de tener altercados, conseguir ventaja, vencer o siquiera conquistar a la persona narcisista. Es probable que incluso estés dispuesto a flexionar tu músculo del "No" un poco más porque ya no estás jugando su juego.

Al final, la aceptación radical te puede liberar, incluso si permaneces en una relación narcisista. Ya no estás viendo hacia el horizonte del este en busca de un atardecer. Ya puedes retirar tu inversión psicológica y ponerla en otras áreas de tu vida: apoyo y relaciones sociales sanas, actividades significativas y otros gustos. Puede darse un alivio complejo al ya no tener que vivir con una esperanza suspendida y a la espera de ese futuro ficticio de que todo será mejor algún día. En lugar de que sea resignación, la aceptación se puede enmarcar como una oportunidad de al fin asentarte y poder sacar tu auténtico yo con tus relaciones sanas. Es un acto de equilibrio difícil: cuando expones tu auténtico yo a la persona narcisista, suelen humillarte o enojarse contigo, y sin embargo es crucial para tu recuperación que lo cultives y lo compartas con otros. He hablado con personas que me contaron que, al haber aceptado ya por completo, no esperaban empatía, compasión ni respeto de la persona narcisista. Sus razones para quedarse variaban pero, decían, que a través de la aceptación podían desconectarse y seguir siendo auténticos consigo mismos. Los que no se sentían cómodos cesando su contacto con un padre o una madre ya mayor, dieron un giro a sólo proveer apoyo práctico. Otros, que no querían compartir la custodia de sus hijos, contaron los días hasta sus cumpleaños número dieciocho antes de pedir el divorcio. Pero otros se quedaron en trabajos tóxicos hasta que encontraron algo mejor o hasta que recibieron sus prestaciones o pensiones.

La meta de la aceptación radical mientras permaneces en una situación narcisista es tener expectativas realistas, estar al pendiente de ti y asegurar que no caigas en justificaciones por vínculo de trauma y te sigas siendo fiel (lo cual admito que no es fácil mientras también navegas el proceso de descubrir quién eres lejos de esta relación).

La aceptación radical si te vas

Las relaciones narcisistas no terminan así nada más y sin eventualidades. Dinámicas como la de dominarte, difamarte, manipularte, culparte y maltratarte después de la separación significan que debes gestionar la repercusión del comportamiento narcisista, ya sea que sigas en la relación o no. Es por ello que la aceptación radical, si te vas o terminas la relación, es un proceso de dos pasos. Primero, debes aceptar la inmutabilidad del narcisismo y del abuso narcisista. Segundo, debes aceptar el proceso que se desenvolverá después de tu partida.

A la gente narcisista no le gusta que la dejen. Son en extremo sensibles al rechazo, así que, como resultado, si te vas, se pueden volver punitivos, vengativos, manipulativos y coléricos. Tampoco les gusta perder el control. La aceptación radical engloba la conciencia de que se va a dar este abuso posterior a la separación. Cada vez que me siento con un paciente que está a punto de iniciar o se encuentra en un proceso de divorcio con una persona narcisista, le advierto que el panorama se pondrá tan desolador y abusivo, que dudará de su decisión. Algunas personas me han compartido que el maltrato empeoró tanto después de terminada la relación, que casi querían volver sólo para que parara. Es por ello que la aceptación radical es crucial; acabar con una de estas relaciones también es cuestión de abrir los ojos ante lo que está sucediendo para que te puedas preparar y no pierdas tu determinación. Aun con una persona moderadamente narcisista, el panorama posterior a la separación es funesto. Es probable que la aceptación radical sea lo que te haya llevado a dejar la relación, así que de cierta manera el mal comportamiento que podría persistir después de terminada la relación debería reafirmar tu decisión, ya que confirma tu forma de percibirlo y experimentarlo. Pero, claro está, no se siente así mientras sucede.

Para algunos de nosotros, la aceptación radical quizá no empiece hasta que hayamos dejado realmente la relación. Esto suele suceder si la persona narcisista es la que le pone fin. La aceptación radical se vuelve una herramienta clave para procesar las secuelas de la relación. Reconocer los patrones consistentes antes y después del rompimiento, y observar el comportamiento de la persona narcisista después de terminar —como empezar rápidamente una nueva relación o continuar el acoso— puede rematar el cuadro y la predictibilidad de su conducta narcisista.

Los divorcios o los finales de otras relaciones donde es necesario dividir bienes o distribuir dinero pueden prolongar el abuso narcisista, y tener una aceptación radical es crucial para atravesar tales situaciones. Los patrones de las personas narcisistas persisten por lo menos hasta que la logística se establece, y es posible que empeoren si no pueden controlar el proceso y que las cosas salgan como ellos quieren. Muchos supervivientes de relaciones narcisistas se sienten desconcertados cuando, aun años después, el narcisista sigue enojado y agraviado como cuando rompieron. En pocas palabras, la aceptación radical, si se aplica de la manera correcta, debería fortalecer la firme expectativa de que todo esto iba a pasar, incluso si todavía resulta estresante después de tantos años. Sin embargo, el daño por el maltrato posterior a la separación podría amplificar la repercusión del maltrato narcisista que ya experimentas.

No quemes tus paraguas: ¿qué es una expectativa realista en una relación narcisista?

Ya sea que te quedes o abandones una situación narcisista, las expectativas realistas se encuentran en el centro de la aceptación radical y son esenciales para lidiar y sanar del abuso narcisista. Estas relaciones son extrañamente consistentes. Incluso lo caliente y lo frío, los días buenos y malos, la máscara de encanto y la de ira son bastante predecibles, al grado de que sabes que se van a presentar. Eso vuelve muy evidentes las expectativas realistas. Y una vez que te vuelvas hábil en ser realista sobre tus expectativas, estarás cerca de cruzar la línea de meta de la aceptación radical.

La mejor forma de comprender las expectativas realistas es volver a la lista básica de cualidades que engloban a una persona narcisista y a los comportamientos y patrones que observamos en tales relaciones: empatía variable, presunción, grandiosidad, invalidación, desdén, ira, manipulación y *gaslighting*. Planea alrededor de que se den estas cosas. Yo les digo a quienes están en relaciones narcisistas: "No quemes tus paraguas". Los días buenos en las relaciones narcisistas pueden debilitar tus expectativas realistas y tu aceptación radical. El día que aparezcan su manera de cautivarte, su carisma y actúen con cierta empatía, disfrútalo como el día soleado que es, pero no quemes tus paraguas... pronto va a empezar a llover. Dentro de poco los necesitarás, y muchos supervivientes de abuso narcisista dirán: "Diablos, tuvimos dos días buenos, me pasé de arrogante y empecé a bromear como lo haría con cualquier amigo y su reacción a mi ocurrencia acabó en una pataleta de dos horas".

Tener expectativas realistas también implica no sucumbir a las excusas, justificaciones ni futuros ficticios del narcisista. Cuando una persona narcisista dice que no va a mentir ni a ser infiel ni a llegar tarde o cancelar a la mera hora, no le creas. La aceptación radical es no dialogar con ellos ni intentar señalar la evidencia de por qué sabes que te volverán a engañar. Es el conocimiento sin la interacción.

También se trata de encontrar otras soluciones. Ya que sabes que la persona narcisista no recordará ir al súper, cancelará en el último minuto, insultará a tus amigos o llegará tarde, planea alrededor de eso. No le confíes cosas importantes de la despensa, ten un plan B, visita a tus amistades sola y haz reservaciones en lugares que no requieran que hayan llegado todos antes de poder pasar a la mesa.

Las expectativas realistas también tienen que ver con el manejo de la información. Esto quiere decir no compartir buenas noticias con ellos porque lo minimizarán y le quitarán el buen sabor al momento, o se comportarán como una víctima y ejercerán violencia pasiva. También implica no compartir las malas noticias con ellos, porque podrían ponerse furiosos y criticar y empeorarlo todo. ¿Qué queda? Temas indiferentes: el clima, el gato del vecino, cómo sabía el pastel de chocolate. ¿Es eso una relación? No una profunda, pero nunca hubo la posibilidad de tener una relación cercana y prolongada con ellos. Las expectativas realistas implican saber qué pasará si intentas interactuar o esperas un resultado distinto. La aceptación radical es vivirlo.

Por último, es necesario tener expectativas realistas para aguantar las tormentas que sigan llegando, aun si terminas la relación. Algunas de esas tormentas podrían venir del propio narcisista: mensajes horribles sin parar, largas batallas por custodias, comentarios mordaces y pasivo-agresivos, y chismes y rumores sobre ti. Las demás tormentas son sobre el reto que representa recuperarse. Algunos de ustedes quizá vean lo rápido que mejoran las cosas una vez que termina la relación y la persona narcisista ya no está en su vida. Otros quizá sientan que las cicatrices del abuso narcisista todavía son muy profundas, aun sin la relación. Muchos, si no es que la mayoría de los que dejamos al narcisista nos sorprendemos por extrañar a la persona, preguntándonos si estaría "orgulloso" o impresionado si viera todo lo que hemos hecho, y por el hecho de que recuperarse es más difícil de lo que habías pensado. Las expectativas realistas implican saber que sanar en ocasiones es parecido a dar dos pasos adelante y uno atrás.

Herramientas para promover la aceptación radical

Cuando intentas incorporar la aceptación radical a tu vida, no es tan simple como decir: "Muy bien, esta persona narcisista no va a cambiar". Le toma a tu mente un minuto darse cuenta. Existen varias técnicas que te pueden ayudar a acelerar y concretar la aceptación radical.

Entrar a la jaula del tigre: un camino hacia la aceptación radical

Entrar a la jaula del tigre tiene un resultado inevitable, pero si en verdad quieres acariciar al tigre porque crees que sólo es un gatito incomprendido, entra y ve cómo te va. Con los años, muchos pacientes que no están en un punto de aceptación han compartido conmigo algunos de los patrones narcisistas en sus relaciones. Para este momento, el paciente ya dejó de comunicar sus necesidades casi por completo y lo hace esporádicamente. Esta *necesidad de evasión* es un comportamiento de autoprotección y vínculo de trauma que evita el conflicto, pero también impide ver los patrones tóxicos, además de que sus necesidades nunca están cubiertas. Hacemos un ejercicio llamado *entrar a la jaula del tigre*. No me gusta mandar a nadie a ponerse en peligro, pero en ocasiones es la única forma de cimentar la aceptación de la consistencia de los patrones invalidantes. El ejercicio consiste en comunicar una necesidad directamente a la persona narcisista en su vida. Podría ser la necesidad de cercanía, de que se haga algo en la casa, de un cambio en cómo se lleva el negocio o cómo se comunica esa persona contigo, o siquiera algo de retroalimentación sobre su conducta y cómo te afecta.

Luego le digo al paciente que ponga atención a la respuesta de la otra persona. Si recibe un reconocimiento empático o no defensivo de su necesidad, y luego un intento real de cubrirla, entonces es posible que no se trate de una situación de abuso narcisista, sobre todo si la persona entra a la jaula del tigre unas cuantas veces y sigue recibiendo la misma respuesta de autoconciencia de parte de la otra persona; resultó ser un dulce gatito después de todo. Pero si la respuesta es *gaslighting* o manipulación, actitudes o palabras hirientes o molestas, es una nueva confirmación de que, de hecho, lo que mi paciente sospecha y no quiere ver enteramente sí es abuso narcisista.

Si aplicas este ejercicio, sé consciente de las justificaciones que creas para cualquier respuesta invalidante, con el fin de que puedas reconocer tus propios ciclos de vínculos de trauma. Este ejercicio tiene que ser intencional; casi todas las relaciones con gente narcisista son un pase diario a la jaula del tigre, pero en esta ocasión entrarás con los ojos bien abiertos y la disposición de ver y sentir su respuesta. Comunicarles una necesidad es una forma clara y dolorosa de ser testigo de estos patrones. Desafortunadamente, la gente suele necesitar entrar a esta jaula varias veces para confirmar que el tigre en serio tiene garras filosas. La meta es llegar a la aceptación radical antes de que el tigre te destroce.

No le des enviar

Todos hemos escrito ese mensaje o esa carta o ese correo donde nos explicamos ante un narcisista: el largo y sinuoso correo, el mensaje de texto que es mucho más largo de lo que debería ser. Es probable que hayas escrito esa carta porque nunca te escuchan cuando hablas y te hacen *gaslighting*, te interrumpen o te confunden tanto que se te traba la lengua. Tal vez pensaste que si lo escribías con cuidado entonces podrían ver tu punto de vista con nitidez. Pero nunca funciona. Lo lee y te responde con un emoji obsceno, envía una respuesta mordaz o lacerante, o te hace *gaslighting* (otra vez).

Ahora, dale un enfoque distinto a ese correo o mensaje o carta. Escribe las cosas que siempre has querido explicarle a la persona narcisista en tu vida: tu punto de vista, tus esperanzas, tus sentimientos. Podrías escribir exactamente qué piensas de ellos o cómo te sientes respecto a su comportamiento. Sólo sácalo todo y ponlo en papel. Deja que sea una catarsis y una liberación de todas las cosas que quieres decir. *¡Pero no se lo mandes!* Podrías compartirlo con un amigo de confianza o un terapeuta sólo para que alguien sea testigo de tu experiencia. A lo largo de los años he leído incontables cartas, mensajes y correos electrónicos así, y suelen ser reflexiones dolorosas, conmovedoras y poéticas sobre el dolor de un superviviente. Compartirlo en un espacio seguro, como una terapia, les permite recibir empatía por su experiencia, la empatía que no recibirán si lo hubieran compartido con la persona narcisista en su vida. Estas cartas también se vuelven un lugar dónde compartir otras emociones fuertes, como la ira, que nunca se podrían compartir de manera segura en la relación.

Cuando termines, destruye la carta. Convierte su destrucción en una ceremonia. Si es seguro, quémala, o escríbela en material biodegradable y tírala en un estanque o en el mar, aviéntala desde una montaña o entiérrala. Si no puedes hacer nada de eso, pásala por una trituradora de papel. O sólo escríbela en una nota en tu teléfono y luego elimínala. El punto es que puedas desahogarte y exponer claramente todos tus pensamientos y sentimientos sobre la relación. Luego, al destruirla, reconoces que el narcisista nunca escuchará tus palabras, lo cual alimenta la aceptación.

Las listas

La reminiscencia eufórica y una vida entera de negación hacen que los supervivientes casi "olviden" por reflejo los patrones en una relación. En los días buenos es fácil no sólo olvidar todo lo tóxico que pasó, sino casi perder de vista cuánto perdemos de nosotros mismos en estas relaciones. Escribir los patrones del comportamiento nocivo puede evitar que nos hagamos *gaslighting* y dudemos de nosotros mismos, y las investigaciones sugieren que existe un poder real en escribir las cosas y verlas, en lugar de sólo pensarlas.

Puedes hacer tú solo esas listas o buscar la ayuda de otros. Deben ser documentos vivos a los que les sigas añadiendo puntos. Puedes tenerlas en tu teléfono o en un diario; sólo asegúrate de que sean privadas y tengas fácil acceso a ellas. Un recordatorio amable: nunca almacenes estas listas en un lugar donde puedan acabar en "la nube" o en algún dispositivo compartido y que las vea.

La lista del asco

Una de las listas más útiles entre tus herramientas de aceptación radical es lo que yo llamo la lista del asco. Es una lista de todas las cosas horrendas que han pasado en la relación. Escribe todas las cosas terribles que esta persona hizo: cosas crueles que te dijo, insultos, invalidaciones, traiciones, mentiras, manipulaciones, eventos especiales que arruinaron y todo el *gaslighting*. Este proceso puede tomar días, semanas o incluso unos cuantos meses o años, y te seguirán llegando recuerdos. Si tienes amigos cercanos o familiares que lo vieron, también pueden sumar a tu lista. Yo he ayudado a muchos pacientes y amigos a construir una lista del asco a partir de episodios y comportamientos que compartieron en nuestras sesiones o cuya experiencia yo atestigüe.

Me he topado con resistencia a este ejercicio porque la gente de alguna manera lo considera cruel o un modo de mantener a la gente estancada. Incluso puede sentirse un tanto repugnante y mezquino hacer una lista así, o se puede sentir psicológicamente perturbador hasta volver a pensar en estas experiencias. Pero cuando la reminiscencia eufórica se apodere de todo o el miedo entre en escena y empieces a pensar en esa gran vida sexual o en esa noche perfecta en Miami o, en el caso de las relaciones que no sean de pareja, en esos recuerdos divertidos horneando galletas, en esos días de pesca o en el viaje con un amigo, puedes echarle un vistazo a la lista. La aceptación radical requiere calibración. Es obviamente más sencillo escribir esta lista un día en que todo haya sido horrible, y en los días buenos o confusos, cuando tengas un lapso de memoria, la lista puede ser útil para volverte a encarrilar y evitar que dudes y te culpes a ti; te demuestra qué tan consistentes han sido los patrones narcisistas. Como terapeuta, muchas veces he sido el banco de memoria de mis pacientes al navegar relaciones narcisistas y les he recordado con suavidad los eventos del pasado en que dudaron de sí mismos. Casi todos esos pacientes han estado agradecidos por esos recuerdos que habían olvidado, y dado que muchas personas no tienen un terapeuta cuyo trabajo sea hacer esto, la lista del asco funge como tal.

Esta lista es igualmente importante si te vas a quedar en la relación. Es mucho más pronunciado el desliz en la aceptación radical para la gente que se queda. Si bien puede ser doloroso catalogar todo lo malo de algo en lo que todavía participas, esta lista te puede ayudar a mantener a raya la autoculpabilidad y fortalecer las expectativas realistas y la aceptación, para que no caigas en las manipulaciones. Unas cuantas personas me han dicho que crear una lista así fue abrumadora y los hizo dar pasos hacia atrás. Es comprensible, pues se trata de una lista capaz de desenterrar emociones negativas muy fuertes. Tómate tu tiempo con esto. Sanar significa honrar siempre tus ritmos y tu nivel de confort.

La lista de las "galletas en la cama"

Tal vez la persona narcisista en tu vida hace berrinche cuando cocinas con ajo, o se rehúsa a ver películas con subtítulos, o se burla de ti por querer hacer manualidades en la época navideña, o te regañó por tener refresco en el refrigerador. Ahora, haz esas cosas: cocina una comilona con todo el ajo que quieras, ten un festival personal de películas en francés, cómprate una pistola de silicona y diviértete, o compra cajas de refresco. (Mi pequeño placer es comer galletas en la cama mientras leo y juego en mi teléfono, y de ahí el nombre del ejercicio.) Verlo todo escrito es un recordatorio de todas esas cosas pequeñas que has abandonado por la relación… y por las que probablemente enfrentes desprecio y molestia. Una vez que empieces a vivir de manera acorde con tu verdadero yo, eso podría remarcar los patrones tóxicos y volver más sustentable la aceptación radical. Si no abandonas la relación, esta lista se puede enfocar en las cosas que te darás permiso de hacer, y luego es importante que dediques tiempo a hacerlas, quizá cuando no esté cerca la persona narcisista, para evitar la confrontación. Hacerlo, incluso si sólo se trata de crear un ornamento de gatito peludo para el árbol de Navidad, es parte de la curación.

La lista de "me toca"

Quizá siempre has soñado con ir a la universidad, redecorar la casa, viajar o escribir un libro. Pero, ya sea que se deba a una pareja cuyas necesidades y deseos siempre estén primero, un padre o una madre que te anuló o te exigió tanta atención que nunca tuviste tiempo para la clase que querías tomar, o un trabajo tan tóxico que, aunque te pagaba un salario, te alejaba de tus genuinas ambiciones, por lo que es muy probable que hayas dejado tus sueños en segundo plano. Haz una lista de las aspiraciones a gran escala que abandonaste por esta relación. Algunas personas se agobian al reflexionar sobre todas las experiencias que sacrificaron en nombre de su relación narcisista, y esta lista puede incluso promover cierta tristeza debido a las aspiraciones que no lograste o no perseguiste. Pero no necesitas ir a sacar un doctorado. Tal vez esos sueños de universidad se podrían materializar si asistes a cátedras interesantes en una universidad local. Tal vez ese libro que querías escribir termina siendo una serie de blogs.

Después de escribir esta lista, elige una meta y una vez al día o una vez a la semana da un paso pequeño para conseguirla. Ahorra un poco de dinero para ese viaje, mueve unos cuantos muebles, navega por la página web de una escuela local, escribe un párrafo sobre algún tema que te importe. Si te quedas en estas relaciones, es posible que todavía te sientas reprimido, pero puedes hacer algo pequeño para alcanzar tu objetivo. Este proceso puede promover la aceptación radical porque eres testigo del contraste entre el potencial que radica en ti y las limitaciones que te impone la persona narcisista.

Apóyate en la rumiación

La rumiación puede ser una de las barreras más irritantes para recuperarte del abuso narcisista y puede socavar tu aceptación radical.

Pero tratar de combatir la rumiación es como tratar de eludir la gravedad. No existe ejercicio ni hipnosis ni borrador de memoria capaz de detener el pensamiento para hacer que se vaya. Si tratas de combatir la corriente de la rumiación, te podrías ahogar. Así que no pelees. En cambio, habla de ello, ya sea en grupos de apoyo, en terapia, con amigos de confianza (pero ten cuidado de no desgastarlos), escribe un diario o hazlo de cualquier manera en la que te puedas expresar de forma adecuada y segura.

Piensa en hablar de tu rumiación y apoyarte en ella como en esa "cerveza para la resaca". A mis pacientes les preocupa contarme la misma historia de lo que pasó en su relación cien veces, pero no es la misma historia. Al contarla una y otra vez, están aprendiendo de ella y dejándola ir. Guardar estos pensamientos dolorosos en el interior de tu mente es lo que hace que la rumiación sea tan incómoda: es como tener la necesidad de vomitar y no poder ir a un lugar dónde hacerlo. Expresa lo que sea que hayas estado rumiando porque, lo creas o no, hacerlo te ayudará poco a poco a digerir tu experiencia y finalmente alejarte de ella.

Después de una de mis experiencias personales de abuso narcisista, una amiga me escuchó hablar de ello constantemente durante dos semanas. No me juzgó, no intentó resolverlo ni me hizo sentir mejor. Sólo me escuchó y me animó a seguir hablando y hablando. Después de que pasaron esas dos semanas, ya había sacado gran parte, y al sacarlos de mi cabeza, mis pensamientos y mi confusión perdieron su poder.

La desintoxicación

La mayoría de nosotros no tiene sólo una persona tóxica en su vida. Una vez que levantas el telón para las personas narcisistas más demandantes o difíciles de tu vida, verás que hay más personas así en tu mundo de las que inicialmente habías reconocido. Si no las vemos con toda nitidez por lo que son, corremos el riesgo de facilitar o minimizar su impacto. Al marcar límites, terminar relaciones, distanciarnos y aceptar radicalmente cómo son las relaciones narcisistas en realidad, puedes empezar a extender esos límites a otras personas nocivas en tu vida. Si se supone que limpiar un closet puede brindarle alegría a una persona, limpiar tu vida de gente tóxica debe ser un éxtasis.

Primero, mira la lista de contactos en tu teléfono —y esto puede sonar un poco infantil— y pon un símbolo o un emoji junto a los nombres de las personas que no son buenas para ti. Tal vez no sean tan tóxicas ni tan demandantes como los narcisistas en tu vida, pero de todas maneras te pasarán factura y te dejarán agotado. Cuando cualquiera de estas personas que no son tan sanas te mande un mensaje y veas el pequeño simbolito tóxico, ese recordatorio será suficiente para evitar la interacción. También podría ser un recordatorio para decir "No" a esa llamada que sabes que será un gasto de tiempo unilateral. Esto se extiende a no caer en la "trampa del cumpleaños", y evitar entablar contacto con la persona narcisista de tu pasado en su cumpleaños, lo cual te puede poner en riesgo de volver a caer en el ciclo de esa relación narcisista. Puedes esperar sentir culpa, miedo y ansiedad cuando empiezas a eliminar o a distanciarte de esas personas difíciles, pero también sentirás alivio. Y aumentarás la aceptación radical porque serás más capaz de ver que tu vida es mejor sin participar de intercambios innecesarios de invalidación con la gente.

Purgar tus redes sociales también es parte de esta limpieza. Establece una configuración que te evite ver publicaciones de victimización o violencia pasiva de tus seguidores y amigos más tóxicos. Bloquea que ciertos individuos puedan ver algunos aspectos de tu vida que no quieras compartir con ellos. Considera dejar de seguir a gente vinculada con las relaciones narcisistas más difíciles de tu vida, en particular si esa relación ya se acabó, para que no veas referencias a esa persona en sus publicaciones. Encuentra la manera de cambiar la configuración para que no recibas ese montaje de "hace doce meses" o "hace cinco años". Y en un mundo ideal, pasa menos tiempo en redes sociales. Algo sobre la búsqueda de validación, las peroratas, las comparaciones, ese cruel *clickbait* y el egocentrismo de las redes sociales no es tan bueno para recuperarte, así que prueba disminuir tu exposición. De nueva cuenta, cuanto menos estés lidiando con esto, mejor te vas a sentir, lo cual fomenta la aceptación radical.

Por último, considera ya sea tirar, regalar o archivar permanentemente fotos y documentos de la relación (si se trata de fotografías familiares, pregúntales a otros miembros de la familia que quizá las quieran como parte de su historia y deshazte de ellas). Si necesitas algunas de esas cosas para tu proceso de divorcio u otros litigios (por ejemplo, viejos mensajes de texto o correos), o quieres guardarlas como parte de los archivos para la lista del asco, consérvalas. Pero puedes guardar en alguna parte las fotos viejas. Sacar de tu vida estos objetos se puede sentir como si sacaras los fantasmas de tu casa... y de tu corazón.

Apilar múltiples verdades

La columna vertebral de la aceptación radical es el reconocimiento de múltiples verdades. Repasa la historia de Emma en este capítulo: *No me puedo divorciar, mi esposo nunca va a cambiar, todavía amo a mi esposo, amo a mi madre, no puedo desprenderme de mi madre, mi madre es egoísta, mi esposo nunca va a ayudar con nada, mi madre nunca va a sentirse satisfecha con la cantidad de tiempo que pase con ella, prácticamente estoy criando a mis hijos sola*. En la historia de Emma, todas esas cosas son ciertas y en conjunto no embonan bien. La aceptación radical se traduce en hacer una lista de las múltiples verdades, no sólo de las cosas malas (ya lo tienes en tu lista del asco), sino las buenas, e idealmente decirlas en voz alta. Escribe lo bueno y lo malo. Se siente raro y un tanto incómodo (*Amo a mi madre, no quiero volverla a ver*), pero una vez que lo expresas todo junto, puede ser un gran paso para abrirte camino a través de la negación y la disonancia, y promover la aceptación. Hago este ejercicio con mis pacientes, y en ocasiones ayuda hacerlo en hojas separadas de papel (como tarjetas), para que tus "verdades" no se contaminen con otras que hayas mencionado. Hacerlo te puede ayudar a romper algo llamado *disonancia cognitiva*, la tensión que surge cuando encontramos inconsistencias emocionales (*Lo amo, me engañó*). Por lo general, tratamos de resolver la tensión de la disonancia cognitiva con una justificación para que las piezas embonen (*Me engañó, pero he estado distraída con el bebé y fue sólo una vez*), y las relaciones narcisistas crean una disonancia cognitiva constante (días buenos y malos). Este ejercicio obliga a las verdades disonantes a ser toleradas de manera simultánea para que veas tu situación de una forma holística y no racionalices lo que está pasando. Esta pila de verdades inconsistentes es una lección de por qué ha sido tan difícil y le permite a la persona hacer espacio al mismo tiempo para amar a alguien y reconocer que quizá necesiten poner cierta distancia con ellos.

La vida es complicada y múltiples cosas pueden ser ciertas. No ves, y en realidad no deberías ver, estas relaciones a través de un lente blanco y negro. Hacerlo desacredita tu proceso de recuperación y simplifica un proceso que es todo menos simple. Amaste a estas personas; en algunos casos, todavía los amas. Es posible que sientas compasión por sus historias y gradualmente reconozcas que no son buenos para ti. Es una de las partes más difíciles de la aceptación radical, pero también te lleva a un lugar donde te das cuenta de que la aceptación radical no implica que tengas que perder tu reconocimiento empático de quién es esta persona y qué ha significado para ti.

Una aceptación radical de ti mismo

La aceptación radical de una persona o una situación que no va a cambiar es crucial para sanar, pero también deberíamos aplicarlo a nosotros mismos. ¿Te aceptas radicalmente a ti mismo? ¿Aceptas tus puntos débiles, tus dones, tus excentricidades, tu personalidad y tus preferencias, y admites que te hacen ser quien eres y que puedes cambiar lo que quieres, pero conservar lo que te gusta y dejar de juzgarte? Algunas personas llegan a este punto conforme envejecen. Ven lo suficiente, viven lo suficiente y al fin caen en cuenta "Éste soy yo".

No hay razón alguna para esperar a que la sabiduría de la edad te lleve hasta ahí. Una relación narcisista, en particular con un padre o madre, muchas veces te roba la oportunidad de aceptarte radicalmente porque nunca pudiste ser visto, escuchado o valorado. Aprendiste a silenciarte a ti mismo, y por supuesto que no te atreverías a aceptarte radicalmente. También aprendiste a modificarte para calmar a la persona narcisista, a suprimir tu verdadero yo para sobrevivir en la relación. Descubrir quién eres en verdad y aceptarte puede ser la herramienta de aceptación radical más fuerte que tengas, porque cuanto más sepas quién eres y te aceptes, menos te sacrificas y te subyugas.

No se trata de mantener una postura rígida. Se trata de ser capaz de notar cuándo otra persona te está pidiendo que no seas tú. No es probable que te cortes un brazo si un narcisista te lo pide, sin embargo, la mayoría de nosotros cortamos partes de considerable tamaño de nuestras almas en nombre del "amor" narcisista. Aceptarte radicalmente implica ser amable contigo en los días malos.

Recientemente, alguien con quien he tenido una relación complicada me envió un correo malintencionado burlándose de mi trabajo. Sentí cómo crecía en mi interior la reacción usual: esa molestia en el estómago, la boca seca, la tensión en mi garganta. Sé que, cuando él me pica en lo profesional, me deja sintiendo que no soy suficiente, algo que me ha hecho sentir a lo largo de toda mi vida adulta. Pero yo disfruto genuinamente mi trabajo, y en ese momento me permití reconocerlo. Me dio tristeza que su comportamiento no hubiera cambiado, pero también vi lo que estaba haciendo. En esta ocasión, no me critiqué a mí misma por ser "demasiado sensible". Y en lugar de responder, me dediqué todavía más a mi trabajo. Al final, nunca le contesté, lo cual fue un verdadero cambio en mí, y me sentí mucho mejor. La aceptación radical de mí misma y de la situación me dio una nueva forma de responder y de sanar. *Amo lo que hago, él siempre me va a querer provocar, no necesito contestar.*

Gran parte de la miseria en nuestro mundo nace del hecho de que no nos aceptamos a nosotros mismos, nos comparamos con otros y sentimos que no somos suficiente. La aceptación radical es darte permiso de conocerte y aceptarte, y trabajar desde ahí. Es practicar la autocompasión, no juzgarte y aceptar que cualquiera en una relación narcisista probablemente está viviendo la misma experiencia que tú. Prueba hacerte las siguientes preguntas:

- ¿Qué me gusta de mí?
- ¿Qué no me gusta de mí, pero no puedo cambiar o no quiero cambiar?
- ¿Qué no me gusta de mí y sí puedo cambiar?
- ¿Qué me hace ser quien soy?
- ¿Qué es importante para mí?

En ese proceso de autoaceptación radical, podrías reconocer las vulnerabilidades en ti: quieres romance, no quieres estar solo, eres sensible sobre tu trabajo. Y está bien. Sólo acéptalo como una vulnerabilidad potencial, no una debilidad, sino una hermosa parte de ti que puedes salvaguardar. Cuando te devalúas o niegas quien eres, no estás haciendo la aceptación radical más fundamental de todas: aceptarte a ti mismo.

Construir una aceptación radical puede ser un proceso que te abra los ojos y el alma. Estás dejando ir la esperanza de que la persona narcisista se vuelva amable, empática y se interese en tu vida, y admites que la invalidación, la hostilidad y la indiferencia llegaron para quedarse. No se trata de rendirse, ceder ni estar de acuerdo con el comportamiento abusivo, sino de observar la situación con claridad. Mientras que al inicio podrías sentirte cínico o carente de esperanza, la aceptación radical es una plataforma esencial para la recuperación y para separarte de la realidad de la persona narcisista y conservar la tuya. La aceptación radical genera una tristeza tremenda, una pena única que nos puede aplastar y dejarnos estancados. En el siguiente capítulo, veremos cómo procesar la sensación de pérdida y el dolor que son capaces de evocar las relaciones de este tipo.

6

Vive tu duelo y sana después de una relación narcisista

Sanar no significa que la pérdida no haya ocurrido.
Significa que ya no nos controla.
David Kessler

La mamá de Maria, Clare, era volátil, manipuladora y ferozmente egocéntrica. Maria era la niña de oro en su familia y Clare se regodeaba con el éxito de su hija y la menospreciaba cuando no "brillaba". Maria sufría porque su madre siempre le recordaba lo mucho que había sacrificado por ella, y Maria sentía que era cierto, ya que su madre siempre la había apoyado y les prestaba poca atención a sus hermanos. Maria vivía con miedo de decepcionar a su madre y se culpaba por los días malos de Clare. Sentía que estaba en deuda con ella por todo lo que había hecho y era muy consciente de la historia de vida tan difícil de su madre, de inmigración y pobreza. Así que soportaba su ira, pues pensaba que las cosas cambiarían si ella simplemente se esforzaba "lo suficiente".

Cuando Maria se graduó de la universidad, Clare esperaba que fuera su mejor amiga y la incluyera en todo lo que hacía. La llamaba con frecuencia, esperaba que Maria pasara horas en el teléfono con ella y usaba la culpa para inducirla a darle más tiempo y visitarla más ("Yo di tanto por ti, qué triste que tú no puedas hacer una cosita por mí"). Si Maria no contestaba una llamada o no encontraba tiempo para ver a su madre, se sentía culpable por las subsecuentes crisis de su madre. Era un complicado acto de equilibrismo entre su carrera en finanzas, las exigencias de su madre y querer construir una vida para sí misma.

Cuando Maria conoció a su futuro marido, empezó a pasar menos tiempo con su madre, lo que derivó en corajes, decepciones y la necesidad de que Maria la calmara con regularidad. Dado que no era capaz de equilibrar las necesidades de su madre y estar presente para su esposo, que también era bastante demandante, pretencioso, manipulativo y esporádica y superficialmente empático, Maria acabó dejando su carrera. Cuando su esposo tuvo una relación extramarital, se culpó a sí misma por decepcionarlo y rumiaba cómo podía ser una mejor esposa. Clare le brindó poco apoyo durante ese tiempo y culpó a Maria por no ser más atenta. Cuando Clare desarrolló cáncer años más tarde, le dijo a Maria que se lo había provocado el estrés de tener una hija malagradecida. En ese momento, Maria se dedicó a cuidar a su madre porque no quería enfrentar el remordimiento ni el agravio de decepcionarla otra vez. Maria sentía que se había perdido de tanto: un matrimonio sano, una relación normal de madre e hija, sus propios intereses independientes y una carrera. Aceptar su situación traía a colación una nueva serie de problemas…

La relación narcisista es un baile intrincado: el narcisista proyecta su vergüenza hacia ti, y tú, como eres una persona empática que asume la responsabilidad de sus actos, la puedes recibir, integrar, culparte a ti mismo y finalmente responsabilizarte de toda la toxicidad de la relación. Sólo con esta estructura puede sobrevivir la relación. El día que por fin aceptas que la dinámica narcisista no va a cambiar y que no tiene nada que ver contigo es el día en que cambian estos ciclos… y el día en que la relación deja de "funcionar".

La pena ocasionada por una relación narcisista es bastante única, y estas relaciones versan sobre la pérdida de oportunidades, esperanzas, aspiraciones, narrativas, instintos e identidad. Al final, dejar de huir de la tristeza y hacer el valiente y doloroso viaje a través de ella es esencial para que se dé el proceso de recuperación. Hay un riesgo real al negar, ignorar o minimizar el proceso de duelo. Como escribió Robert Frost: "La mejor forma de escapar es persistir". Debes procesar las pérdidas para crear el espacio en donde puedas cultivarte a ti, tener relaciones más sanas y una vida. Este capítulo te ayudará a hacer eso mismo y te dará herramientas para empezar a trabajar tu pena.

El duelo después del abuso narcisista

Lauren estaba a la mitad de su cincuentena cuando una de sus amigas más cercanas murió inesperadamente. Su muerte fue una llamada de atención a la realidad de que su vida podía terminar en cualquier momento y, mirando hacia atrás, Lauren se entristeció cuando se dio cuenta de cuántas oportunidades y sueños había dejado pasar por la repercusión del abuso narcisista. Lauren creció con un padre que era narcisista maligno y se pasó casi toda su vida tratando de complacerlo. Pagó la casa de sus padres, y la consecuencia fue que tuvo que retrasar la compra de una para ella. Lauren hacía lo que fuera necesario para que la vieran como "buena".

La pena de Lauren dio en el blanco cuando reconoció que nunca había recibido las lecciones de vida que muchas personas reciben de sus familias de origen: ser vista, atestiguar un matrimonio amoroso y respetuoso, sentirse lo suficientemente segura para pedir guía y sentirse valiosa. Sin esas experiencias, no se sentía capaz de buscar una relación íntima y en cambio tuvo una hilera de parejas invalidantes y narcisistas. Se culpaba por no tener habilidades sociales, por no ser emocionalmente inteligente y por ser incapaz de tener intimidad, cuando en realidad es tierna y posee un maravilloso sentido del humor, además de ser profundamente empática con otros. A pesar de que ahora ya toma más riesgos en su vida, Lauren vive el duelo de nunca haberse casado, nunca haber tenido una familia, nunca haber viajado y permanecer en un trabajo que no la satisface.

Lauren lamenta la pérdida de tiempo; una infancia marcada por el miedo, la invalidación y la ansiedad; la esperanza desperdiciada en su padre y en una serie de parejas tóxicas; una carrera exitosa económicamente, pero espiritualmente vacía, y la expectativa de que en su familia vean más allá de sí mismos y la vean a ella. Lamenta no haber aprendido sobre narcisismo antes, con lo que hubiera podido tomar mejores decisiones.

En esencia, se lamenta de sí misma.

El dolor que surge de las relaciones narcisistas es una experiencia de la que no puedes huir. No sigue una agenda; no la puedes acelerar ni detener. Es un proceso, uno que podrías repetir durante años, y toma el tiempo que deba de tomar. En algún momento llegarás al otro lado y podrás dejarlo, pero también es posible que lleves contigo una parte de ese proceso el resto de tu vida. De cierta manera, vivir un duelo por alguien que está vivo es mucho más difícil que el duelo por los muertos. No es cuestión de lamentar simplemente tu sueño de una familia feliz intacta, envejecer con alguien o darle a tu hijo un hogar más estable de aquel en que creciste. Es un duelo por tu vida, la vida que esperabas tener y atravesar eso toma tiempo.

Hay muchos motivos por los que atravesamos un duelo con la relación narcisista. Podrías lamentar lo que nunca recibiste. Si tuviste un padre o una madre narcisista, podrías lamentar la pérdida de una infancia sana, lo cual se puede magnificar cuando comparas tu infancia con la que estás tratando de darle a tus hijos. Si te desprendes de tu familia de origen, quizá lamentes el nunca haber tenido un lugar seguro, un sentido de pertenencia, un santuario o amor incondicional. Es posible que mires hacia atrás y te preguntes: *¿Qué habría sido diferente en mi vida si no hubiera vivido esta relación?* Es una mezcla compleja de rumiación y remordimiento, así como una reflexión sobre la pérdida de identidad, amor y oportunidad.

También hay un duelo por esa ventana significativa de desarrollo que se dañó. Te puedes volver a casar después de un matrimonio narcisista y tener la experiencia de una relación adulta sana, pero no hay una segunda vuelta para la infancia. En la edad adulta, las decisiones en torno a mantener una relación con tu padre o madre narcisista se pueden tornar complicadas, pues su presencia puede despertar el duelo de tu infancia perdida. Y como tu padre o madre narcisista no ha cambiado, podrías volver a experimentar el dolor cada vez que lo ves.

Si tienes una relación íntima con una persona narcisista, podrías lamentar la pérdida de un matrimonio y una familia, además de la pérdida de tus propios intereses o tu camino, una carrera, tu identidad, tu reputación y tu libertad económica. Es posible que lamentes no compartir una vida y envejecer con una pareja amorosa y amable. También puede haber un duelo por perder lo que creías que era amor y la idea de que una relación estable y duradera puede ser segura y confiable. También podrías lamentar lo que tus hijos no tendrán y la confusión y la ansiedad que experimenten por tener un padre o una madre narcisista. Si te estás divorciando de un narcisista, podrías lamentar el tiempo que pasaste lejos de tus hijos y la pérdida de su experiencia de una familia funcional.

Si la relación no ha terminado, también podrías experimentar una pérdida ambigua,[1] descrita como una pérdida continua, sin resolver y confusa. Es parecido a la pérdida que experimenta una persona cuando tiene un familiar o un ser querido con demencia: la persona está ahí, pero no está *ahí*. De la misma manera, la persona narcisista está ahí, pero no está realmente ahí como una compañía o con empatía... y te está maltratando emocionalmente.

El duelo que suscita el final de una relación narcisista puede ser confuso porque está la sensación de que deberías sentir alivio, y sin embargo, te sientes triste. La tristeza y la pérdida te pueden hacer pensar que cometiste un error, y quizá vuelvas a la relación. Dejar una relación narcisista quizás implique un duelo por las esperanzas que tenías para la relación y por los buenos días que eran muy reales, así como el tiempo y las partes de ti mismo que perdiste en la relación. Si la relación acaba, la persona narcisista vive todavía. Eso quiere decir que pueden seguir con sus vidas, empezar nuevas relaciones, volverse a casar o seguirte atacando, y eso también puede traer una cascada de pena y temor (*¿Y si cambian para esa nueva persona? ¿Yo me equivoqué?*). Los muertos no siguen adelante, pero las exparejas narcisistas sí. Puede dar la impresión de que están fluyendo hacia su mejor vida mientras tú eres un superviviente que navega un páramo de dolor, pérdida y remordimiento.

Una relación narcisista también es una pérdida de inocencia. Muchos supervivientes sienten que lamentan haber creído en la bondad, y que ahora a eso lo ha reemplazado el cinismo. Cinismo no es una mala palabra y, de hecho, puede protegerte si te ayuda a discernir mejor.

El duelo del abuso narcisista es consistente con algo llamado *duelo deslegitimado*,[2] un duelo que no reconocen otros ni se sanciona dentro de la sociedad o se apoya como una pérdida o una experiencia de dolor. Imagina que alguien cercano a ti se muere y la gente a tu alrededor niega que la persona esté muerta y dice que no hay necesidad de que te alteres. Sería perturbador, por decir lo mínimo. Pero eso se aproxima a la experiencia de una persona que está soportando el abuso narcisista o el final de una relación narcisista. La gente puede negar que estés viviendo una pérdida, sobre todo si no terminas abandonando la relación. La ambigüedad y la marginalización de tu experiencia de duelo o escuchar que simplemente estás teniendo "problemas en tu relación" sólo magnifica la vergüenza, el duelo, la culpa y la autoculpabilidad. Dado que la gente a tu alrededor podría no reconocer lo que estás experimentando como "dolor", es posible que te sientas totalmente solo. Si sigues en esa relación, los amigos solteros podrían decirte: "Oye, al menos estás en una relación". Si la terminas, los amigos con pareja podrían decirte: "Mira, ahora tienes tu independencia, ¡qué divertido que puedas volver a salir con otras personas!". Los miembros de tu familia podrían minimizar el comportamiento de tu padre o madre y decir que por lo menos tuviste una mejor infancia que él o ella. Si tu pareja o tu padre o madre hubiera muerto, la gente estaría a tu alrededor mostrándote apoyo. Pero como estás experimentando pérdidas psicológicas y existenciales, se puede sentir como si la palabra *duelo* se hubiera acuñado sólo para que la gente que vive pérdidas "permisibles" tuviera derecho a usarla. Desafortunadamente, esto te hace sentir como si no tuvieras derecho a usar el lenguaje del duelo y en cambio sólo pudieras usar el lenguaje de una persona que se involucra en relaciones disfuncionales o complicadas.

Sufrir la muerte de una persona narcisista en tu vida

Hasta ahora nos hemos enfocado en gran parte en las pérdidas que son consecuencia de estar en una relación narcisista: tiempo, identidad, dinero, infancia, esperanza, inocencia, confianza, amor, hijos y familia. Sin embargo, el duelo posterior a la muerte de una persona narcisista puede ser complicado. Con el paso de los años he trabajado con muchos supervivientes que usaron el espacio confidencial de la terapia para compartir que se sintieron aliviados después de la muerte de una persona narcisista, y ese alivio les trajo una cascada de emociones, en particular culpa, vergüenza y hasta la sensación de ser una mala persona por sentirse así.

La muerte de un narcisista puede provocar el mismo espectro de reacciones de duelo que vemos en cualquier muerte, pero enmarañados con una sensación de alivio, más remordimiento, enojo, dudas personales (*¿Hice lo suficiente?*) y miedo. Aun después de que la persona narcisista haya muerto, su voz se puede quedar en tu interior el resto de tu vida. Sanar significa que todavía necesitas hacer el trabajo consciente de enfrentar esa voz distorsionada que te menosprecia, ya sea que la persona esté viva o muerta.

BLOQUEOS DEL DUELO

El duelo, en particular por una relación narcisista, puede ser algo muy incómodo, y como la mayoría de las cosas incómodas, podrías querer evitarlo. Es importante ser conscientes de algunos de los bloqueos del duelo para que entiendas que son normales. Son actos o actividades que te evitan involucrarte por completo en el proceso de duelo para que puedas seguir adelante. Tales comportamientos suelen ser autoprotectores, pero lidiar con el duelo significa estar dispuesto a entrar en ese espacio de incomodidad.

- Mantenerte ocupado y distraído.
- Usar drogas o alcohol.
- Negar la realidad y tus emociones.
- Ser falsamente positivo.
- Usar redes sociales.
- Interactuar con demasiadas personas que todavía están conectadas a la persona narcisista o facilitan su comportamiento.
- Ser un sanador para otros muy pronto.
- Culparte.

Navegar tu duelo

Necesitas estrategias para navegar el panorama complejo del duelo narcisista, y muchas personas encuentran que las estrategias tradicionales de duelo no atienden esta clase de pérdidas complicadas. Se vuelve todavía más complejo cuando te quedas en la relación (si estás pasando por un divorcio narcisista, por lo menos la gente reconocerá el divorcio como una pérdida, pero si permaneces en la relación, las pérdidas son igual de profundas, pero no acreditadas). Es crucial que permanezcas consciente de algunas premisas fundamentales en la recuperación del duelo narcisista.

1. *Llámalo por su nombre.* A pesar de que la gente te diga que esto no es un duelo como tal, o lo trate nada más como problemas familiares o de pareja, es real. Identificar esta experiencia como una pérdida te ayuda a comprender y experimentar el profundo impacto que tiene.

2. *Involúcrate en el proceso.* Navega tu duelo por medio de terapia, grupos de apoyo (idealmente para supervivientes de abuso narcisista), *mindfulness*, meditación y actividades significativas. Tampoco lo apures; el duelo toma el tiempo que deba de tomar, así que date permiso de experimentarlo sin juicios.

3. *Quédate con tus sentimientos.* El duelo, la tristeza y la ansiedad son emociones incómodas, y dado que las relaciones narcisistas y las pérdidas asociadas pueden persistir en nuestra vida durante mucho tiempo, tienes que estar preparado para que esos sentimientos dolorosos te vuelvan a visitar. Cuando esto suceda, quédate con esos sentimientos. Las emociones son una señal de tu cuerpo y de tu mente para bajar la velocidad y ser gentil contigo mismo. Esto implica descanso, ejercicio moderado, meditación, respiración o estar en la naturaleza. Si te desconectas de tus sentimientos, puedes quedarte atascado

en ellos, así que considéralos como una ola suave sobre la que llegarás a la orilla, y no intentes saltar de ella.

4. *Escribe un diario.* Escribir en papel tu experiencia te permite registrar los pequeños cambios en ti conforme liberas lentamente esta relación o procesas las pérdidas de estar en la relación. Habrá días buenos y días malos, pero con el tiempo podrás ser testigo de cómo mejoran las cosas, lo cual puede sustentar tu compromiso con el crecimiento y la individuación.

5. *Enfócate en ti fuera de esta relación.* Después de haberte definido por la relación narcisista durante tanto tiempo, el trabajo duro que te corresponde hacer es experimentarte fuera de ella. Esfuérzate por entender tus valores, preferencias, alegrías y necesidades fuera de una relación narcisista. Después de cualquier clase de pérdida, puede ser difícil conectarte de nuevo con la vida, lo cual se amplifica después del maltrato narcisista porque es posible que no sólo estés tratando de volver a la vida, sino también de descubrir o reclamar (o afirmar) tu sentido de identidad lejos de esta relación.

6. *Sigue teniendo presentes las fechas de aniversarios, reuniones y cualquier cosa que te pueda volver a jalar.* Las fechas, es decir, aniversarios como tales, cumpleaños y momentos importantes en la relación pueden perturbarte y doler, amplificando tu proceso de duelo. Asimismo, puede ser pesado asistir a eventos como bodas y otras clases de reuniones donde habrá gente de tu pasado. Prepárate para esos días. Podrías planear deliberadamente otras actividades, pasar tiempo con amigos, estar un día tranquilo contigo mismo o descansar más al final de esos días. Si no estás preparado para el retroceso psicológico, te puede tomar por sorpresa y desestabilizarte mucho.

Recuperarte de una mentira

¿Alguna vez has visto fotos de tu relación narcisista, fotos donde estás sonriendo, días que recuerdas como divertidos, y te has preguntado: *fue real, pues estaba sonriendo, pero era feliz*? Tener que recuperarte de mentiras y traiciones complica el duelo narcisista. Puedes empezar a rumiar las mentiras y preguntarte por qué no las viste o por qué la gente que lo sabía no te lo dijo. Podrías pensar, *¿Por qué fui tan estúpido? ¿Por qué me creí eso?* Dudar de tus sentimientos afecta tu duelo y tu recuperación.

Entonces, ¿cómo lidias con esto? Procesando las múltiples verdades apiladas que estas relaciones contienen. La rumiación, que es una repercusión común del abuso narcisista y una pieza central del duelo, suele rondar en cómo se siente esa "gran mentira" en estas relaciones. Al exponerlo con más claridad, reconoces la complejidad de lo que te pasa y puedes desarrollar autocompasión que te ayude a desprenderte de un ciclo de sentirte tonto o engañado. En cambio, puedes visualizarlo como una situación en la que entraste de buena fe y que poco a poco se te reveló, luego describirla como el duelo de lo que alguna vez creíste que era cierto y perdiste.

Recuerdos de experiencias especiales, sobre todo las documentadas con imágenes y videos —un viaje, ese momento en la sala de parto, el día de tu boda— pueden distorsionar la realidad, así que muchas veces los empleo como herramienta para ayudar a los supervivientes a navegar su duelo y la desconexión entre lo que estaba pasando, cómo se sienten ahora y lo que sintieron entonces. Estas traiciones y distorsiones que te pueden mantener estancado en la rumiación te llaman a diseccionar esas experiencias. Mi guía es dividir las experiencias y los recuerdos en *episodio, contexto* y *emoción*.

Digamos que te fuiste de viaje a Italia con una pareja narcisista. Durante el viaje pasaste momentos hermosos. Sin embargo, algunos mensajes que llegaban en horas extrañas te hicieron sospechar.

Cuando le preguntaste a tu pareja al respecto, dijo que era un pendiente del trabajo que se quedó sin resolver antes de que se fuera, así que te sentiste mal por llevar energía negativa al viaje y lo sacaste de tu mente (¡ceguera a la traición!). Unos meses después de volver de viaje te enteras de que estaba teniendo un amorío.

El hecho de que fuiste a Italia es real; ésa es la parte del *episodio*. Cuando ves las fotos sonrientes y recuerdas que tu pareja estaba siendo infiel en ese tiempo, el episodio no desaparece (*sí* fuiste a Italia), pero sí cambia el *contexto*. El viaje fue real, las sonrisas fueron reales, sin embargo las circunstancias no fueron lo que tú pensabas en ese entonces, cuando se tomaron esas fotos en las que sonreían.

Luego, está la parte de la *emoción*. Tú creíste que habías ido a Italia con una pareja amorosa y recuerdas sentirte feliz ese día. Todo eso fue real. Tus emociones son diferentes al mirar la foto ahora, pero los sentimientos de ese día se basaban en cuál era la historia en ese momento. No obstante, al mirar atrás, es fácil sentir que la relación entera fue un fraude y que te vieron la cara. En el panorama del duelo, observamos todo esto y dudamos de cómo nos sentíamos o incluso de lo que estaba pasando. Sí, fuiste a Italia. Sí, tu pareja estaba teniendo un amorío. No, no sabías. Sí, te hizo *gaslighting* al respecto. Sí, eras feliz. Y sí, ahora te sientes fatal. De nueva cuenta, hacer espacio para múltiples verdades, por doloroso que sea, es esencial para atravesar este proceso de duelo.

Lamentar la injusticia

En mi experiencia como psicóloga que ha trabajado con personas en recuperación por maltrato narcisista, he observado que la injusticia derivada de estas relaciones es lo que provoca el impacto más profundo en la recuperación. El proceso del duelo puede sobrellevarse con alguna clase de cierre, legitimación o significado, y nada de eso se da cuando estás en el duelo de este tipo de pérdidas, en particular, en las fases más agudas. La injusticia también es capaz de alimentar el proceso de rumiación. La gente narcisista rara vez se disculpa genuinamente, tampoco enfrentan consecuencias significativas por su comportamiento, asumen o se hacen responsables por sus actos, o reconocen significativamente tu dolor. Como resultado, las relaciones narcisistas se pueden sentir profundamente injustas: te lastiman y te deshacen psicológicamente, y ellos siguen su vida con muy poco conocimiento del daño que provocaron. Tal vez tengas la creencia fundamental de que la vida es justa, así que, cuando estas relaciones te demuestran una y otra vez que no es así, se vuelve perturbador e incómodo. Podrías culparte entonces, una manifestación de la experiencia interna de la injusticias, lo cual vuelve más difícil dejar ir y sanar.[3]

Recuperarte en la ausencia de justicia es difícil. Tal vez no duela menos, pero puede parecer más fácil seguir adelante si sabemos que hubo consecuencias o alguna clase de responsabilidad asumida por ese alguien que nos lastimó. Superar esta sensación de injusticias implica enfocarnos en el camino que nos diferencia del narcisista. Cuanto más tiempo te enfoques en la injusticia, más tiempo permanecerás en el sistema abusivo de la persona narcisista y determinarás tu recuperación a partir de ellos (*Si sufren, me sentiré mejor*). (Pero date un respiro; es común perderse en fantasías de venganza durante un minuto, y algunos supervivientes incluso lo encuentran útil, sólo no te quedes ahí.) Desprenderse y diferenciarse significa que tu recuperación es prioridad por encima de su merecido. Pero toma tiempo llegar ahí. Muchos de ustedes tal vez noten que, durante años, leer o ver noticias o documentales relacionados con injusticias que no tienen nada que ver con ustedes pueden generar emociones negativas. Disminuir el tiempo que pasas viendo desastres en internet, evitar las redes sociales (sobre todo, publicaciones que incluyan a la persona narcisista) y ver menos las noticias puede ser útil. Si acaso lees o ves algo que te deja con esa sensación familiar de temor, tómate un minuto. La aceptación radical de la injusticia es parte de este proceso: *no es justo, no lo puedo cambiar; lo que sí puedo hacer, sin embargo, es trazar un curso distinto y auténtico para avanzar y aprender de esto.* Sé amable contigo, respira o descansa, y reconoce que, con el tiempo, tu crecimiento y recuperación suplantarán esta injusticia, pero por ahora necesitas vivir ese duelo.

La importancia de la terapia en el proceso de duelo

Yo reconozco que no todos tienen acceso a un terapeuta que comprenda el abuso narcisista o ir a terapia, punto. Un buen terapeuta te permitirá hablar del duelo y contextualizarlo como parte del proceso de dejar ir una relación tóxica. Procesar las pérdidas incurridas en estas relaciones es como liberar toxinas, y te puede ayudar a romper los ciclos de rumiación. Con muchos de mis pacientes, la manera de trabajar el duelo fue repetir las mismas historias una y otra vez hasta que un día ya pudieron dejarlas atrás. Los grupos de apoyo son invaluables también porque te dan la oportunidad de abrirte con otras personas que lo entienden y que pueden validar tu experiencia y tu realidad.

La terapia es también importante si el proceso de duelo desarrolla problemas más pronunciados de salud mental y alteraciones en el funcionamiento social y ocupacional. Si notas que tu duelo afecta de manera negativa tu capacidad de aportar cuidados o criar a tus hijos, tu autocuidado, tu trabajo o tu funcionamiento diario, es esencial que intervenga un especialista de la salud mental.

Rituales de duelo

Cuando la gente muere, los rituales y otras prácticas, como funerales, vestir de negro, cubrir los espejos, tener periodos de confinamiento y otros ritos proveen estructura al proceso de duelo y nos ayudan a sobrellevar la pérdida. De la misma manera, alguna clase de ritual para que haya un reconocimiento de la pérdida que experimentas puede ser parte de tu propia experiencia de recuperación. Se pueden realizar en soledad o incluir a otras personas. Los rituales te ayudan a manejar el dolor que generan las pérdidas que has tenido en esta relación. A continuación, comento algunas ideas para rituales que puedes adaptar y volver tuyos.

- Ten alguna clase de "funeral" o ceremonia para liberar o dejar ir la relación, el remordimiento u otras pérdidas, como haber desperdiciado tiempo, amor o seguridad. Considera enterrar algo de la relación para dejarlo ir o escribir los remordimientos en una piedra y tirarla en un lago o en el mar. Asegúrate de que sea intencional; siente cómo dejas ir a esta persona, sus palabras y sus comportamientos, o lo que sea que percibiste como una pérdida.
- Ten un "cumpleaños" para ti, para la nueva versión de ti que emerge de esta relación. No tiene que ser en tu cumpleaños real, pero sí debería ser alguna clase de conmemoración que te brindes, adentrándote en ti. Ya sea que te quedes o te vayas, célébrate al soltar el peso de la pérdida y el remordimiento, y date permiso de salir de entre las sombras de la relación tóxica. Puede incluir pastel, velitas o una noche con amistades que lo entiendan.
- Cambia tu espacio. Si estás dejando ir una relación narcisista, modificar un espacio en tu vida se puede sentir como una reinvención. Podría incluir pintar las paredes, deshacerte de

objetos que te recuerdan la relación, reacomodar tu oficina o literalmente mudarte.

- Tira los objetos que te recuerden relaciones, personas o situaciones tóxicas. El boleto del concierto en el que no te dirigieron la palabra en toda la noche, tíralo. La alhaja que te regalaron después de enterarte de una infidelidad, véndela. El suéter que el padre o la madre narcisista te dio sabiendo que no te iba a quedar, dónalo. De nueva cuenta, la clave para estos rituales es la intención y la conciencia que los acompañan. No se trata de meter la ropa en una bolsa y llevarla a algún centro de acopio, sino respirar y percibir la sensación de liberarte de esos objetos y de los sentimientos vinculados a ellos.
- Recupera lugares importantes. Es posible que sientas que "perdiste" tus lugares favoritos porque se arruinaron con una pelea o una noche particularmente cruel, o con alguna clase de experiencia invalidante. Son quizá restaurantes, bares, playas, parques y hasta ciudades enteras. Recupéralas. Junta algunos amigos, arréglate bien y llena estos espacios de risa y alegría, o ve acompañado de un solo amigo de confianza y tómalo con calma. Se puede sentir difícil hacerlo solo, pero deja que tu risa reemplace los recuerdos de maltrato que pudieran haber llenado esos espacios especiales.
- Destina una caja al duelo. Consigue una caja; puede ser una de puros, de zapatos, lo que sea que te funcione. Escribe las pérdidas de la relación narcisista en pedacitos de papel —cosas que abandonaste, partes de ti que perdiste, experiencias que ya no tuviste, esperanzas que sacrificaste— y métalos en la caja. Considéralo una clase de ataúd extraño. Saber que puedes meter esas pérdidas en algún lado puede ser una práctica que te empuje de manera intencional a dejarlas ir y que haga espacio para tu sentido de identidad en evolución.

La experiencia del duelo después del abuso narcisista es muy distinta de lo que solemos considerar duelo, pero eso no lo vuelve menos real ni menos doloroso. Visualízalo como un túnel que debes atravesar en la primera parte de tu proceso de recuperación. Sin embargo, vivimos en un mundo donde las personalidades narcisistas proliferan, y la pena, la culpa, las dudas personales y la autoculpabilidad se pueden acrecentar si caes de nuevo en una relación tóxica. ¿Cómo puedes evitar que eso suceda? ¿Es posible volverse más "resistente al narcisismo"?

Vuélvete más resistente al narcisismo

No hay nada como volver a un lugar
que no ha cambiado, para darte cuenta
de cuánto has cambiado tú.
NELSON MANDELA

Lin había soportado a una madre narcisista como hija única. Después de años de trabajar el trauma en terapia, pudo establecer mejores límites, y si bien su madre no siempre los respetaba, Lin se sentía menos culpable por ello. El segundo matrimonio de Lin con un hombre narcisista terminó en divorcio y en una batalla costosa y dolorosa por la custodia de sus hijos. Ella siguió en terapia, se unió a un grupo de apoyo de supervivientes de abuso narcisista, leyó libros, vio videos y hasta dejó un trabajo con un jefe narcisista y aceptó otro con menos paga, pero más empatía, con un equipo que reconocía sus capacidades y sus contribuciones. Ahora que estaba en un mejor trabajo y su hijo más pequeño ya se había ido a la universidad, se sentía ambivalente sobre volver a salir con alguien o empezar una nueva relación.

Sin embargo, se sentía muy sola y sus amigos la apresuraron a que encontrara a alguien: "Apúrate, Lin, ya estamos demasiado viejos para citas. Si te esperas más, te vas a quedar sola". Pero hasta ese momento, su experiencia de citas en línea había sido como un paseo por un pantano narcisista. Terminó conociendo a alguien en una convención de trabajo. Le pareció atractivo, tenían intereses similares y él vivía a veinte minutos de ella. En su tercera cita, Lin escuchó de nuevo sus problemas profesionales y su frustración con el mundo. La mezcla de soledad con la desolación por las citas en línea, el atractivo de él, la emoción de conocer a alguien interesante, sus conversaciones monopolizadas, las quejas de él, sus intereses compartidos... Es posible que Lin tuviera su vida en orden, pero de nueva cuenta estaba en una relación que la confundía. Había trabajado tan duro para sanar del narcisismo de su madre y de su matrimonio narcisista, ¿y ahora qué? ¿Recuperarse del abuso narcisista implicaba que iba a terminar pasando el resto de su vida sola? ¿Qué debía hacer?

Sanar es un acto de resistencia, desafío y rebeldía. Requiere compromiso romper los ciclos prolongados de autoculpabilidad y salir de las narrativas existentes del mundo en general. Significa acabar con ciclos intergeneracionales de trauma y relaciones tóxicas. Sanar no sólo se trata de superar un corazón roto, un divorcio tóxico, el alejamiento de los padres o un jefe narcisista. Es sobre un cambio en tu psicología, tu perspectiva y tus percepciones.

Sanar es sobre discernir y ubicar a alguien que hace *gaslighting* antes de que desmantele la realidad. Se trata de darte permiso de decir "No", y no sólo a los narcisistas que ya plagan tu vida, sino *a los que todavía no has conocido*. Significa tener límites más sanos en todo: con los narcisistas, con los facilitadores y hasta con los amigos sanos que quizá sin mala intención se están apropiando más y más de tu tiempo. Sanar significa que veas los patrones narcisistas y antagonistas con claridad y no pienses que esta ocasión será la excepción. Aprendes a terminar con gracia una conversación y a distanciarte. La aceptación radical se vuelve un acto reflejo. Cortas el vínculo de trauma y confías en tu propio mundo subjetivo: tus pensamientos, sentimientos y experiencias. Reconoces que cuanto más te involucras con la persona narcisista, más terminas desvinculándote de ti mismo. Sanar es el intento de extraer lecciones del sufrimiento, tomar lo que aprendiste y devolverle ese favor al resto de tu vida.

Conforme intentas recuperarte y sanar, el miedo inminente es: *¿Y si me vuelve a pasar?* Lo cierto es que *sí* volverá a pasar. La naturaleza ubicua del estilo de personalidad narcisista y el hecho de que la sociedad la premie implica que seguirás encontrándote narcisistas: en parejas potenciales, amigos, colegas, conocidos o *bullies* de estacionamiento. Sanar y chocar con estos patrones de nuevo puede reactivar las repercusiones del abuso narcisista. La clave para sanar es aumentar y flexionar ese músculo psicológico que te ayuda a reconocer a esas personas y patrones tóxicos conforme van apareciendo, y en lugar de tratar de cambiarlos, gestionarlos. Escuchas a tu instinto y marcas límites que te protejan.

En este capítulo, me enfoco en ayudarte a ser más resistente al narcisismo. Te explico por qué tu sistema nervioso simpático es mejor que tu mente racional para detectar gente narcisista. Además, desentrañaremos las diferencias entre evitar el contacto o crear un cortafuegos para la persona narcisista, con el objetivo de que puedas elegir qué método es mejor en tu situación. Por último, incluyo un modelo para una limpieza de narcisismo de doce meses, un periodo en el que puedes abrazar tu propia compañía, promover tu autonomía y reencontrarte (¡o encontrarte!) contigo mismo.

¿Cómo se ve la resistencia al narcisismo?

¿Qué significa ser resistente al narcisismo? Es estar informado, ser consciente, saber perdonarte, ser sabio, valiente, saber discernir, ser rebelde y realista en tus relaciones. Piensa en ello como un túnel.

La entrada al túnel se encuentra en el momento en que conoces a una nueva persona, la mitad es cuando estás en la relación o en la situación, y la salida del otro lado es terminar o distanciarte de la relación. La resistencia narcisista se ve distinta dependiendo de dónde estés parado en el túnel. Al principio, durante la etapa en que cuidas la puerta, se conocen y hay una fase de discernimiento, la resistencia narcisista implica tomarte el tiempo de notar comportamientos que te hagan sentir incómodo. Implica no enredarte en la retórica de *Déjame darle otra oportunidad* y, en cambio, confiar en tus instintos. Por supuesto, es más difícil de lo que parece. Cuidar bien la puerta de entrada muchas veces queda obstaculizado por narrativas de toda la vida que surgen en ideas como *¿Quién me creo que soy?* por mantenerte firme en un límite o *Tal vez estoy pidiendo demasiado* por simplemente desear respeto o, a pesar de saber qué constituye un comportamiento inaceptable, no sentir que tienes permiso de reconocerlo y alejarte de ahí.

Cuando no tienes planes claros de terminar o dejar la relación, "la mitad del túnel" puede ser el lugar de resistencia más difícil. Durante este tiempo es esencial que desarrolles una aceptación radical, evites caer en provocaciones, no creas en los futuros ficticios y reconozcas el *gaslighting* cuando suceda. Para limitar el impacto que tiene la persona narcisista, también es útil no asumir responsabilidad por su mal comportamiento.

Cuando sales del otro lado del túnel, liberarte de la confusión y de la devaluación podría todavía ser complicado. La resistencia al narcisismo en esta fase significa ver los patrones y comportamientos tóxicos con claridad, identificar cuando caigas en las distorsiones de la reminiscencia eufórica, mantenerte lejos de los facilitadores y escribir como nunca de esta relación para que tengas un punto de referencia y no te puedas engañar a ti mismo con negación.

Vuélvete resistente al *gaslighting*

El prometido de Celine era pretencioso, arrogante y manipulador, pero tenían una larga historia: habían viajado juntos, sus familias se conocían, compartían la misma religión. Ella no podía imaginarse con otra persona. Pero su relación siempre había sido problemática. Muy al principio, su prometido había sido infiel, y cuando al final lo descubrieron, él dijo que lo había hecho porque ella no lo apoyaba lo suficiente y, en realidad, nunca se disculpó. También la humillaba por no tener suficiente fe y hasta movilizaba a su comunidad religiosa para que hablara con ella sobre respeto dentro del matrimonio. Celine comenzó a dudar cada vez más de sí misma en el transcurso de la relación.

A pesar de vivir una constante invalidación en su relación, Celine buscó una posición de liderazgo en su empresa, y para su sorpresa, la consiguió. El puesto representaba más dinero, pero también una curva de aprendizaje pronunciada y más horas. Su prometido, que era muy competitivo, le dijo: "¿Estás segura de que puedes manejar un trabajo así? ¿Son conscientes de lo ansiosa que eres?".

Celine se mantuvo firme. "Sí, estoy segura. Me va a tomar un minuto ponerme al corriente, pero me encanta el trabajo. Sí puedo."

Su prometido contestó: "Está bien, no estoy seguro de que puedas planear una boda y hacer todo lo demás que necesitas hacer si estás tratando de aprender algo nuevo, y ya eres superdesorganizada".

Celine no se inmutó. "No me preocupa, mi mamá se ofreció a ayudarme con la planeación, y en realidad creo que lo haré mejor porque seré más feliz."

Su prometido siguió presionando. "No sé, se ve como si el trabajo estuviera ganando aquí y tu carrera fuera lo más importante. Yo pensé que el matrimonio era sobre nuestro compromiso con lo divino. A lo mejor deberíamos darnos un tiempo en lo que averiguas qué quieres..."

Celine se preguntó: ¿sí tenía el compromiso? ¿Sacrificaría su relación por un trabajo? ¿No son más importantes el amor y la fe? Su madre y algunos amigos, hasta personas de su comunidad religiosa, intervinieron: "Caray, ¿en serio estás dispuesta a estar soltera otra vez sólo porque quieres trabajar todo el tiempo?".

Gaslighting es una palabra de moda hoy en día, y muchas personas no la entienden. Como vimos antes, el *gaslighting* es una forma de abuso emocional que involucra a una persona que niega la realidad y desmantela la identidad de otra al soslayar sus experiencias, percepciones, emociones y, por último, su realidad. El *gaslighting* no implica mentir, tampoco es tener una opinión distinta. Está diseñado para confundirte y socavar tu autonomía y el sentido de quien eres. Es un proceso presente en todas las relaciones narcisistas que he visto, y es una de las dinámicas interpersonales más dañinas. Para volverte más resistente al narcisismo, también necesitas volverte más resistente al *gaslighting*.

La mejor manera de apagar el *gaslighting* es evitarlo, en primer lugar, siendo dueño de tu realidad, reconociéndola como la realidad y no sacrificando tu experiencia ni tu percepción en el proceso, aun si aceptas que alguien pueda tener una experiencia distinta a la tuya. Resistir el *gaslighting* desde el principio en una nueva relación puede resultar en que la persona que lo haga se frustre y se vaya con otro blanco al que pueda dominar con más facilidad. Si en la actualidad estás en una relación con un narcisista, tu resistencia puede derivar en que la persona escale el *gaslighting* y su enojo. Pero sólo saber cómo identificar el *gaslighting* te puede ayudar a reconocer cuándo está sucediendo y permanecer consciente de tu realidad subjetiva en lugar de capitular o caer en culpas o dudar de ti mismo.

Si has estado o actualmente estás en una relación narcisista, se te ha dicho cómo te sientes, si tienes hambre o no, y hasta "No puedes tener frío, el cuarto está bastante caliente". Si lo soportas el tiempo suficiente, es posible que ya no confíes en tu propia evaluación de cómo te sientes o cuáles son tus preferencias. Con el paso de los años, muchos pacientes me han dicho: "Ya ni siquiera sé qué clase de programas me gustan ni cuál es mi comida favorita". Mantener la comunicación contigo cotidianamente te puede ayudar a empezar a confiar en tu realidad y tu experiencia, y puede ser parte de una rutina de *mindfulness*. Hazte preguntas en voz alta: *¿Cómo me siento? ¿Qué tal estuvo mi día? ¿Cómo está mi nivel de energía en este momento?* Intenta hacerlo tres veces al día. Cuando sea posible, habla mientras haces tus rutinas: arreglarte en la mañana, preparar una comida, manejar al trabajo o hacer algo para tu trabajo. Hablar en voz alta te ayuda a estar más en sintonía con tu realidad y a salirte del piloto automático. El *gaslighting* sólo es posible cuando no estás firmemente en contacto con lo que sabes de ti.

Una y otra vez, las investigaciones muestran que las relaciones cercanas sanas son uno de los principales elementos promotores de la felicidad en una vida bien vivida. Cuando navegas relaciones narcisistas, lo sano se siente muy lejano. Necesitas zonas libres de *gaslighting* donde puedas compartir, sentirte validado, vivir una experiencia compartida de la realidad y sentirte aceptado, visto y escuchado. Estos espacios podrían ser con amigos, colegas, un terapeuta, miembros de tu familia que sean seguros o grupos de apoyo, gente que te escuche, que guarde un espacio para ti y que *no te haga gaslighting*. Una sola conversación con una persona respetuosa que refleje la realidad puede ser más restaurativa de lo que te puedas imaginar.

El corolario de esto es tu disposición a desvincularte de personas y sistemas que te hacen *gaslighting*. No puedes alejarte de todos los espacios tóxicos o invalidantes de tu vida, pero sí puedes interactuar menos. Piensa en una situación en la que estés hablando con alguien, quizá compartan una experiencia o un sentimiento, y la otra persona te contesta con algo parecido a "No tienes derecho a sentirte así. Yo creo que tuerces todo y lo haces más grande de lo que debería ser". Es una maravillosa oportunidad para desentenderte y mantenerte firme en tu postura, incluso si sientes una mínima duda. Prueba decir algo como: "Así me siento". Y luego, empieza poco a poco a distanciarte físicamente. Sin gritar, sin azotar puertas, sin pleitos. Sólo ponle un lazo, confirma que así te sientes y levántate lentamente. Es probable que la otra persona siga queriéndote atacar verbalmente —los que hacen *gaslighting* simplemente no paran—, pero unos cuantos episodios de estas retiradas te ayudarán a afinar tu habilidad. Es normal sentirte mal cuando pasa y completamente mermado cuando te alejas. Ve a un lugar donde te puedas sentar en soledad, respirar y recalibrarte.

Si bien desvincularte implica poner distancia y cortar conversaciones dañinas que no llevan a ninguna parte, también podrías empezar poco a poco a dejar un hábito que acecha a todos los que están en relaciones narcisistas: suficiente de pedir "perdón". Piensa en qué tan seguido te disculpas en estas relaciones: *Perdón porque siempre me estoy quejando*; *perdón por no decirlo de la manera correcta*. Con el tiempo, se vuelve un reflejo, pero empieza poniendo atención cuando suceda. Disculparte en exceso suele ser una respuesta al *gaslighting*, y hace que tú apliques ese *gaslighting* contra ti. Encuentra otra manera de comunicarte sin la disculpa. Las disculpas son para cuando tú haces algo mal. Tener un sentimiento, una experiencia o no estar de acuerdo con la distorsión que alguien hace de tu realidad no es estar "mal". Imagina que tu pareja te va a llevar a una cita a las once de la mañana. Insiste en que es a las doce, te dice que eres desorganizado y que siempre recuerdas todo mal. Llamas al consultorio, pones a la recepcionista en altavoz y lo confirma, sí, es a las once. Entonces tu pareja podría decir: "Ah, genial, ahora yo tengo que mover toda mi mañana para hacer que esto funcione", y tú podrías decir: "Lo siento". En cambio, tu respuesta debería ser: "Gracias por llevarme a la cita". Sin disculpas ni seguir hablando del tema. También necesitas estar preparado para que ya no quieran llevarte. Ser resistente al narcisismo implica mantener expectativas realistas siempre y prevenir las subsecuentes inconveniencias.

Asimismo, puedes ayudar a otras personas a captar sus "disculpas". Cuando seas testigo de que alguien se disculpe por algo que no requiere una disculpa, recuérdales que no hay necesidad. (Todos mis pacientes con experiencia en abuso narcisista se disculpan cuando lloran y, generalmente, ahí es cuando empezamos a desmantelar el ciclo de disculpas injustificadas.) Cobrar conciencia del exceso de disculpa de otras personas te puede volver más atento a estos patrones en ti mismo.

Podría ser útil llevar un diario de *gaslighting*. Escribir los eventos del *gaslighting*, grandes o pequeños, te ayuda a darte cuenta de qué tan seguido ocurre y con quién, y te puede ayudar a sentirte menos "loco". Por ejemplo, *dudé de la fecha de la boda de mi hermana y ella me dijo que siempre le digo mal las fechas*; *él me dice que estoy paranoica y lo niega cuando le pregunto por qué se queda tan tarde en la oficina y sus colegas no*; *me levantó la voz y me dijo que yo tenía su pasaporte en mi bolsa cuando él lo había puesto en la suya*; *dijo que el informe incorrecto de su equipo de gerentes estaba bien hecho*. También considera tomar nota de la clase de conversaciones o temas que derivan más en *gaslighting* en las relaciones narcisistas de tu vida.

Tu crítico interno está tratando de decirte algo

Es posible que tu crítico interno siga tocando el mismo disco rayado en tu cabeza: *eres flojo, no le agradas a nadie, no vales nada, deja de intentar ser más de lo que eres, sólo date por vencido*... pero sería un error sólo descartarlo como mero ruido en tu cabeza.[1] Piensa en tu crítico interno como esa parte de ti que podría estar tratando de protegerte de fallar o de salir lastimado (no de una manera agradable, por supuesto). Por ejemplo, podrías escuchar a tu crítico interno y no meter una solicitud para ese nuevo trabajo, y *voilà*, no vas a salir lastimado si no te lo dan.

En tu empeño por recuperarte, sientes a tu crítico interno como tu verdugo, pero cuando puedes reconocer que su papel de protector es exagerado y está mal colocado, podrías dejar de experimentarlo como una identidad (*Soy una persona floja*) y recibirlo como un intento internalizado de evitar más dolor (*Ah, esta voz interna podría estar tratando de motivarme y tengo miedo al fracaso*). De cierta manera un poco triste, tu crítico interno está tratando de adelantarse a las voces narcisistas en tu vida y atacarte antes de que ellas puedan, aunque también te impide verte a ti mismo con claridad y podría promover la autoculpabilidad. Habla con tu crítico interno. Si tienes privacidad, hazlo en voz alta: "Oye, crítico interno, lo entiendo, estás tratando de protegerme, y gracias, pero soy un adulto, yo me encargo". Podrá sonar tonto, pero una vez que empieces a reformular esta voz como la forma en que tu psique intenta mantenerte seguro en la relación narcisista, podrás ser más amable contigo mismo.

Comprender tu sistema nervioso simpático

Christina se sentía casi mareada en su relación, como si estuviera en un carrusel eterno. Sentía cómo le latía el corazón un poco más rápido cuando recibía un mensaje de su esposa diciendo que iba camino a casa. Cuando la esposa de Christina llegaba a casa después de pasar un buen día y era amorosa y cálida, Christina se relajaba y casi olvidaba qué tan mal se podían poner las cosas. Sin embargo, podía anticipar la tensión en los hombros de su esposa cuando abría la puerta del refrigerador y se daba cuenta de que su vino favorito no estaba ahí. Christina sentía un nudo en la garganta y empezaba a sudar. A las dos semanas de haber empezado a trabajar en un lugar nuevo, cuando conoció a un colega un tanto abrupto y presuntuoso,

Christina otra vez sintió ese nudo en la garganta, se le aceleraba el pulso y sentía una opresión en el pecho. Era una emoción familiar. En las siguientes semanas vio cómo este compañero era brutalmente desagradable y competitivo, y Christina se maravilló por cómo su cuerpo se portaba casi como un sistema de detección temprana.

Tu cuerpo retiene la repercusión del abuso narcisista, como otras formas de trauma relacional, con mucha potencia. Cierra los ojos y visualiza tu relación narcisista más dolorosa. Al respirar y reflexionar sobre esta relación, pon atención al lugar de tu cuerpo donde percibes estas emociones y qué son. Esas sensaciones corporales muchas veces se darán cuando conozcas gente con comportamientos tóxicos que ya hayas experimentado. Estas respuestas físicas ante el miedo y la amenaza están gobernadas por tu sistema nervioso simpático (sns).

Tu sistema nervioso simpático es tu sistema de pelea, huida, congelamiento y adulación/sumisión, la parte de ti que se moviliza durante momentos de miedo para ponerte a salvo. La mayoría de la gente está familiarizada con la respuesta de pelea o huida: la necesidad ya sea de gritar, defenderse o correr cuando se ven amenazados. Cuando experimentas algo que tu cerebro y tu cuerpo ya registraron como una amenaza, tu sistema nervioso simpático se enciende y responde a la amenaza, y podrías experimentar una aceleración del pulso, boca seca, hiperventilación u otros síntomas psicológicos. Es un gran sistema cuando la amenaza que percibes es un peligro claro e inminente, como un perro gruñendo, un incendio o un agresor. El reto es que ese estímulo que quizá no sea una amenaza real en tu vida, como alguien subiendo la voz o castigándote con su silencio, también se asocia con el miedo, la amenaza y el temor, así que tu sns se enciende. Y si bien puede no tratarse de una amenaza de vida o muerte del estímulo interpersonal como el alejamiento de la persona narcisista después de una discusión, la percibida pérdida de amor y apego y los miedos sobre cómo otros reaccionarán también son estresores primitivos que se experimentan como amenazas, así que experimentas una respuesta fisiológica. Las respuestas del sns son de reflejo: no "eliges" tener esas respuestas; son tus reacciones impredecibles a momentos de peligro y riesgo.

Al inicio de tu relación tal vez peleabas porque no entendías con qué estabas lidiando, pero la respuesta de pelea por lo general no funciona bien en una relación narcisista. Tendrías mejor suerte dándole un puñetazo en la cara a un tigre rugiendo que tratando de ganar una pelea con una persona narcisista. Las respuestas del sns son involuntarias y no versan sobre lo que tácticamente funciona en una relación. Si tu respuesta a una amenaza es pelear, entonces tu relación narcisista podría sentirse y parecer muy volátil, y la gente alrededor de ti incluso podría verte como cómplice porque te embrollas en conflictos crónicos con el narcisista.

La respuesta de huida se ve como salir corriendo para escapar del daño. Ahora, si bien no sales literalmente corriendo para alejarte de la persona narcisista, algunos pueden huir psicológicamente de un narcisista terminando la relación o haciendo *ghosting*. Con más frecuencia, también puedes huir distanciándote o desasociándote de tus emociones o de ti mismo al estar en la relación (sentir una gama más estrecha de emociones, ya no expresar tus necesidades, sentir que ves cómo se da esta relación sin conectarte con ella, adormeciéndote a través de trabajo, comida o alcohol). También es posible que te desconectes mentalmente cuando te empieza a atacar el narcisista. Al final, con el tiempo no sólo empiezas a alejarte de tu sensación de "estar" en el mundo, sino que te desconectas de otras relaciones más sanas, te distraes fácilmente y te vuelves emocionalmente constreñido. Huir es una respuesta común de seguridad en los supervivientes, y en muchas formas no se trata sólo de huir del narcisista, sino de tus emociones.

La otra respuesta, congelarte, ocurre cuando algo amenazante viene hacia ti y no encuentras las palabras correctas, no gritas o tu cuerpo no se mueve.[2] Frente a alguien que es dominante, bombástico, grandioso, arrogante o crítico, podrías quedar de pronto completamente enmudecido o torpe, y después de la interacción pensar: *Ojalá hubiera dicho esto* u *Ojalá hubiera hecho aquello*. La respuesta de congelarte puede ser algo que te sucedió durante la infancia si tuviste un padre o una madre narcisista particularmente iracundo y pelear o huir no era posible (que muchas veces no lo son). La respuesta de congelarse puede promover la vergüenza y la culpa porque quizá te sientas parcialmente responsable, te hayas defraudado a ti mismo o a otros, o que fuiste tonto o débil por no responder. Recuerda, no estás *eligiendo* congelarte. Su comportamiento, no tu respuesta natural, es lo que es inaceptable.

El último es la respuesta de adulación/sumisión.[3] Es una respuesta en la que rindes tus necesidades en favor de ganarte y permanecer conectado con la persona amenazante, y está particularmente condicionada en las personas que crecieron en ambientes donde había maltrato. Podría verse como asentir con los ojos abiertos, sonriendo o dándole un cumplido al narcisista cuando la persona se enfrenta con un comportamiento invalidante, despectivo, desdeñoso o iracundo. Es posible que sigas queriendo ganártelos en el transcurso de tu relación con ellos. Es un intento por mantener un apego en una situación insegura psicológicamente. La gente que adula muchas veces experimenta una sensación de vergüenza, como si de alguna manera fueran cómplices o débiles, que es una caracterización dañina de una respuesta esperada a una amenaza o a la adversidad. Algunas personas podrían "inflar" a un narcisista para que algo se haga o por alguna otra necesidad; la adulación no es eso. Es tu respuesta de reflejo a la invalidación y la incomodidad creada por un narcisista y promovida por una necesidad fundamental de seguridad, apego y conexión.

Aprender a manejar tu sns

Soportar el abuso narcisista, sobre todo durante la infancia, implica sentirte al borde del colapso casi todo el tiempo. Podrías vivir en un estado de tensión crónica, esperando ver la ira explosiva de la persona narcisista, la manipulación o las amenazas de abandono. Esta tensión podría perdurar incluso fuera de la relación. Desafortunadamente, permanecer en un estado constante de excitación fisiológica es terrible para tu salud y puede culminar en patrones de "supervivencia" diseñados para mantenerte a salvo, pero que provocan daño a largo plazo: tener que andarte con cuidado todo el tiempo, no expresar tus necesidades, estar distraído, sentirte desregulado o incluso experimentar síntomas de pánico.

Entonces, ¿cómo manejamos estas reacciones del sistema nervioso simpático? Al acceder a nuestro *sistema nervioso parasimpático* (snp). Si bien el sns controla nuestra respuesta a las amenazas, el snp supervisa nuestro estado de relajación, descanso y digestión. Asegurarnos de que nuestro cuerpo reciba las reparaciones y el rejuvenecimiento que necesita es esencial para contrarrestar los efectos de permanecer en un estado simpático activado, aun cuando la gente narcisista ya no esté alrededor. Empieza con todas las cosas de manejo de estrés que has leído durante años: respiración profunda, naturaleza, ejercicio, meditación y cualquier cosa que te regule y te relaje. Yo muchas veces presiono a mis pacientes para que duerman lo suficiente. Conciliar el sueño no siempre es fácil para la gente que está lidiando con repercusiones de abuso narcisista, pero hasta tener una rutina intencional para dormir —lavarte los dientes, lavarte la cara, respirar un poco, tal vez leer algo que te haga sentir bien, apagar todos los dispositivos— no sólo se siente como reeducarte a ti mismo, algo que muchos de nosotros necesitamos, sino que se vuelve una práctica diaria para relajarte y darle a tu sistema la oportunidad de descansar lo suficiente para enfrentar otro día. Sanar es una evolución lenta de estar en armonía con tu cuerpo, comprender que tu cuerpo ha estado manteniéndote seguro todo este tiempo y llevar un poco de relajación intencional a tu vida.

Con el paso del tiempo, muchos supervivientes me han dicho que, cuando escuchaban el tintineo de las llaves del narcisista al acercarse a la puerta, tenían una serie de reacciones físicas. Escucha a tu SNS. No siempre es fácil hacerlo porque este sistema está diseñado para alejarnos del peligro y no sólo quedarnos ahí cavilando, pero cuando sientas que se activa, para y pregúntate *¿Cuál es la amenaza?* Podrías hacerte *gaslighting* o patologizarte (*Es que soy un manojo de nervios*) pero, de hecho, tu cuerpo está encendido y siente la verdad de la situación. Pregúntate: *¿Qué está pasando?*, sobre todo cuando conozcas a una persona. Por lo menos, toma estas reacciones como señal de ir despacio y poner atención. Después de atravesar una relación narcisista, quizá notes que ciertas experiencias, como la crítica y el rechazo, provocan estas reacciones. Con el tiempo, verás que las críticas en el trabajo no son lo mismo que el cruel rechazo de un padre o una madre narcisista, o de una pareja, pero como tu SNS no conoce la diferencia, descubrir cuál es la amenaza real te puede ayudar a discernir mejor.

El SNS se comunica usando tu cuerpo, así que conéctate con tu cuerpo. Cuando tu pulso se empiece a acelerar, encuentra ese pulso en tu muñeca, ponte una mano en el pecho o toca tu cuello con los dedos índice y medio y cuenta los latidos. Simplemente conectarte y concentrarte en tu cuerpo puede empezar a bajar tu ritmo cardiaco. Incluso puedes ir un paso más allá y darte un abrazo. Esa clase de consuelo físico puede calmarte. Una respuesta al miedo también implica que podrías empezar a respirar de manera superficial, lo que a su vez escalaría tu sensación de pánico. En tus momentos de calma practica alguna forma de respiración profunda. Elige un número: 5, 6, 7 u 8. Respira con esa cuenta, sostén la respiración ese mismo tiempo y exhala lentamente durante ese tiempo. Hazlo cuando el semáforo esté en rojo, al inicio de cada hora o antes de empezar una junta. Saber respirar mejor te puede centrar. Colocar una mano en tu pecho o en tu abdomen al respirar y murmurar cuando exhalas te permite sentir la vibración, conectar tu respiración con tu cuerpo y centrarte en el mundo también.

Además, para conectarte con el mundo, coloca de manera intencional tus pies abajo de ti y percibe la sensación de entrar en contacto con la tierra a través de tu cuerpo o visualiza distintas sensaciones, como una brisa o el agua fluyendo entre tus dedos.

Las conversaciones difíciles y la anticipación de tenerlas también pueden desatar una cascada de reacciones de sns, así que sería útil practicar estas conversaciones con una amistad o con tu terapeuta; sólo asegúrate de que puedan representar enteramente la dinámica tóxica para que te sientas mejor preparado. Y si es posible, usa notas para guiarte a través de la conversación. Si tu mente se congela, por lo menos tendrás tus pensamientos organizados. En un inicio, yo no creía en los ensayos ni en actuar los papeles hasta que empecé a hacerlo con mis propios pacientes. Nos preparábamos para las intermediaciones en su proceso de divorcio, conversaciones con amigos invalidantes y cenas de Navidad. Para la mayoría, nuestros ensayos (¡y sí podía hacerles un *gaslighting* falso muy bien!) les ayudaban a no sentirse tan impactados y sorprendidos durante el evento. De hecho, una mujer dijo: "Tuve que aguantarme la risa cuando mi marido hizo exactamente lo que dijiste que haría. Cuando no me sorprendió su comportamiento, pude tener esa conversación desde una posición menos sensible emocionalmente".

Recuerda, nuestras respuestas de sns reflejan nuestras historias. Tal vez sientas que tu corazón se acelera cuando surge un conflicto en un grupo, cuando eres testigo de que alguien está siendo el chivo expiatorio en una junta o incluso cuando ves a alguien comportándose mal en público (por ejemplo, gritándole a un mesero). Reflexiona sobre tu narrativa relacionada con cualquier situación en la que estés y que pueda activarte y hazte las siguientes preguntas: *¿Qué creo que vaya a pasar si digo algo? ¿La persona es peligrosa? ¿Ha sido invalidante en el pasado?* En esas ocasiones, toma un minuto, respira y vincula tu narrativa con tu SNS y la percepción de la amenaza.

¿Cómo puedo apoyar a alguien que está viviendo abuso narcisista?

Algunos de nosotros conocemos a personas que también están viviendo abuso narcisista o actualmente se están recuperando de él, y es posible que nos preguntemos qué podemos hacer para apoyarlas. La buena noticia es que estar ahí para los demás realmente puede facilitar tu propia recuperación, aunque hay unas cuantas cosas que debes tener en mente.

No ayuda abordar a alguien que está experimentando abuso narcisista y decirle que la persona de quien proviene su dolor es narcisista. No es tan simple y muchas veces puede provocar que alguien que no entienda qué es el narcisismo se ponga a la defensiva y justifique su relación todavía más. En cambio, hazle saber que cuenta contigo, recomiéndale tomar terapia como una herramienta eficaz para cualquiera (y si tú estás en terapia, quizá dile que te ha sido útil) y pregúntale cómo está si te toca ver alguno de sus encuentros difíciles. ("Sólo quería hablar contigo. ¿Cómo estás? Me quedé preocupado después de escuchar la conversación que tuvieron"). Cuando lo hagas, ten cuidado de que no haya acusaciones por la toxicidad del comportamiento abusivo de la persona. En cambio, planta la semilla de la duda que podría abrirle los ojos un poco más. Las personas que sirven de apoyo nunca deberían forzar al superviviente a compartir su perspectiva sobre una situación narcisista; en cambio, deberían estar ahí para validar su experiencia.

La doctora Janja Lalich, experta en cultos, ofrece una técnica a los familiares de quienes han sido inducidos a cultos, y podría ser útil al apoyar a alguien inmerso en una relación narcisista. Ella sugiere compartir recuerdos de tiempos más felices con ellos: "¿Te acuerdas de cuánto te encantaba que fuéramos a pescar?", "¿Recuerdas esas pinturas increíbles que solías hacer?". Es un proceso lento, pero hacer que la persona piense en tiempos mejores o recuerde alegrías y habilidades que quizás haya olvidado también puede servir para que se abra.

Por último, un artículo de Jancee Dunn en *The New York Times* dio una guía sencilla, pero elegante, para preguntarle a alguien qué necesitan más: ser "ayudado, escuchado o abrazado".[4] A veces no existe una ayuda que puedas ofrecer, pero escuchar, validar y ofrecer una sonrisa amable pueden llegar más lejos de lo que tú crees.

Crear resistencia

Hasta ahora hemos aprendido cómo reconocer cuando estamos experimentando *gaslighting* o tenemos una respuesta del sistema nervioso simpático a una persona narcisista. Hemos aprendido lo que nuestro crítico interno nos intenta decir sobre nuestras inseguridades y nuestros más profundos deseos, a respirar y conectar con nosotros mismos, y a reconocer que estas fuertes reacciones están relacionadas con la percepción de una amenaza que podemos revisitar y redefinir. Tu radar narcisista se encuentra en alerta máxima. ¿Cómo evitas quedar todavía más inmerso en la red de una persona narcisista o permitir que entre a tu vida una nueva persona narcisista?

Cortar el contacto

Cuanto más contacto tengas con personas narcisistas, peor te vas a sentir. Cortar el contacto es exactamente eso: ya no buscarlos, pero todavía más importante, ya no responderles. No tomas sus llamadas, no contestas sus mensajes, no hablas con ellos. Desapareces de sus vidas. En el otro extremo podrías incluso bloquear su número, su correo o sus cuentas de redes sociales, o podrías quizás obtener un elemento protector similar a una orden de restricción. Cortar el contacto es una herramienta pesada, pero efectiva, para concluir los ciclos tóxicos.

Cuando ceses el contacto, prepárate para un baile tóxico. El narcisista alternará entre una comunicación enojada y agresiva, y una manipulación para aspirarte, sobre todo si caes y respondes, o si se dan cuenta de que su ira no está funcionando. Si no contestas a sus tácticas para aspirarte, la comunicación volverá a ser iracunda. La cantidad de comunicación también podría aumentar si no los has bloqueado; prepárate para docenas, si no es que cientos de mensajes de texto, correos y llamadas telefónicas que cada vez sonarán más molestas. Podrían chantajearte o amenazarte con contratar un abogado o contarles a otros cosas terribles de ti. Duplicarán la apuesta con el tiempo y sus amenazas podrían volverse más perturbadoras hasta que los contactes. Podrían incluso acosarte. Si el acoso escala —pasan frente a tu casa, la cantidad de mensajes es tremenda, se comunican a tu trabajo—, considera consultar con un abogado o una agencia local de violencia doméstica para saber qué soluciones legales están a tu disposición (tristemente, son menos de las que crees; nuestros sistemas actuales favorecen el comportamiento acosador por encima de la protección del superviviente).

Desafortunadamente, cortar el contacto no es posible en la mayoría de las situaciones y a veces puede provocar más angustia. Por ejemplo, no es algo que funcione si compartes la custodia de un menor de edad, o en la mayoría de los lugares de trabajo, y no siempre funciona en sistemas familiares si quieres tener acceso a algunos miembros de la familia o tienes hijos que quieren pasar tiempo con sus primos o sus abuelos. Para algunos de nosotros, la aplastante sensación de deslealtad y pena por cortar la comunicación podría ser demasiado incómoda o quizá causarle dolor a otras personas en tu vida que te importen. Al final, se necesitan alinear muchas estrellas para que seas capaz de considerar cortar el contacto y luego cumplirlo.

Cuando tienes que volver a contactarlos

Ésta es una clase de advertencia cuando cortas el contacto: es posible que lo abordes con tanto celo que te angustie. Se puede volver un problema en específico dentro de las familias. Es posible que haya una sensación de orgullo por pasar múltiples años sin contacto y luego la vida sucede: alguien se enferma, alguien muere o algún otro evento relevante requiere que retomes la interacción con la persona o el sistema narcisista. Si cortaste el contacto, tal vez agonices por cómo proceder y te encuentres en un dilema, sintiéndote incómodo por mantenerte alejado bajo las nuevas circunstancias, pero también temeroso de que volver a interactuar signifique que estás cediendo o que el narcisista "gana". Ten en mente que todos esos años sin contacto te ayudaron a sanar; sin embargo, también debe haber espacio para ser circunspecto, flexible y considerar el contexto. Es posible que debas considerar la falta de contacto ante situaciones de peso (por ejemplo, un familiar moribundo), para evitar los remordimientos potenciales por mantenerte lejos y poder apoyar a las personas que sí te importan.

Activar un cortafuegos

Una vez platiqué sobre relaciones narcisistas con una persona que trabajaba en la industria de la tecnología y brillantemente sugirió que quizá necesitábamos un cortafuegos para protegernos de la gente narcisista. Este término se emplea en informática para describir salvaguardas que se establecen en una red o una computadora para protegerla de *softwares* maliciosos que quieran filtrarse, así como requerir contraseñas para asegurar la información que proporciones. En las relaciones narcisistas, activar un cortafuegos significa tener límites firmes y paredes a tu alrededor para que ese *"software* malicioso" no entre, y usar tu discernimiento cuando compartas información vulnerable que podría resurgir y hacerte daño.

En primer lugar, hablemos de la información que se filtra, porque francamente ahí es donde radica el peligro. La gente narcisista entra, te hace *gaslighting*, te confunde y te deja lleno de dudas. Te puedes proteger con tu conocimiento de narcisismo y abuso narcisista. Ahí es donde el reconocimiento y la aceptación radical se unen con tus límites y con tomártelo con calma para que no dejes entrar a tu vida tan rápido a alguien con estos patrones. Es importante porque, muchas veces, la gente narcisista encantadora —como esos aparentemente inocuos archivos que descargas— se ven como cualquier persona y podría incluso ser más tentador. Para activar ese cortafuegos y protegerte, anda con paso lento y reconoce los comportamientos dañinos que deberían hacerte dudar si necesitas "descargar" a esta persona.

Ahora bien, ¿qué pasa con los datos que envías? También están protegidos por el cortafuegos: cuando no quieres compartir información importante. Quieres ser capaz de compartir información sobre ti, ser vulnerable y abrirte con otros, pero puede ser peligroso hacerlo con gente que podría convertir esa información en un arma o que probablemente te humillaría o se burlaría de ti. Ojalá tuviéramos una ventana emergente que nos advirtiera justo antes de que estamos a punto de compartir información vulnerable con la persona equivocada ("¿Estás seguro de que quieres compartirle tu miedo más grande?") para poder corroborar con nosotros mismos antes de continuar.

Cuidar la puerta

Alguien con quien platiqué una vez me dijo que uno de los saltos más grandes en su recuperación fue que, siempre que le era posible, evitaba asistir a eventos sociales y del trabajo donde sabía que estaría cerca de gente y situaciones tóxicas. Le cambió la vida. Dijo que se sentía como un autocuidado y no sólo se protegía a sí misma de diversas situaciones dañinas, sino que ya no hacía cosas que sentía que "tenía" que hacer para ganar el reconocimiento de la gente narcisista, y el resultado es que se sentía más libre y entera. Entre todo el esfuerzo de la gente para ser cuidadosa con lo que come, usa y bebe, ser capaz de discernir a quién permites entrar en tu vida parece ser la decisión más importante de todas. Saber discernir implica sentirte cómodo con decir *no* algunas veces a invitaciones en las que estarás en proximidad con personas tóxicas, rehusarte a trabajar en lugares donde se pasa por alto que la gente sea narcisista, irte de eventos familiares o abandonar conversaciones en las que te están provocando, decir *no* a una segunda cita y perfeccionar tu sonrisa de Mona Lisa para que puedas ser amable y salir con toda delicadeza.

Comprender a los facilitadores

Para volverte resistente a los narcisistas, necesitas comprender el coro de voces que los apoya y los alienta: los facilitadores. Son personas en tu entorno que siguen haciéndose de la vista gorda con los narcisistas: familias o comunidades religiosas que podrían humillarte por no perdonar al narcisista, la sociedad en general que te dice que no puedes "rendirte" en una relación o siquiera señalar el mal comportamiento, la gente que minimiza lo que experimentas o caen en explicaciones gastadas como "Tú tampoco eres perfecto", "No lo hacen intencionalmente", "Yo nunca he tenido problemas con ellos" o la máxima declaración del facilitador: "Hicieron lo mejor que pudieron". Algunos de ellos podrían ser lo que en ocasiones se denomina "monos voladores": facilitadores que seguirán abrumándote con la retórica del narcisista, en esencia "siguiendo sus órdenes". Una vez que las voces empiezan a excusar o aprobar el comportamiento de la persona narcisista, esto podría socavar tus instintos porque tú crees que no todo el mundo puede estar mal, así que debes ser tú. Podrías creer que el consenso es más significativo que tu experiencia subjetiva.

Imagina una persona narcisista que le está haciendo *gaslighting* a su hermana y la está provocando. Para defenderse y evitar el dolor de estas interacciones, la hermana que sufre abuso narcisista marca un límite y deja de asistir a algunos eventos de la familia. La hermana narcisista entonces le dice a la familia que lamenta que su hermana no vaya a ir y que se siente herida por ella, y se comporta muy linda en los mensajes de texto del grupo, mientras es bastante cruel en los mensajes personales con ella. Lo que termina sucediendo es que la familia se une alrededor de la hermana narcisista porque sólo quieren que las reuniones se den, y cuando la hermana que está siendo maltratada abre la boca, la familia la caracteriza como "el problema" y dice: "Todo lo que tu hermana quiere es que seas parte de la familia". Los facilitadores no son necesariamente narcisistas, y es posible que se trate de personas que conserves en tu vida. No obstante, para ser resistente a las relaciones narcisistas, también tendrás que desarrollar una conciencia de cómo otros en tu esfera podrían estarle dando un pase libre al narcisista para mantener el *statu quo*. Discernir quién es facilitador es igualmente importante que discernir y ser consciente de los patrones narcisistas.

La limpieza de los doce meses

Recomiendo ampliamente una limpieza de un año a cualquiera que esté saliendo de una relación narcisista abusiva; durante este tiempo, permanecerás soltero. Podrías pensar: "*¿Qué?* Me he sentido solo durante tanto tiempo. Quiero salir, enamorarme, tener sexo". Lo entiendo, pero una relación narcisista te secuestra. Un periodo en soledad —oficialmente solo— será una temporada en la que te reencuentres contigo mismo. Después de años de ver cómo tus intereses y tus preferencias se invalidaron, de andarte con cuidado por todas partes y de calibrarte a las necesidades de alguien más, necesitas tiempo para reorientarte, para volver a casa y hacia ti. Por tentador que pueda ser comenzar una relación que te ayude a dejar la otra atrás, tener atención, contacto y sentirte apreciado, en este momento es demasiado grande el riesgo de subyugar rápidamente tus necesidades a una nueva pareja y sucumbir a patrones de vínculos traumáticos de nuevo (y recuerda, las transiciones son periodos en los que se corre un alto riesgo de entrar en una relación narcisista).

Durante este periodo de limpieza te vuelves a familiarizar con tus propios ritmos, gustos y necesidades, y comienzas a desenterrar tu auténtico yo. Aprendes a estar solo y en un espacio que te es ajeno: donde no tienes que ceder a la realidad de otra persona. Una de las pocas formas de desmantelar los vínculos de trauma es tolerar la incomodidad de lo desconocido. Durante estos doce meses puedes hacer cosas que te asustan, te nutren y te fascinan. Es un año de recorrer cumpleaños, festividades y aniversarios solo, de reescribir tus narrativas activamente en lugar de sustituirlas por las de otra persona, y de reconocer tus capacidades. Y cuando sientas que vas a caer y ya no puedes seguir con los doce meses, para y obsérvate. Piensa en los peores días de la relación narcisista y recuerda lo mucho que deseabas tener un respiro. Bueno, aquí está. Apóyate en él y siente la alegría de no estar desestabilizado por la relación. También puede ser útil seguir acudiendo a esas listas de "Galletas en la cama" o "Me toca" como recordatorio de lo que dejaste ir, grande y pequeño, y empezar a recuperar esas experiencias.

Los principios de la limpieza se pueden aplicar a las situaciones narcisistas en una familia, así como en un lugar de trabajo. El año siguiente a que termines o te distancies significativamente de cualquier relación narcisista abusiva, asegúrate de darte tiempo y espacio para sanar. Puede ser un periodo de tu vida en el que cultives tus preferencias y empieces a establecer nuevos rituales y rutinas. ¿Recuerdas esa junta con el personal tóxico todos los lunes a las 2:00 p.m., o las cenas humillantes de los domingos? Haz algo relajado o satisfactorio en esos horarios para que experimentes el contraste entre lo que era y lo que ahora puede ser.

Cuando salgas de los doce meses, es posible que estés más que dispuesto a ejercer tus preferencias y estándares, así que, si una nueva pareja llega e invalida lo que te importa o empuja despectivamente a tu gato o desprecia tu gusto por los *reality shows* o un trabajo que te encante, podrás estar en una mejor posición para dar un paso hacia atrás tranquilamente y, en esta ocasión, decir: "No, gracias".

El poder de la soledad

Encontrar consuelo en tu soledad es una gran parte de sanar del abuso narcisista y volverte una persona resistente al narcisismo. Antes de que todos ustedes extrovertidos se quejen, vamos a descomponer la idea un poco. En muchas ocasiones, la razón de que la gente narcisista tenga el poder que tiene es que muchos de nosotros le tenemos miedo a estar solos. Las historias de vínculos de trauma, autoculpabilidad y confusión que se crean por el abuso narcisista pueden dificultar mucho el estar solos. Pero la soledad es un espacio crítico para la recuperación. No se trata de aislamiento, sino de guardar un espacio para nosotros y reducir los cuidados excesivos, los acuerdos unilaterales y la censura personal por un minuto. La soledad es donde encontramos nuestra voz.

Recuerdo haber atendido a una mujer a la que le estaban costando demasiado trabajo los periodos de soledad después de un matrimonio de cuarenta años con un hombre narcisista, hasta que los reformulamos de maneras distintas. Aprendió a reflexionar cómo no se sentía ya al borde del colapso ni decepcionada de nueva cuenta porque él no llegaba a casa y la cena que había hecho con tanto esmero se había echado a perder, y en cambio pensaba en lo mucho que la sanaba poderse reír en voz alta con un programa de televisión que ella había elegido sin sentirse juzgada. En la soledad fue donde finalmente, a la edad de sesenta y cinco, aprendió quién era y qué le gustaba porque no estaba anteponiendo las necesidades de otra persona a las suyas. Reconoció que sus guiones negativos sobre la soledad eran promovidos por amigos y familiares que hacían sonar la alarma de que "envejeciera sola". Pero cuando lo contrastó con la alternativa, dejó de referirse a estar sola como soledad.

Para volverte resistente al narcisismo, es importante que te des cuenta de que no necesitas a la persona narcisista y ahora estás reclamando las partes de ti misma que se perdieron en esta relación. Parte de eso conlleva realmente estar tan cómodo en tu soledad, que identifiques mejor con quién pasas tu tiempo. Después de que la persona narcisista moldeara tu identidad durante años, puede ser aterrador pensar en ti mismo sin ese punto de referencia. Pero cuando la soledad se vuelve una alternativa significativa, la gente tóxica pierde terreno en tu vida.

Acepta que sea suficientemente bueno

Desde hace mucho se ha dicho que lo perfecto es enemigo de lo bueno, y en ningún lado es más cierto que en una relación narcisista. El perfeccionismo es una defensa y una estrategia de confrontación para la mayoría de los supervivientes de abuso narcisista que conservan la esperanza eterna de alcanzar "el punto perfecto" para ellos mismos o para la relación, porque piensan que entonces todo será mejor. También puede ser una forma de autosabotaje que podría resultar en procrastinación o retrasos (*No puedo entregar esto hasta que sea perfecto*). Cuando tratas de ser perfecto, sigues jugando el juego de las proyecciones del narcisista y de sus grandiosas expectativas de perfección. Prueba en cambio alcanzar lo "suficientemente bueno", un lugar donde reconoces que lo que hiciste está bien: lavaste la ropa, pero no la planchaste. La oficina está desordenada, pero las cuentas ya se pagaron. Compraste los panquecitos en lugar de hornearlos. Esforzarte por lograr algo suficientemente bueno es clave para sanar. Una vez que aceptas radicalmente y te das cuenta de que ya no estás tratando de hacer lo imposible —que sea "a la perfección" por ellos—, puedes retirar este estándar que no es sano.

Practica mindfulness

Cuando conoces gente nueva, respirar y estar presente contigo y en el momento te permite discernir mejor porque tu mente no está corriendo a mil por hora. En cambio, estás experimentando lo que se desarrolla frente a ti. Cuanto más presente puedas estar, mejor serás para discernir patrones poco saludables y protegerte.

Practicar *mindfulness* no tiene que ser algo elaborado. Prueba con un simple ejercicio donde identificas lo siguiente (y ten algo de comer cerca de ti para el último paso):

- Cinco cosas que puedas ver.
- Cuatro cosas que puedas oír.
- Tres cosas que puedas tocar.
- Dos cosas que puedas oler (aceites de aromaterapia o una vela perfumada).
- Una cosa que puedas probar.

Al practicar este ejercicio, respira profundamente. Hacerlo una vez al día desacelera tu mente y puede ser particularmente útil si estás teniendo una interacción difícil o acabas de salir de una. Puedes aplicarlo cada vez que necesites recalibrar tu atención.

Otro ejercicio de *mindfulness* que puede centrarte es describir un espacio donde estés con tremendo detalle. Pon atención a la luz, los sonidos, los olores, los objetos, dónde están, cómo se ven. Es útil hacerlo en tiempo real también si te sientes incómodo en una interacción con una persona difícil (y si estás atrapado en un auto con una persona narcisista iracunda, te ayuda a describir el paisaje de afuera en tu mente).

Abraza la alegría

Y luego, viene esa cosa llamada alegría. ¿Te acuerdas de la alegría? Si has estado en una relación narcisista durante el tiempo suficiente, tal vez no. Las relaciones narcisistas se roban la alegría. Cuando estás en ellas, la felicidad, la seguridad y la comodidad están ausentes, y gastas la mayor parte de tu energía psicológica tratando de evitar amenazas en lugar de notar los momentos bellos que pasan. La alegría tiene que ser bajo los términos de la persona narcisista, y si ella está teniendo un mal día, también todos los demás. Permitirte experimentar alegría es una forma altamente efectiva de resistencia al narcisismo. No se trata de una positividad artificial o de listar las cosas por las que te sientes agradecido. Se trata de darte permiso de saborear los bocados de alegría cuando pasen flotando junto a ti.

Por todo el tiempo que pasaste monitoreando cada estado de ánimo y necesidad de la persona narcisista, volverte resistente al narcisismo implica entrenarte para aprovechar los periodos de alegría que vengan a ti. Encontrar la alegría en los momentos simples —un atardecer rojo brillante, un delicioso helado, tu hijo cantando una canción, los colibríes afuera de tu ventana— y que nadie te los robe te recuerda que hay vida afuera de esta relación, y más belleza y esperanza de lo que pensaste. La resistencia al narcisismo implica deleitarse en esos momentos privados de alegría que no menoscabas al compartirlos con la persona narcisista que podría minimizarlos o devaluarlos.

Al principio, podrías sentir una "culpa por alegría" ante la idea de hacer algo tan prohibido como experimentar deleite fuera de la relación narcisista o después de una vida de ser humillado por reír o mostrar felicidad. Luego, está el "remordimiento por alegría", cuando te das cuenta de cuánto te has perdido durante tantos años por tratar de estar seguro a duras penas y sobrevivir. Encuentra esos momentos de asombro, alegría y bondad, quédate presente en ellos y permite que te envuelvan. Con el tiempo, esos momentos de alegría robados se pueden volver una vida llena de colores. Considera llevar un diario de alegría para que puedas anotar estas experiencias cotidianas. Cuanto más las notes, más tuyas serán.

Experimentar alegría es un acto de rebeldía si estás viviendo abuso narcisista. Se te robó durante tanto tiempo que sólo puedo igualarlo a dejar entrar la luz después de haber estado durmiendo en la oscuridad. Medio entrecierras los ojos por un minuto pero, conforme pasa el tiempo, te vuelves más experto en buscarla y deleitarte en ella cuando la encuentras. Es como si tu alma despertara después de un largo sueño y te dieras cuenta de que todavía eres capaz de sentir lo bueno y no sólo la pesadez de la rumiación constante.

DIEZ HERRAMIENTAS PARA VOLVERTE MÁS RESISTENTE AL NARCISISMO

Estas herramientas te pueden ayudar a cerrarle la puerta a un futuro narcisista... y quizá a mantenerte cuerdo con los que ya están en tu vida.

1. Sé dueño de tu verdad y de tu realidad. Es decir, en esencia, repele el *gaslighting*.
2. Deja de caer rendido ante el carisma y el encanto.
3. No te pierdas en las cualidades superficiales, como la inteligencia y la educación... o la apariencia, la riqueza y el éxito.
4. Observa cómo tratan a otras personas (y no lo justifiques).
5. Apréndete sus señales: observa cómo se comportan en condiciones de estrés, frustración o decepción.
6. Respira y toma las cosas con calma.
7. Desconéctate de los facilitadores.
8. Deja de dar múltiples segundas oportunidades.
9. Cultiva una red social más sana. Si hay suficientes personas sanas en tu vida, entonces tienes uno de los mejores antídotos para el narcisismo.
10. Empieza sintiéndote cómodo con tomar el camino menos transitado. Debes saber que, para ser resistente al narcisismo, otros podrían decir que eres crítico, demandante y hasta difícil.

La resistencia al narcisismo es sobre el pasado, el presente y el futuro: empezar a erosionar esos vínculos de trauma, estar presente para poder identificar los comportamientos nocivos y asegurarte de no seguir cayendo por el precipicio. Es sobre saber quién eres, plantarte firme cuando se trate de tu realidad, marcar límites que tú sientas auténticos, entrar lentamente a nuevas relaciones y proceder con cautela. Cuando tu mente empiece a formular excusas, pero tu cuerpo se sienta raro, pon atención y activa el cortafuegos. Te han enseñado a devaluarte a ti mismo durante tanto tiempo que tal vez no te des cuenta de lo maravillosa que es tu propia compañía.

Distinguir las relaciones tóxicas es esencial, pero ¿qué hay de las relaciones actuales y que no tienes intención de dejar? ¿Cómo podemos sanar si nos quedamos ahí?

Sanar y crecer cuando te quedas

Las cosas no cambian; nosotros cambiamos.
HENRY DAVID THOREAU

Pauline ha recorrido un largo camino hacia la aceptación radical. Lidia con un hijo adulto narcisista, sobrelleva un trabajo con un gerente narcisista porque necesita las prestaciones, y ayuda en el cuidado de su padre narcisista y de su madre amable, pero facilitadora, que nunca se fue y tiene una salud frágil. Pauline está exhausta, reconoce que no puede cambiar nada de eso y se siente afligida a menudo. Pero le encanta su nuevo trabajo, encuentra consuelo en estar a solas con su amado perro y disfruta encargarse de su jardín.

Pauline también siente que después de todo lo que ha soportado con sus relaciones narcisistas pasadas y actuales, es demasiado doloroso tener una relación muy profunda y frecuente con los demás. Le desagrada envidiar las vidas de otras personas, sus familias felices, sus relaciones afectuosas con sus hijos adultos y las vacaciones familiares, y se ha dado cuenta de que, por mucho que ame a sus amigos, no socializa tanto como antes para protegerse. Dejó las redes sociales hace mucho tiempo por la misma razón. Ella sabe que no puede alejarse de las relaciones narcisistas en las que está atrapada, así que no considera que sea una opción, y se siente agotada cuando la gente a su alrededor le da consejos superficiales sobre cómo manejar estas situaciones ("¡Hónrate a ti misma y vete!", "Corta

el contacto y ya"). Su superpoder es encontrar alegría en los pequeños momentos: una caminata con su perro, un hermoso atardecer,
una nueva floración de sus plantas, un maratón de su serie favorita.
Ha encontrado propósito y significado en las cosas que no puede
controlar; para ella, sanar, aceptar y vivir duelos son cosas que se
calibran a diario.

La realidad es que, muchos de nosotros salimos con facilidad de
las relaciones narcisistas y casi todos tenemos por lo menos una relación que no podemos dejar. No es muy sencillo decirte a ti mismo:
Esto es tóxico, así que me voy. Tal vez te quedes por tus hijos, porque
necesitas el trabajo o porque no puedes imaginar el alejamiento de
tus padres o de tu familia, sin importar qué tan tóxicos sean. Podrías
sentir que necesitas a tu amigo, aun cuando la amistad con la persona narcisista te pasa factura. Sin importar por qué elijas permanecer ahí, las reglas de combate deben cambiar si esperas recuperarte.
Es insostenible que te quedes bajo la premisa de que la relación va
a cambiar o que sólo necesitas superarlo y ajustarte a la situación.
Quedarse implica mantener la relación en una forma que no te
lastime tanto y todavía haya espacio para que la recuperación se dé.

Hay distintos niveles de permanencia. En el nivel más intenso,
podrías optar por quedarte en un matrimonio tóxico o en relaciones serias a largo plazo, permanecer en contacto constante con tus
padres narcisistas o seguir trabajando de cerca con socios antagónicos o con colegas por largo tiempo. El cuento largo de estas relaciones y su naturaleza enredada versa en que no sólo tiene mayor
impacto el abuso narcisista, sino que irte también es más difícil. En
el extremo más leve de quedarte, podrías terminar la relación, pero
optar por seguir teniendo contacto. El contacto constante se puede
dar con amigos difíciles que no ves tan seguido, colegas invalidantes
con quienes no trabajas tan de cerca o miembros lejanos de tu familia que rara vez visitas. Quizá no cortes lazos con esta gente porque
son parte de grupos sociales más amplios que te importan, no tienes

suficiente contacto con ellos como para que hagan una diferencia (pero cuando es así, sí es desagradable) o no ves el punto de cortar el contacto de forma deliberada porque no vale la pena el pleito.

Este capítulo analiza cómo equilibrar el filo de la navaja de quedarte o tener algún tipo de contacto en una relación narcisista sin facilitar los patrones narcisistas ni culparte. Te aportará algunas técnicas y recursos de supervivencia. Sanar y crecer mientras sigues en la relación requiere una conciencia presente de lo que está pasando, prepararte para las conversaciones con la persona narcisista y recuperarte de ellas, ser intencional y siempre mantener expectativas realistas para gestionar el carrusel de decepción y pena. Los ejercicios en este capítulo te ayudarán a seguir siendo fiel a ti mismo y a tus metas, eludir el conflicto y crear soluciones alternativas mientras evitas que la invalidación de la relación te corte las alas.

El principal reto de sanar mientras sigues inmerso en una situación tóxica es que la gente narcisista no quiere que sanes en realidad. No es que les importe tu salud en sí, sino más bien que el hecho de que tú sanes implica que ellos reciben menos suministro. Tu curación implica que te experimentas a ti mismo aparte de ellos, lo cual desafía su expectativa de dominio y control. Las relaciones narcisistas son como sacos de arena en tu globo de aire caliente: tú intentas volar y ellos intentan mantenerte en el suelo. Este capítulo te enseñará cómo cortar las cuerdas de esas bolsas. Tal vez parezca que sigues en la relación con la persona narcisista, pero por lo menos tu espíritu se puede elevar.

Deja de sentir vergüenza por quedarte

Es fácil sentir que quedarte en una relación narcisista, o incluso sólo permanecer en contacto con la persona o personas narcisistas, es un "error". Pero los motivos son tuyos, y estas relaciones ya conllevan tanta humillación que seguir invalidándote por quedarte puede perjudicar tu proceso de recuperación.

Tal vez te quedaste porque esperas que tu relación cambie o porque consideras que varios días buenos al hilo son la señal de que la marea está cambiando.

Es posible que te quedes porque tienes miedo de estar solo o envejecer solo o porque sientes lástima y culpa por abandonar a la persona narcisista para que vea por sí misma, una dinámica que podría ser muy pronunciada en relaciones con narcisistas vulnerables.

Todos nos sentimos naturalmente atraídos a lo familiar, e incluso si es tóxica, hay rutinas y una sensación de familiaridad en tu relación narcisista que se puede sentir reconfortante.

Tal vez te quedes por factores prácticos, incluyendo niños, dinero y casa.

Podrías quedarte por presiones culturales, un sentido del deber y la obligación, y sesgos contra el divorcio, el distanciamiento familiar o la disolución de la relación.

Quizá te quedes en una relación narcisista por las limitaciones de los sistemas que están en vigor —juzgados familiares, sistemas de recursos humanos o estructuras de justicia civil y criminal— implican que tienes pocos recursos y marcharte te podría poner en un riesgo mayor. Este riesgo se magnifica si tienes menos poder social por factores como etnia, género, sexualidad o clase social.

Quedarte es una decisión y verlo de esa manera es poderoso. Hay una razón detrás de tu decisión. Indaga cuál es y sé consciente de la forma en que eliges quedarte. Si es por los niños, entonces quédate presente con ellos, llena sus vidas de empatía y conciencia emocional, algo necesario para los niños con un padre o una madre narcisista. Si se trata de un lugar de trabajo tóxico, sigue consciente de lo que se puede derivar de ese trabajo, como conexiones, habilidades técnicas, prestaciones o planes de retiro. Ser astuto te puede dejar sintiéndote menos pasivo y más estratégico, maximizando lo que puedes obtener de la situación. Incluso puedes tratar de usar las noches y los fines de semana para recibir más entrenamiento o un segundo trabajo que te sea más agradable. Si te vas a quedar en una situación narcisista, tienes que manejar el abuso narcisista de manera constante. No te juzgues a ti mismo encima de eso.

Barreras para la recuperación

Sanar no se trata de irte; irte es sólo un ladrillo en la pared de la recuperación. Pero tratar de sanar mientras sigues en una relación narcisista se puede sentir como nadar contra corriente. Podrías pensar que si te quedas en la relación o mantienes contacto con la persona narcisista, un día estarás tan sano que tendrás que irte. También podrías temer que recuperarte le provea combustible a esa aseveración de *gaslighting* de tu familia: "Oye, tu infancia no estuvo tan mal, mira qué bien estás". Si sigues mejorando, podrías empezar a darte cuenta de que ya no embonas en el sistema narcisista y permanecer ahí se puede sentir como una gran desconexión. Tu proceso de recuperación podría quedar bloqueado por disonancia cognitiva, contigo justificando verdades incómodas con tal de evitar la tensión de la inconsistencia (en lugar de "Me quedo con una pareja llena de ira en un matrimonio lleno de ira", es más fácil decir "Está enojado porque le está yendo mal en el trabajo"). La versión de ti que justifica la relación encaja mejor en la relación disfuncional que la versión de ti que la ve con claridad. Todo esto puede crear una suerte de resistencia inconsciente a la recuperación.

Lo cierto es que *sanar es más importante que alejarte*. Puedes sanar y no dar ese salto masivo de abandonar la relación, alterar el contacto o darle un vuelco a tu vida. Sanar es sobre recuperar tu poder, aun cuando decidas quedarte. Conforme tú cambies, te vuelvas más resistente al *gaslighting*, encuentres tu voz y dejes de suscribirte a su versión de la realidad, los narcisistas podrían enfocarse menos en ti. Eres interesante nada más como fuente de suministro, un accesorio o un costal de box. Una vez que ya no desempeñes ese papel, ellos podrían dejar de molestar, retirarse o ya no quererte cerca. Prepárate para eso. También puede ser atemorizante y tus propios miedos al abandono te pueden poner en riesgo de querer meterle el freno a tu recuperación y tu individuación para que la relación se mantenga.

Odio admitirlo, pero todavía lo amo

No hablamos de esto lo suficiente, con la idea general de que, como la relación narcisista no es sana, ¡te tienes que ir! Pero el amor y el apego son fuerzas muy poderosas y podrían seguir teniendo una fuerte presencia en ti. Sin importar qué tan traicionera, hiriente y dolorosa ha sido tu relación narcisista, es posible que todavía ames a la persona narcisista en tu vida y no te sientas listo para retirarte. Muchos supervivientes me han dicho: "Ojalá pudiera odiarlo, así sería mucho más fácil...". Es posible que lidies con los vínculos de trauma y hagas el trabajo, pero sigas reconociendo que sientes algo por esa persona narcisista, y tal vez te sientas avergonzado, con el corazón roto o tonto. Sanar implica no juzgar tus sentimientos. No hay errores en este proceso, sólo lecciones. No te avergüences por ello, es normal, y no, no es sólo el vínculo de trauma; podría ser muy real para ti. Sanar de estas relaciones se trata de defenderte de esa mentalidad extremista de blanco y negro, y abrazar el complicado gris.

Es posible que creas que el camino para seguir adelante y sanar es ver a la persona narcisista como mala, pero eso puede requerir que te mientas, cosa que no va a funcionar. Está bien amarlos. De hecho, te puede ayudar a sentirte más auténtico si reconoces la simultánea complejidad de tus emociones y de la historia de tu relación a la par que amas a la persona narcisista. ¿Recuerdas esas múltiples verdades? El amor es donde eso surge con mayor fuerza: *Me hace* gaslighting, *me manipula, tenemos una historia juntos, lo amo, desearía que las cosas fueran diferentes.* Este acto de malabarismo intrincado requiere que recuperes el aliento en los días buenos, pero no bajes la guardia ni quemes tus paraguas, y seas honesto contigo mismo sobre tus sentimientos. No es fácil, pero sí es posible, y nadie —ni yo, ni nadie— te puede decir que dejes de amar a alguien. Tú tienes tus razones para quedarte ahí o mantenerte en contacto, y los buenos días refuerzan eso. Sólo no permitas que esos días te engañen al grado de ver la relación o las actitudes de manera irreal, dando inicio de nueva cuenta al ciclo de daño y decepción.

¿Qué me va a pasar si me quedo y qué puedo hacer al respecto?

Es posible sanar, ya sea que te quedes en la relación narcisista o no. No obstante, no puedo endulzarlo: vivir con y tener interacción regular con una persona narcisista es como vivir con una persona que fuma. Aun cuando pongas filtros de aire, abras las ventanas y mantengas limpia la casa, te vas a marear un poco con el tiempo.

Si te quedas, en la mayoría de los casos, no hay manera de "solucionarlo" del todo con una persona narcisista. Siempre habrá soluciones alternativas, campos minados y tensión. Nunca será fácil. Esa persona no va a cambiar, y tu cuerpo y tu mente no se ajustarán al impacto que tiene en ti. Es importante que conozcas estos límites porque si no, puedes volver a caer en los patrones de autoculpabilidad y pensar: "Ay, genial, ni siquiera sanar me sale bien". Vas bien. Es un nuevo *statu quo*: la relación narcisista sigue igual, eres tú el que está cambiando.

Permanecer en una relación narcisista requiere conciencia, expectativas claras y autocompasión. Exploremos cómo se ve.

Se agotó tu capacidad

Una vez que observas y aceptas a la persona narcisista como es, puedes acabar teniendo que lidiar con situaciones creadas por su comportamiento: hijos lastimados, familiares enojados, colegas frustrados, planes de cabeza. Todo esto acaba con tu capacidad de aguante. Quizá tengas que expresar simultáneamente comportamientos de apaciguamiento y evasión: *No puedo mencionar esto*; *no le voy a contar que me pasó esto bueno*; *no puedo hacerle saber que necesitamos arreglar este error.*

Tu capacidad también se ve mermada por la escasez,[1] y, además, llevas años viviendo sin compasión, respeto, empatía ni equilibrio en por lo menos una de tus relaciones primarias. En condiciones de escasez, tratas de sobrevivir y enfocarte en las necesidades a corto plazo. Si hay una carencia de comida y tienes hambre, tu atención entera se va hacia la comida; no estás pensando en tu proceso de individuación ni en tus metas de vida. Un proceso muy similar se da cuando te encuentras en una relación narcisista: el comportamiento emocional sano y la consideración mutua son escasos y cada día acaba rondando en sólo sobrevivir ese día, lo cual dificulta que te enfoques en un crecimiento de mayor orden o en otras relaciones, y también podría culminar en un desgaste y en padecimientos.

Para reabastecer la capacidad de lo que puedes manejar, necesitas involucrarte en lo que yo denomino un *autocuidado realista*. No se trata de ir al *spa* ni por un masaje, ni decir afirmaciones positivas; tiene que ver con reconocer cuándo te sientes vacío: cuándo estás fatigado, tienes niebla mental, estás exhausto físicamente, dudas de ti, tienes problemas para tomar decisiones... y entonces, darte un minuto de descanso. Podría significar que dejes de contestar correos un rato, que pidas algo de cenar, salgas a caminar, te acuestes temprano, dejes los platos sucios o llames a un amigo. También implica atender la carencia, por ejemplo, acudir a espacios de tu vida donde hay empatía, racionalidad y bondad. Recibir estas cosas te puede dar suficiente amplitud para seguir adelante. La tentación mientras estás en estas relaciones es sólo sobrellevarlo porque es lo que siempre has hecho. Toma un momento, respira, recalíbrate y reconoce tu experiencia.

No sentirte como la misma persona

Es posible que no te guste la persona en que te convertiste estando junto a alguien narcisista o lo que te hace el hecho de quedarte. Tus pensamientos diarios podrían ser incómodos. Quizás envidies a otros cuyas vidas no están atestadas de gente narcisista, gente que es feliz en su matrimonio o tiene padres agradables o trabajan en lugares donde hay colaboración. Podrías experimentar fatiga o adormecerte. Podrías tener pensamientos crueles o vengativos que no son propios de ti, como desear que la persona narcisista estuviera muerta o que sus negocios fracasaran. Estas emociones no empatan con tu concepto de ti mismo como un ser humano decente.

En primer lugar, es crucial reconocer que estas relaciones requieren que reformules tu identidad para sobrevivir, o incluso que tu identidad haya sido moldeada por estas relaciones desde un principio. Luego, para trabajar en no caer en juicios personales, vuelve a la idea de las múltiples verdades. Puedes sentirte feliz por un amigo y también envidiarlo, y en tus relaciones más seguras o en un espacio como la terapia, podrías incluso considerar explorar estas emociones. La palabra *debería* es peligrosa (Yo *debería* sentirme feliz por el matrimonio lindo que tiene mi hermana; yo *debería* estar feliz porque mi amigo tiene una relación cercana con su familia; yo no *debería* desearle mal a nadie). Estos conceptos de lo que *deberías* hacer tal vez sean aspiracionales, pero nadie es perfecto, y son emociones normales. Observa cuando estés *debiendo*, reconoce que proviene de un lugar de hambre por tu propio sentido de normalidad y salud, y practica la gentileza hacia ti.

Ser cruel contigo mismo

Si eliges quedarte, reflexiona sobre cómo te hablas y las formas en que te ves a ti mismo. Cuando te quedas, estás permaneciendo en un espacio donde estás devaluado, así que valorarte y sanar no son consistentes con estar ahí, y podría incluso ser algo de lo que se burle la persona narcisista u otros en tu sistema. Podrías darte cuenta de que eres más cruel contigo que con la persona narcisista. Tristemente, ser cruel contigo es una forma de hacer que las piezas embonen: sustentas la idea de que eres "malo", reforzada por su forma de tratarte, y tu diálogo interno lo refleja.

Este ejercicio es una salpicada de agua helada en el rostro cuyo objetivo es que aprendas a hablar contigo mismo de otra manera y te trates con amabilidad y cariño. Encuentra una foto tuya de la infancia y, sólo una vez, imagina decirle a ese pequeño tú que es tonto o demasiado sensible o está dañado. No será fácil decirlo ante la imagen de un niño pequeño. Esa versión chiquita de ti es el mismo espíritu de tu actual yo; cuando tú te hablas mal hoy, es como si le estuvieras hablando así a ese niño (y es posible que sea la misma forma en que otros le hablaron a ese niño muchos años atrás). Cuando observas una foto de ti de niño, podría ser más natural expresar compasión por ti, así que, cuando esas palabras de autocrítica broten de tus labios, por favor, mira esa foto. La forma como te hablas a ti mismo moldea tu realidad, y cuando te dices que eres estúpido o estás dañado, vives esa identidad. Nota cuando lo hagas y ten tu foto de pequeño en tu teléfono o donde puedas encontrarla fácilmente. La gente narcisista seguirá invalidándote, pero es momento de que aprendas un nuevo vocabulario y dejes de hacer el trabajo sucio en su lugar.

¿Cómo te quedas?

Si no puedes dejar una relación narcisista o no quieres distanciarte por completo, ¿cómo puedes permanecer en ella de forma que estés protegido del impacto del abuso narcisista y aun así puedas sanar? Hay múltiples técnicas y rituales que te pueden ayudar a navegar esta relación tóxica y complicada, para que seas capaz de crecer y sanar a pesar de la relación narcisista permanente en tu vida.

Pon límites

En teoría, establecer límites suena como una buena idea: "¡Sólo pon límites!". Pero ¿qué significa realmente? Tiene que ver con descubrir con qué estás cómodo y establecer límites acordes en la relación; después de años de soportar abuso narcisista, es posible que ya ni siquiera sepas qué está bien. En una relación sana puedes poner límites, y cuando alguien los transgrede, lo puedes comunicar y, gradualmente, lo reconocerán y modificarán su comportamiento. Los límites en las relaciones narcisistas son un ejercicio de hipocresía. Si bien la gente narcisista espera que tú honres sus límites, ellos no respetarán los tuyos. Pero si vas a permanecer en una de estas relaciones, es necesario que haya límites, y no puedes marcarlos de la noche a la mañana. Los límites están pensados para aportar seguridad, algo que falta en las relaciones narcisistas. Poner límites es paradójico, una actitud nueva y más sana de seguridad que a corto plazo nos puede dejar con una sensación de inquietud.

La clave es recordar que los límites son una labor interna. Se trata menos de esperar que la persona narcisista respete un límite y más sobre cómo tú lo estableces y lo respetas. Se trata de saber qué es lo que tú consideras aceptable. Evitar compartir cosas importantes sobre ti y también compartir sentimientos, emociones, aspiraciones o estados de ánimo negativos con la persona narcisista es un proceso gradual y lento. Asimismo, necesitas tener claros tus límites no negociables. Para algunas personas, es una infidelidad; para otras, es la violencia física. Si una persona narcisista cruza la línea no negociable, te puedes sentir más empoderado para establecer límites más claros o incluso irte. Sin embargo, en muchas relaciones narcisistas moderadas, es posible que ese límite claro no se cruce. Tal vez no se dé esa "gran" transgresión (una infidelidad, un arresto), sino miles de indignidades acumuladas. Establecer límites bajo estas circunstancias más sutiles es mucho más difícil.

En el matrimonio de Mariana con un esposo narcisista, ella tenía dos "reglas" —nada de infidelidades y nada de abuso físico— y se prometió a sí misma que si esas reglas se quebrantaban, se iría. Después de diez años de matrimonio, se enteró de que él le era infiel y se fue. Poco después, su madre murió, ella enfermó y él volvió, y le prometió que nunca volvería a pasar (sí volvió a pasar). En la segunda ocasión, Mariana se fue para siempre.

Después de mudarse por su cuenta y enfocarse en sus amigos y su familia, se dio cuenta de patrones que nunca antes había registrado: amigos que no respetaban su tiempo, otros que esperaban que les cuidara a sus hijos sin previo aviso. Fue un gran primer paso decirle "No" a su hermana cuando le habló una hora antes para pedirle que corriera a la escuela a recoger a sus hijos, y luego tener que tolerar sus acusaciones de que nunca la ayudaba, a pesar de que Mariana había estado ahí para ella cientos de veces a lo largo de los años. En otra instancia, planeó un fin de semana con una vieja amiga propensa a hacer cambios en el último minuto. Cuando esta vieja amistad le dijo que quería que se sumaran al plan su marido y algunos de sus amigos, Mariana dijo: "No, había planeado que fuera un fin de semana de chicas". Se quedó genuinamente impactada, pero animada, cuando su amiga le contestó: "Está bien, gracias por decirme. Es lo que habíamos planeado y lamento haber tratado de cambiarlo". Primero, se sintió mal cuando estableció un límite con su amiga, y creyó que se enojaría o cancelaría el viaje, pero Mariana se había esforzado para reconocer sus necesidades y valorar su tiempo, lo superó y puso ese límite. Protegerse fue un proceso lento, pero también reconoció que un desliz con algún límite no implicaba automáticamente que alguien fuera narcisista. Si bien era incómodo marcar esa raya, estaba dándose cuenta de que podía hacerlo sin perder una relación ni enfrentar un malestar interminable.

Aprender a sentar límites como parte de sanar del abuso narcisista implica tener claros tus miedos. Pregúntate: *¿De qué tengo miedo al marcar un límite?* ¿Ira, que la relación termine, culpa, que me dejen de hablar? He tenido numerosos pacientes que tienen muy claro cuáles son sus límites, pero el miedo a ser humillados o a lidiar con pleitos por establecerlos los abrumaba; para otros, era la incomodidad interna de la culpa por establecer un límite y el miedo de lastimar los sentimientos de la otra persona o decepcionarla. Comprender tus miedos te puede ayudar a reconocer las fronteras en lugar de sólo asumir que eres malo para poner límites.

Poner un límite también involucra tu tolerancia a la reactividad de la persona narcisista. Si la persona narcisista es muy iracunda y te pasa una factura psicológica muy grande, establecer límites en esas circunstancias puede sentirse como una imposibilidad... y está bien. Si quieres trabajar en sanar, y te vas a quedar en la relación, podría ser útil evolucionar hacia una postura en la que no te importe lo que piensen, aunque esa sensación de indiferencia quizá no sea posible para todos los supervivientes. En las relaciones narcisistas, la mejor manera de manejar los límites es no engancharte, no bromear, no pelear ni caer en provocaciones.

Establecer límites en tu situación narcisista también podría abrirte los ojos para cuando mantengas tus límites en tus relaciones no narcisistas. Estas fronteras muchas veces se traducen en una lucha de por vida para los supervivientes, y muchos de ustedes podrían tener que lidiar con el miedo de *Si marco un límite, temo que me rechacen o se enojen.* Lo cierto es que sí es posible que pase. Poner límites se vuelve una revelación de qué están hechas tus relaciones: si acaso "pierdes" a alguien o te debes contentar con que se ponga pasivo-agresivo o se enoje al enfrentarse a tus límites, esto expone algunas verdades incómodas sobre la relación. Podrías evitar establecer límites si te preocupa perder apoyo social al navegar este proceso de curación. Sin embargo, pon atención a estas verdades incómodas que sí aprendas de otros; se vincula de nuevo con el discernimiento, y quizás una relación que considerabas "sana" sólo funcionaba porque no habías planteado límites antes.

Por último, esfuérzate en volverte decidido en tus respuestas frente a las transgresiones de esos límites y encuentra tu "No". Con la gente narcisista, poner límites no es una colaboración. Tú debes ser tu propio guardián en la muralla. Algunas personas afirman que deben plantear los límites en repetidas ocasiones hasta que las demás personas los entiendan. Pero cuando se trata de relaciones narcisistas, no funciona de ese modo. Esperar que una persona narcisista entienda por fin tu límite y lo respete es como esperar que un submarino aparezca en una parada de camión. Te vas a cansar si sigues planteando límites con la esperanza de que la persona narcisista los respete en lugar de ridiculizarlos con desdén o simplemente no respetarlos. Encontrar tu "No" y reconocer que es un proceso interno tuyo puede transformar la imposición de límites de una labor inútil a un proceso de empoderamiento. Practícalo con tus relaciones más sanas también, donde ojalá tengas experiencias exitosas que te permitan ver que tus relaciones respetuosas pueden crecer y florecer mientras expresas tus necesidades.

Poco contacto

Cuando Jessica entendió que su hermana seguía esparciendo chismes y rumores infundados sobre ella, incluso después de que Jessica le había pedido en repetidas ocasiones que parara, tuvo que encontrar una manera distinta de abordar su relación. Ella nunca iniciaba ningún contacto adicional con su hermana más allá de las reuniones familiares. Jessica se volvió cada vez mejor para preguntarle a su hermana algunas cuestiones superficiales sobre sus hijos, el clima y la renovación de su casa, y luego se alejaba y evitaba alargar la conversación. La aceptación radical significa que los continuos chismes de su hermana todavía le dolían, pero ya no la sorprendían, y tener poco contacto implicaba que podía conservar otras relaciones importantes dentro de la familia y evitar al mismo tiempo el remolino de manipulaciones de su hermana.

Tener poco contacto significa que apareces en algunas cenas familiares al año o sólo ves a tu ex en los partidos de futbol de los niños. Cuando deben conversar, te centras en temas neutrales, como el clima o la nueva cafetería de la ciudad. Tener poco contacto implica que te retiras antes de que empiecen a cocinarse esas emociones. No es tan fácil como suena porque puede haber provocaciones (la persona narcisista te pica con cuestiones emocionales que te harán reaccionar) o presiones de parte del facilitador ("Ay, vamos, tu hermano no es tan malo" o "Deja de ser tan fría, anímate"). Tener poco contacto implica mantenerte firme aun cuando afloren temas sensibles o presiones. Muchas veces, es una forma de diplomacia que permite que los sistemas familiares sigan corriendo contigo presente, que los lugares de trabajo sigan operando, que los niños se sientan un poco más cómodos y que los grupos de amigos sigan siendo inclusivos.

Tienes que cuidar el paso de tu poco contacto; no será la misma cantidad de contacto para todos. Con algunas personas significa una vez a la semana y con otras, una vez al año. Pero reducir el contacto además es intencional: tienes contacto con la gente narcisista y con los facilitadores en escenarios y contextos cómodos o importantes para ti (por ejemplo, la presentación de un hijo); para poder mostrarle tu apoyo a la gente que te importa; donde huir esté enteramente a tu disposición, incluso si se trata de ir a la vuelta de la esquina, y en ocasiones cuando sientes que tienes la capacidad de manejarlo o cuando te sientes apoyado. Puedes sostener conversaciones superficiales y mantener tus límites, y puedes salirte cuando empieces a sentirte incómodo. He visto a personas usar su poco contacto para sobrellevar la boda de un hijo adulto donde estará presente su ex narcisista, en funerales con múltiples miembros tóxicos de la familia o en convenciones laborales donde la gente tiene que enfrentar a antiguos colegas manipulativos y narcisistas. (Éste es un buen truco para tener poco contacto: siempre que te sea posible, evita estar sólo en un coche con una persona narcisista porque entonces estarás atrapado escuchándolos y puede ser difícil que te desconectes.)

Roca gris y roca amarilla

Si has leído antes sobre abuso narcisista, es posible que ya te hayas topado con el término *roca gris*. La roca gris es muy poco interesante, expresa reacciones mínimas, emociones planas y respuestas simples. Es lo más cerca que puedes estar de cortar el contacto con un narcisista mientras todavía mantienes algo de contacto. En esencia, ya no eres una fuente de buen suministro narcisista. Ser una roca gris se puede aplicar en conversaciones en tiempo real, mensajes de texto y correos electrónicos, por ejemplo, nada de compartir largas historias, sólo los hechos, sí y no, y una suerte de confirmación de "entendido" de que se recibió su mensaje. Ser una roca gris es una forma de comunicación específicamente inconexa: impasible, superficial, breve, sin adornos y sin vulnerabilidades.

En un inicio, si empiezas a volverte una roca gris, la persona narcisista quizá se enoje porque ya no alimentas su necesidad de discusiones, drama, validación y admiración. El reto entonces es si puedes soportar hasta que pase su recrudecimiento inicial. Es posible que insista, te provoque más y multiplique sus insultos. Es probable que escuches cosas como: "¿Qué estás haciendo? ¿Te crees superior como para hablar conmigo? ¿Estás en terapia o qué? ¿Tu psicólogo te dijo que te portaras así?". Prepárate, lo más seguro es que necesites apretar los puños y aguantar hasta que la experiencia pase. Pero ese hermoso día llegará, cuando al fin se aburran y se vayan. Por supuesto, esto puede disparar tus miedos al abandono o a estar solo, pero no sucumbas, no es más que el vínculo de trauma hablando.

Sin embargo, volverse una roca gris no siempre es una opción viable si, por ejemplo, compartes la custodia de tus hijos con alguien o estás en un trabajo donde se necesite un poco de compañerismo o sigues siendo cercano con algunos familiares, pero no con otros. En esos casos, puedes usar la herramienta de la roca amarilla. La roca amarilla toma la roca gris y la infusiona con más emoción y cortesía. La entrenadora y defensora Tina Swithin[2] creó el término al reconocer que la comunicación cortada y fría no es adecuada cuando dos personas están compartiendo la crianza de sus hijos y no se ve bien en escenarios como juicios y mediaciones. Los niños necesitan ver cierto grado de civilidad entre sus padres, y a un niño le puede parecer inquietante la naturaleza un tanto cortante de la roca gris. La roca amarilla es una forma de ser tú mientras comprendes las trampas de la comunicación narcisista. La roca amarilla incluye calidez, te obliga a permanecer en el aquí y ahora (no sacas a relucir temas del pasado ni heridas) y sigues siendo conciso. Me parece que la roca amarilla es un punto medio mucho mejor en casi todas las situaciones porque para la gente que lo ve desde afuera, se siente más "normal" y socava los argumentos de la persona narcisista de que estás siendo distante. De todas maneras, sigues sin ceder límites ni territorio, continúas siendo amable y civilizado, puedes aparecer con cierta calidez y emoción que refleja quién eres en verdad y mantienes expectativas realistas, que siempre implican una victoria.

¿Cómo se ve esto? Cuando la madre de Gloria, sabiendo que estaba teniendo problemas económicos, le preguntó en la cena familiar si se había acordado de felicitar a su hermana por su nueva casa, Gloria respondió un simple: "Sí" (roca gris). Si Gloria le hubiera contestado con cierta calidez en su voz: "Sí, le contesté ayer cuando vi la foto de su casa", eso es ser roca amarilla.

¡No profundices!

El hermano demandante y ofensivo de Callie recientemente la arrinconó y le preguntó: "Callie, dime por qué no viniste a nuestra cena de aniversario. Significaba tanto para mi esposa y llegaste hasta muy tarde, cuando ya todo estaba acabando". Callie explicó que tuvo que tomar unos turnos extra en el hospital para pagar cuentas. "Tú siempre intentando provocar lástima, ¿verdad?", le contestó él.

Callie trató de explicarle. "La caldera se descompuso, luego mi coche ya no encendía; fue uno de esos meses difíciles".

"Siempre es sobre ti; te dije de la fiesta meses antes. Ella te pidió especialmente que vinieras", le dijo su hermano.

"Lo sé. Y me da mucho gusto por ustedes. ¡Veinticinco años de casados es algo importante! ¿Cómo se los puedo compensar? ¿Hay algo que pueda hacer, a lo mejor invitarlos a cenar?", dijo Callie. Su hermano respondió: "No, gracias, seguro cancelarás eso también", y se fue. Callie lloró y le contó a su amiga: "Soy una persona terrible. Dije que iría y llegué tarde".

¿Qué tan seguido has tenido una conversación que se descarrila con una persona narcisista porque interactuaste con ella y pensaste que de verdad te estaba escuchando? La supervivencia en una relación narcisista implica tirar a la basura tu manual común de comunicación y no empezar un baile tóxico con el narcisista. La técnica DEEP (profundo, en inglés) te aporta una forma rápida de recordar qué *no* hacer si quieres protegerte y evitar ponerte en una situación idónea para recibir *gaslighting*, ser provocado e invalidado. Es una herramienta para evitar involucrarte en conversaciones frustrantes que te hagan sentir culpable. Como consecuencia, además, cortas su suministro y conservas tu capacidad de aguante. Cuando practicas no ir profundo (DEEP) *no* te:

- Defiendes
- Explicas
- Enganchas
- Lo tomas personal

No te defiendas. Defendernos es el error más común que cometemos ante una actitud narcisista. Cuando alguien te acusa de algo que no hiciste o dice algo sobre ti con lo que no estás de acuerdo, es natural querer defenderte. Pero recuerda la regla de oro del narcisismo: no te están escuchando. Así que evita invertir mucho esfuerzo, darles un montón de suministro narcisista y terminar en discusiones innecesarias en las que te sigues defendiendo. Esto se vuelve truculento cuando escuchas a la persona narcisista hablar mal de ti con otras personas. En esas ocasiones, es mejor dirigirte a la gente que lo escucha, y si alguien está dispuesto a creerle a la persona narcisista, dice más de esa otra persona que de ti. Si su comportamiento es difamatorio y deriva en daños profesionales y financieros, contrata un abogado. No defenderte no implica que seas un tapete de entrada; es cuestión de no desperdiciar tu energía en algo inútil.

No expliques. Dado que los narcisistas son tan manipuladores, podrías sentirte instado a explicar siempre que te hagan *gaslighting*. La dificultad es que distorsionarán tus explicaciones, y antes de que te des cuenta, ya te estarás defendiendo. Tal vez creas que si tan sólo la persona narcisista escuchara tu punto de vista, las cosas mejorarían, pero no lo harán. Con mis pacientes, les pido que me expliquen a mí su forma de ser por escrito o en la sesión, de la forma que quieran, sólo para que lo saquen y dirijan su energía a no explicarle todo a la persona narcisista. A través de una aceptación radical, reconocen que explicarse con un narcisista es como explicarle a la lluvia por qué estaba lloviendo: a la lluvia no le importa, sólo sigue cayendo.

No te enganches. Aquí es donde entran en juego la roca gris, la roca amarilla y el cortafuegos. Evita entrar en intercambios con la persona narcisista. Si están monologando sobre algo, puedes reconocerlo brevemente y seguir tu camino. No entres de manera voluntaria en conversaciones porque en la mayoría de los casos va a acabar mal. No ofrezcas retroalimentación ni guía ni crítica; déjalos que fallen solitos. Es difícil vivir con o tener contacto regular con alguien y no interactuar o vincularte significativamente con *él*, pero un ejercicio que puede ser útil es recrear la conversación entera en tu mente antes de siquiera abrir la boca. Si conoces bien a la persona narcisista, entonces verás que hasta tu conversación "imaginaria" redundará en un desenlace de *gaslighting*, ira o invalidación. Este ejercicio te puede ayudar a detenerte antes de engancharte.

No te lo tomes personal. Puede ser duro ceñirte a esto porque el comportamiento de la persona narcisista se *siente* personal, y es personal, porque estás herido y tienes emociones reales. Mucha gente piensa: *Tal vez es algo que tengo, por eso me tratan así*. Pero recuerda, ¡no eres tú! No eres la única persona a la que el narcisista trata de esa manera, aunque es posible que te toque la peor parte. No te notan lo suficiente para devaluarte realmente; devalúan tu suministro narcisista porque eso es lo que tú eres y cualquier otro es para ellos.

Aceptarlo puede ser difícil para los supervivientes porque han pasado años sumidos en la autoculpabilidad, pensando que ¡por supuesto que el problema son ellos! No es así, y cuanto más te logres desconectar de esa creencia, más fácil será desengancharte.

Si bien no llegar a nada profundo es una técnica útil, no siempre es un camino llano. Una persona me compartió que una vez usó esta técnica y se desenganchó, pero su esposo narcisista se defendió diciendo que él no tenía ningún interés en estar en una relación "cortés" y se portó todavía peor. La técnica DEEP a menudo te mostrará la verdad incómoda de tu relación narcisista, lo cual puede alimentar la aceptación radical, pero arde de todas maneras, sobre todo si vas a continuar en la relación.

Deja de que todo se trate sobre ellos

El reto más grande cuando te quedas en estas relaciones es que la gente narcisista sigue en tu vida y continúan siendo una parte muy grande de tu contexto. Antes de entender el narcisismo, vivías a su servicio (*Espero que les parezca bien, me sentiría mucho mejor si tan sólo fueran felices*). Conforme empiezas a aceptar radicalmente que no van a cambiar, es posible que todavía amarres tu carro psicológico al suyo (*Voy a sanar sólo para demostrarles que no tienen poder sobre mí; espero que me den la promoción sólo para hacerlos enojar; ojalá se enteren de que estoy saliendo con alguien*).

Éste es el problema: cuando haces esto, el narcisista sigue siendo un marco de referencia; estás sanando sólo para demostrarles *a ellos* algo, teniendo éxito para meterles un gol a *ellos*. Recuperarte significa sacarlos del escenario por completo. Significa enfocarte en tu propio crecimiento, éxito y felicidad aparte de ellos. Al sanar, se vuelven menos centrales en tu historia. Sanar mientras continúas la relación implica que te importe menos lo que les pasa. No es fácil;

llegar ahí requiere mucho trabajo (sí, les estoy hablando a ustedes, los que arreglan y rescatan). Incluso puedes sentir que estás siendo frío conforme te alejas un poco más. Quizá no sea posible que una persona que te causó tanto daño en la vida te sea completamente indiferente, pero puedes esforzarte por separar tu historia de la suya.

Atiende la autoculpabilidad

Atender la autoculpabilidad requiere autoobservación: ser consciente y captar tus palabras, pensamientos y comportamientos promotores de ella. Empieza hablando de lo que está pasando en la relación ya sea en terapia, con amigos o familiares de confianza. La luz del sol es el mejor desinfectante: puede suspender la vergüenza y la culpa, y ayudarte a escapar de estos ciclos nocivos. Intenta registrar qué tan seguido dices "Perdón", porque las disculpas frecuentes tal vez representen diálogos internos que subrayan la autoculpabilidad.

Llevar un diario también es una herramienta útil. Te recomiendo usar alguna clase de diagrama de flujo, como en el ejemplo que sigue, donde los asteriscos señalan los patrones de autoculpabilidad y las fechas reflejan el flujo de comportamiento, evento o palabras hacia la siguiente respuesta o reacción:

Mi pareja me gritó porque se le olvidaron los papeles que tenía que llevar al trabajo; dijo que si yo mantuviera la casa organizada, él se habría acordado. → Me disculpé* y empecé a limpiar la casa frenéticamente. Creé una pequeña área cerca de la puerta de entrada para cosas que necesitara llevar para el trabajo.* → Me gritó por poner una mesa junto a la puerta. → Me disculpé* por hacerlo, pero no me sentí segura de preguntarle qué funcionaría mejor. Al día siguiente, quise hacerlo bien, así que le recordé que revisara para asegurarse de que tenía todo lo que necesitaba.* Se enojó conmigo por tratarlo como si fuera tonto.

Documentar esta clase de secuencias te pueden mostrar dónde, cuándo y cómo caes en estos ciclos. Podrías pensar todavía: *¿Qué más podría haber hecho?* Lo cierto es que cualquier cosa habría ocasionado la misma ira y desviación de culpabilidad narcisista, así que simplemente puedes reconocer que olvidar sus papeles seguro fue un problema y dejar que se siga quejando. La próxima vez podrías ser más claro y evitar el ciclo de refuerzo al disculparte y tratar de enmendarlo. Si cometes un error, puedes reconocerlo —*Ups, lo cociné demasiado tiempo* o *Me equivoqué de calle*— sin formularlo como si hubieras fracasado como ser humano.

Encuentra tu verdadero norte

Aldo había dejado de caer en las provocaciones de su madre narcisista sobre muchas cosas; estaba orgulloso de ser capaz de desconectarse y las conversaciones eran muy escasas. Un día, su mamá empezó de nuevo a provocarlo y él no se involucró, luego ella empezó a hacer comentarios burlones sobre sus hijos. "Veo que Mariela está subiendo de peso, y en la comida hoy le dije que debería enfocarse en las verduras y dejar en paz la pasta". Aldo no pudo soportarlo y le dijo que se había pasado de la raya y Mariela había estado batallando con eso. Agarró su saco, azotó la puerta y otros miembros de la familia lo acusaron de "exagerar". Estaba muy enojado consigo mismo por haber caído en su provocación, pero se rehusó a no proteger a su hija, aun si eso reforzó la narrativa de su madre de que él era un hijo desatento y no tan exitoso como su hermano.

Desafortunadamente, la realidad es que no puedes evitar involucrarte todo el tiempo. ¿Qué puedes hacer si la persona narcisista

empieza a decirte cosas terribles de alguien o de algo que es importante para ti? ¿Tu hijo? ¿Tu familia? ¿Tus creencias religiosas? ¿O si
comparten creencias racistas o intolerantes? ¿O si debes involucrarte
en algún problema muy importante en la familia, como una cuestión legal o financiera, que afecta a alguien a quien quieres? Tal vez
no sea realista emplear la herramienta DEEP en esas ocasiones. Las
cosas en tu vida por las que estés dispuesto a pelear, a entrar a la
jaula del tigre, son tu *verdadero norte*. Tu verdadero norte puede ser
tu hijo u otro miembro de la familia, tu trabajo, una ideología o una
creencia. Por ejemplo, al seguir en una relación con un narcisista
con quien compartes la custodia de tu hijo y que se está burlando de
él o lo está volviendo el chivo expiatorio, tu distanciamiento puede
salir volando por la ventana y puedes empezar a pelear y a defender
a tu hijo.

Interactuar con el narcisista sólo cuando se trata de tu verdadero norte puede tener un impacto mayor porque ahora no estás
discutiendo con él por todo y conservas tu capacidad para lidiar con
él para las batallas significativas. Pero también implica que la gente
narcisista sabrá cuál es tu Verdadero Norte y lo usará para provo-
carte o atraparte. Si eso sucede, recuerda tu herramienta DEEP o, de
nuevo, examina con mucha atención esa relación.

Prepárate y libera

Dove se dio cuenta de que sólo quedarse sentada en su coche, respirar cinco veces y recordarse que no debía engancharse ni tomarse
nada personal antes de entrar a ver a un colega particularmente tóxico hacía toda la diferencia. Después de una junta invalidante más
(que Dove intencionalmente agendó al final del día), se reunió con
un viejo y reconfortante amigo de camino a casa e hizo un plan para
irse a dormir temprano esa noche.

Si haces ejercicio, lo más seguro es que te estires antes de tus entrenamientos para evitar lesiones y que tus músculos estén preparados para el ejercicio. Luego te enfrías para evitar que tu cuerpo se acalambre. Éste puede ser un modelo para abordar interacciones con personas narcisistas. Prepararte y salir de esas interacciones puede ser un estiramiento de tu músculo de aceptación radical y darte la oportunidad de recuperarte después. Nunca entres en una de estas interacciones en frío. Incluso si es por sólo un momento, cierra los ojos, respira profundo y recuérdate no ir demasiado profundo. Luego, ya estás listo para interactuar.

En el otro extremo está lo que yo llamo la liberación. Tómate un tiempo después de alguna interacción con gente narcisista. Puede ser simplemente otra respiración, quizá repetir el mantra: "No soy yo". Si fue una interacción particularmente difícil, cuando sea posible no sólo continúes con tu día de inmediato. Date un respiro, sal a caminar, tómate una taza de té, escucha un poco de música, date un baño, habla con un amigo, haz ejercicio, mira la televisión, algo que te recalibre para salir de la interacción difícil y darle a tu psique un minuto para restablecerse.

Nunca los llames narcisistas

Esto tendría sentido sólo con la idea de no ir demasiado profundo y aplicar tu herramienta DEEP, pero muchos de nosotros —que por fin tenemos un nombre para los patrones en la relación— queremos que la persona narcisista sepa que sabemos quiénes son. Pero *no les digas*. Podrías pensar: *¿Por qué se salen con la suya? ¡No es justo!* Nada de esto es justo. Si te enfrentas a ellos sobre su narcisismo, te van a servir una ensalada entera de palabras con el aderezo de *gaslighting* al lado. La situación no va a cambiar y podría acabar contigo siendo nombrada narcisista; inevitablemente se van a enojar, pero no alterará su comportamiento. Ni siquiera si dejas la relación tiene mucho caso hacer esto, pero tiene absolutamente cero posibilidades de éxito si te vas a quedar. El marco de referencia de este estilo de personalidad y cómo funciona está destinado a ser una herramienta de navegación para ti; compartirlo no va a facilitar tu recuperación, ya sea que te quedes en la relación o no.

Ve a terapia y consigue apoyo

Si te quedas o tienes contacto constante con una persona narcisista en tu vida, es crucial ir a terapia. Si ya estás en terapia, es importante comprender que no hay milagros en este proceso. El abuso narcisista crónico hace mella en tu salud mental, y tener una caja de resonancia puede ser en extremo útil. La terapia de grupo también ayuda, sobre todo si está enfocada en supervivientes de relaciones tóxicas, y muchas veces es más costeable. Los grupos de apoyo pueden ser un complemento útil, pero quizá no sean un sustituto para la terapia porque suelen estar dirigidos por pares y tal vez no cuenten con la presencia de un profesional entrenado en salud mental.

En casi todo el mundo, se carece de un acceso inmediato a terapia y tampoco es costeable, lo cual magnifica los efectos del abuso narcisista en las personas con menos recursos sociales y económicos. A menudo, la falta de recursos implica que se queden atrapados en estas relaciones: mudarse, contratar abogados, costear un divorcio o renunciar a su trabajo no es viable. Para las personas que no cuentan con recursos económicos suficientes, la vida ya es bastante estresante, y si a eso se suma el abuso narcisista se puede sentir como una situación infranqueable. La marginalización de quienes poseen menos recursos implica que la gente con menos dinero es más propensa a recibir *gaslighting* e invalidaciones por toda clase de sistemas, incluyendo el de salud, el judicial y el policial. Aun cuando recomiendo tomar terapia a lo largo de este libro, estoy dolorosamente consciente de que no es una opción disponible para muchos, si no es que para la mayoría.

Muchos terapeutas siguen aprendiendo sobre abuso narcisista, así que si bien es óptimo encontrar un terapeuta especializado, hallar alguno bien versado en narcisismo y estilos de personalidad antagónicos, trauma o abuso doméstico también te puede ayudar. Pero sobre todo, elige un terapeuta que te haga sentir escuchado y seguro. Quieres a alguien que no te culpe ni te humille, que no te pregunte cuál es tu contribución al comportamiento de la persona narcisista, que no te regañe por cuestionarte si una persona en tu vida es narcisista o tóxica o te hace *gaslighting*, que no te pida que des segundas oportunidades ni que reestablezcas repetidamente los límites que nunca se respetan, y sobre todo, que nunca te diga: "¿Por qué no te vas?". Una terapia donde no se te juzgue, donde haya suficiente información genuina sobre trauma y donde se conozca cómo funciona el narcisismo es esencial para los supervivientes, sobre todo mientras mantienes contacto constante con personas narcisistas.

Y luego, está la terapia de pareja. Tomar terapia es una gran opción para ti, pero la terapia de pareja con una persona narcisista puede ser complicada. Es importante asistir con los ojos bien abiertos y con un terapeuta muy fuerte. Si tienes un terapeuta de pareja que no comprenda el narcisismo, es posible que el propio psicólogo caiga por completo ante el encanto, el carisma y la seguridad del narcisista. Si conoces a un terapeuta dispuesto a meter los pies del narcisista en el fuego y pedirle que se haga responsable, tienes que estar consciente de que lo más seguro es que la persona narcisista deje la terapia. Las parejas narcisistas son conocidas por manipular la terapia y aparentar compostura mientras tú te desmoronas emocionalmente compartiendo frustraciones y emociones fuertes. Si tienes una gran referencia, ya te encuentras en terapia personal y puedes darte permiso de concluir la terapia de pareja si no te sientes seguro, entonces valdría la pena intentarlo. Si la terapia se siente como un lugar donde se perpetúa la culpa o tu pareja narcisista utiliza el proceso como un arma, sería de sabios reconsiderar. De la misma manera, ten cuidado cuando en tu lugar de trabajo sugieran mediación para resolver un conflicto con algún colega o jefe tóxico. Si el mediador no entiende de narcisismo, este proceso podría acabar sintiéndose como *gaslighting* y más invalidación. Buscar terapia fuera del lugar de trabajo quizá sea esencial para sortear estas situaciones. Por último, en eco de lo que se ha dicho a lo largo del libro, el apoyo social más allá de la terapia —amigos, familia, gente que tal vez conociste en una clase— es crucial si quieres quedarte en la relación. Es esencial para tu proceso de recuperación que tengas gente, relaciones y experiencias donde se te valide, se te respete y encuentres empatía y compasión.

Distanciamiento del alma

Tal vez no se sienta bien ni auténtico, pero sí puedes estar ostensiblemente en una relación y tratar de mantener tu alma fuera de ella. Le funcionó a una mujer que le contaba a su marido narcisista de alguna nueva idea o una buena noticia, e invariablemente la escuchaba a medias, le preguntaba cuánto "le iba a costar a él su idea loca" o le decía que cualquier clase de éxito que tuviera se debería a mera suerte de principiante. Ella no quería terminar su matrimonio por una serie de razones, pero trabajamos para volverlo un lugar menos desmoralizante al enseñarle cómo dejar de permitirle a él ser su primera parada cuando quería compartir algo bueno. Con el tiempo reconoció que contarle sus buenas noticias se sentía como una respuesta de sumisión y un intento de ganárselo, así como lo había probado con sus padres cuando era niña.

El distanciamiento del alma puede conllevar a proteger tus vulnerabilidades, tus sueños y tus esperanzas. Implica estar consciente y en sintonía con el comportamiento narcisista y el impacto que está teniendo en ti, y luego modificar tu forma de abordarlo: interactuar y compartir menos, no caer en provocaciones. Implica guardar tu profundidad para la gente recíproca. Cuando estás tratando de distanciar tu alma, visualízate sentado en una nube de luz, una suerte de límite diáfano entre el comportamiento invalidante de otros y tú. Sólo visualizarte sereno dentro de ese espacio puede alimentar la experiencia del distanciamiento del alma.

Dejar una relación narcisista o distanciarte significativamente de una persona narcisista no siempre es una opción, pero permanecer en alguna relación así no implica que no puedas sanar, adoptar una nueva perspectiva, procurar tener una mayor autonomía y recuperarte del maltrato narcisista. Hay cosas pequeñas y grandes que puedes hacer para protegerte, como usar tu conocimiento sobre el comportamiento narcisista para desvincularte y darte permiso de crecer a pesar de estar en una situación tóxica y limitante. Estas pequeñas calibraciones y cambios te pueden servir para sobrellevarlo, proteger a quienes quieres, y darte la oportunidad de explorar y ocupar tu auténtico sentido de identidad. Con el tiempo, tal vez te des cuenta de que haber sanado mientras seguías en la relación te ayudó a salir de ella, pero en un marco de tiempo que se sintió cómodo.

Reescribe tu historia

Nos contamos historias a nosotros mismos
para poder vivir.
JOAN DIDION

Cuando Luna recuerda su vida, se ve a sí misma como un "robot con esperanza". Creció en una familia de inmigrantes de una cultura tradicional y patriarcal, con un padre narcisista y una madre emocionalmente abusiva que vivió toda su vida apaciguando a su marido invalidante. En la familia de Luna, ella fue la niña de oro, la que solucionaba y la que contaba la verdad. Mientras que ella era una estudiante excelsa, su hermano era el chivo expiatorio, y a ella la hacían cargar con la culpa del superviviente por el trato preferencial que a veces recibía de su padre narcisista maligno y vulnerable. A menos que Luna cediera a lo que su padre valoraba —sacar buenas calificaciones y jugar tenis—, él la ignoraba. A todos se les descuidó, todos tenían miedo y tuvieron que tratarlo con mucha sutileza casi toda su vida. La familia lejana veía a su padre como un titán y eso muchas veces facilitaba su mal comportamiento.

Luna era ambiciosa e inteligente, pero la confusión por el vínculo de trauma de su mamá y la crítica y el desinterés de su padre en ella como persona, además de los comentarios crueles sobre cómo se quedó corta cuando no logró entrar en una universidad de la Liga Ivy tuvieron como consecuencia que recibiera poca guía en su vida, y simplemente no confiaba en sí misma lo suficiente para buscar una mentoría y defenderse. Su intelecto nato la llevó a una universidad promedio y, finalmente, a la escuela de medicina donde se graduó como doctora. Tuvo una carrera sólida como médica comunitaria y contaba con las habilidades y la ambición para ser líder en su campo de la medicina y la investigación, pero se convenció a sí misma de no seguir ese camino. Había internalizado tan profundamente la retórica de su infancia, la creencia firmemente implantada en su ADN emocional de que no era suficiente, que sus miedos duales de éxito y fracaso —y el subsecuente desprecio y burla— fueron una barrera. Realmente creía que no estaba a la altura de los elogios públicos y sentía que no podía lidiar con un fracaso de esa magnitud. Su narrativa nunca estuvo abierta a la posibilidad de éxito, sólo al desastre que el fracaso le traería. Luna se quedó estancada en la fantasía de mostrarle a su padre que estaba equivocado y así cancelar su menosprecio y burla, pero también se veía a sí misma como una ridícula mediocre por querer conseguir más en la vida.

Las relaciones de Luna en general consistieron en una elección de hombres que eran exitosos, pero la trataban de una manera displicente. Eventualmente conoció y se casó con un médico senior en su campo que era diez años mayor que ella. Tuvieron hijos juntos. Con el tiempo, sus dones y ambiciones se apagaron todavía más al enfocarse en la carrera de él, y a menudo él la menospreciaba. La carrera de Luna languideció. Trabajaba en una clínica comunitaria de nivel medio mal dirigida, supervisada por una administración invalidante, y no lograba el reconocimiento que merecía. Su marido era manipulador, iracundo, controlador, y después de una discusión, siempre la convencía de que había algo mal en ella. Luna se sentía estancada, y en su terapia admitía que incluso tenía fantasías de cómo sería si su marido muriera y ella estuviera libre al fin. Su terapeuta le preguntaba: "En lugar de fantasear sobre la muerte de alguien como una forma de liberación,

¿has considerado abandonar esta relación?". Luna dijo: "No sé si tengo la fuerza para hacerlo".

Luna siguió en terapia, habló con algunos amigos de confianza y eventualmente se dio cuenta de que terminar su matrimonio implicaría perder su familia de origen, pues su padre creía que el divorcio traería vergüenza a la familia, y la dejaría en una posición económica de riesgo con dos hijos. Sin embargo, al final decidió que irse era la mejor decisión y se mudó a un departamento pequeño. Su exesposo y ella compartían la custodia de sus hijos.

El divorcio fue difícil, y por una variedad de razones complejas, Luna terminó con muchos menos recursos de lo que había esperado. Pero no lo lamentaba. Pensaba: *Soy libre. ¡Por fin puedo cumplir mis sueños y hacer lo que yo quiera!* Pero las cosas no siempre se dieron como ella esperaba. Luna dejaba pasar buenas oportunidades porque pensaba que se "estaba adelantando" y no era lo suficientemente buena. En su matrimonio había cedido el control de sus finanzas a su exmarido porque él muchas veces la regañaba respecto a cuestiones de dinero, y el resultado fue que ahora tenía que aprender con rapidez toda una vida de educación financiera. Su padre no creía que las mujeres debieran saber nada de dinero, así que tampoco recibió guía de parte de él. Luna se estaba endeudando cada vez más, pero sentía que por lo menos sus errores eran propios, y eso se sentía aún mejor que la desolación de una vida en su matrimonio o con su familia de origen.

Con el tiempo, Luna empezó a salir con otras personas y, vaya sorpresa, conoció a más hombres narcisistas. Empezó toda clase de relaciones invalidantes con hombres que abusaban emocionalmente de ella, y mientras que su exmarido había sido fiel, ahora experimentaba el dolor de la infidelidad narcisista. Si bien logró arrastrarse lentamente fuera de este nuevo cúmulo de relaciones narcisistas, estaba psicológicamente exhausta. Pero siguió manteniendo límites firmes con su familia. Cada día, aun cuando las cosas se pusieran difíciles,

Luna se recordaba que vivir por su cuenta y ser soltera todavía se sentía mejor que el tiempo que pasó en cualquiera de esas relaciones.

Poco a poco, un negocio que había puesto al fin empezaba a rendir frutos. La habían invalidado en cada momento mientras lo desarrollaba, y si bien las numerosas barreras para lanzarlo fueron estresantes, no le restaron ímpetu. La resiliencia y la flexibilidad que cultivó después de años de relaciones narcisistas la ayudaron bastante. Su nuevo negocio se expandió lo suficiente para volverse un trabajo de tiempo completo, y aunque sigue creciendo a paso firme y recibe una gran retroalimentación, el volumen de esas voces invalidantes sigue siendo muy alto, y cada día Luna se pregunta si todo va a fracasar. Pero sigue.

Eventualmente, Luna reconoció que, aun si se había distanciado de su familia y su exmarido narcisistas y les había puesto límites, sus voces estaban metidas en su cabeza. Se vio en un ciclo y deseaba que su negocio funcionara para demostrarles que estaban equivocados y enorgullecerlos. Su trabajo continuo en terapia estaba dirigido a conectarla con sus emociones, con su identidad y lo que quería, y a desprenderse de la forma como la visualizaba la gente narcisista en su vida. Se volvió docta en ni siquiera hablar con ellos sobre lo que hacía, y gradualmente le importó menos lo que pensaran de ella o de su trabajo.

En sus propias palabras, Luna es feliz. Dice que la vida se ha sentido bastante difícil y ha sido dolorosa, pero ahora contempla su vida y sus relaciones con nitidez. Sí lamenta lo ineficiente que ha sido su vida y que tuviera que llegar casi a los sesenta para poder estar al fin donde quería estar. Pero vive una aceptación radical. Su círculo social se redujo a un grupo de personas que son empáticas y compasivas, y no regala su tiempo a gente que la drena.

En sus días más oscuros, Luna admite preguntarse cómo hubiera sido tener padres que se amaran —un padre amoroso y una madre exitosa—, haber tenido su propia historia de amor, haber sido impulsada y apoyada. Otros días, admite que Luna no sería Luna sin esa batalla. Está orgullosa de su flexibilidad. Cuando otros a su alrededor se quejan de que algo no salió como ellos querían, ella se siente agradecida por la libertad que le da tener expectativas realistas, y que años de tener que trabajar alrededor de gente tóxica le dieron un buen entrenamiento para pensar por su cuenta y tomar decisiones rápidas cuando se necesitan. Está bien equipada para las decepciones de la vida y se las toma menos personales cada vez. Lo que la ha salvado es la alegría y la gratitud cuando las cosas sí le salen. Está profundamente presente en los días buenos... y agradablemente sorprendida por ellos. Identifica a las personas narcisistas con rapidez, ya no se vincula con ellas y se ha sorprendido a sí misma porque ya no le importa la opinión de los facilitadores. Todavía siente pena por algunos aspectos de su vida —como cuando ve o escucha a personas con matrimonios felices y duraderos, con seguridad económica en su edad avanzada—, pero esos momentos ahora pasan como un rápido espasmo de dolor psicológico. Al mismo tiempo, se deleita en su libertad, en un buen día con sus hijos, en llevar a su madre a un paseo y en su carrera. A pesar del dolor, se ofreció a cuidar de su padre cuando se enfermó. No esperaba nada a cambio, y cuando reflexionó sobre su "porqué" se dio cuenta de que no era por él, sino por ella. Ella era así.

Éste no es el camino que Luna quería. Es el camino que le tocó. Finalmente se comprende a sí misma y puede ver con claridad lo que le han hecho las heridas y el maltrato de su familia y de sus relaciones anteriores. Reconoce que no hay un borrador para eliminar todas esas cicatrices. Está consciente de quien es y lleva una vida congruente con ese autoconocimiento y con sus valores. Luna al fin siente que puede ocupar su yo auténtico sin miedo y está reescribiendo su narrativa. Es consciente de las diferencias entre la vida con y sin *gaslighting*. Ya no permite tonterías. Y hace un año conoció a otra persona. Es un hombre compasivo, respetuoso de su trabajo y no es controlador. Sigue buscando focos rojos e insiste en que la relación vaya lenta. Él no tiene ningún problema con eso, y de hecho es él quien aporta amabilidad, reconoce sus dones y no la bombardea con amor. Luna se está enamorando, pero sabe que la confianza siempre será una lucha para ella.

Dibuja una sonrisa lentamente y dice: "Al fin, después de sólo tener sal y limón, mi vida se volvió de caramelo y sal... en este momento, lo salado y lo agrio realmente resaltan la dulzura".

Te esfuerzas tanto por comprender a la gente narcisista y por aprender cómo sobrevivir estas relaciones, que se te olvida que el resto de tu vida se va a desarrollar conforme sanas, evolucionas y sigues adelante mental o literalmente. Una relación narcisista puede ser toda una cátedra de tu propio potencial, un recordatorio de que vale la pena pelear por ti, de que eres alguien a quien se puede amar, de que tienes una identidad fuera de esta relación y puedes tirar a la basura los gastados cuentos de hadas y reescribir tus propias narrativas. Las relaciones narcisistas te incapacitan para contestar la simple pregunta de "¿Quién eres?", porque realmente no se te permitió tener un sentimiento o una experiencia fuera de la persona narcisista... y ésa es una reflexión aleccionadora. Estas relaciones son un círculo vicioso eterno: expresar tu verdad y ser invalidado o ceder ante ellos y sentirte avergonzado por no tener tu propia personalidad. Conforme evoluciona la curación, el juego largo se trata de lentamente reclamar tu soberanía personal y no sentir culpa por ello.

Por supuesto, no es fácil. Desengancharte, dejar ir, tener menos contacto, proclamar que "ya lo superaste"... todo eso es un mero decorado, a menos de que estés realmente dispuesto a hurgar dentro de ti. Los pasos finales hacia la recuperación de una relación narcisista implican reconocer que gran parte de tu percepción de ti mismo se torció por la perspectiva de la persona narcisista, como si te hubieran obligado a ponerte unos lentes distorsionados, y ahora necesitas aprender a verte sin ellos. La recuperación a lo largo de tu vida es un viaje en el que el dolor da paso a la individuación y a un futuro más esperanzador. Se trata de encontrar la manera de atravesar el dolor y buscar alegría a pesar de todo lo que ha pasado. Mientras el narcisista siga viviendo en tu mente, es probable que no te agrades a ti mismo. Desalojarlo y ajustarte al vacío resultante de persuadir al narcisista para que salga de tu mente, tu corazón y tu alma es necesario.

Muchas de las estrategias de recuperación hasta ahora han versado en cómo "manejar" el impacto de la gente narcisista en tu vida. Esas herramientas te prepararon para comenzar la labor más profunda de eliminar a la persona narcisista como la figura central de tu historia. En lugar de seguir atorado en la vieja narrativa, es tiempo de empezar a revisar tu narrativa desde un lugar de honestidad y autoconciencia, y de reflexionar sobre las lecciones aprendidas por esta difícil relación.

¿Crecemos —*podemos* crecer— después del trauma o de las profundas heridas de una relación emocionalmente abusiva? La respuesta es que es complicado. La respuesta corta es sí, y muchas personas lo hacen. Puede haber evolución de un revés y del miedo a crecer, incluyendo más gratitud, prioridades más claras, una mayor empatía y un sentido de pertenencia, nuevos intereses y adaptabilidad, mayor confianza, una narrativa personal y creencias más significativas, así como un claro propósito.[1] Un desarrollo de las cuestiones alrededor del crecimiento postraumático sobrepasan el tema de este libro, pero mientras los investigadores discuten sobre terminología y lo que constituye el crecimiento postraumático,[2] sabemos que, a raíz del trauma, algo nos sucede y no todo es malo.

Este cambio en tu interior se puede canalizar y cultivar. Puedes y debes hablar al respecto en espacios seguros, sacarlo a la luz y desprender de tu trayecto la vergüenza. Elévate por encima de la narrativa narcisista y date el espacio para ser el personaje principal de tu propia historia. Recrea tu narrativa y reconoce que llegó el momento de la segunda parte de tu historia, la cual refleja lo que has aprendido. Sanar se trata de manejar las emociones negativas y confiar en tu cuerpo y sentirlo, pues no sólo guarda el dolor de esta relación, sino que también es hogar para la intuición de la que te alejaste. No se trata tan sólo de ser el autor y el editor de tu historia revisada, sino de acercarte al dolor, apartar el perfeccionismo y el diálogo interno negativo, y crear espacio para la significación, el propósito y la empatía mutuamente reconocida.

Estamos construidos para sanar; así es la vida. La naturaleza está llena de ejemplos de organismos que sanan y continúan creciendo y prosperando. Un árbol sigue creciendo aun después de que le corten una rama, una estrella de mar regenera una pata. Las flores y los bosques proliferan después de los incendios forestales. Tú no eres distinto. Es posible que esta relación dejara tu psique hecha pedazos, pero al igual que todas las cosas vivas, recuérdate que en los días más difíciles, vivir significa sanar.

La historia del león

Al principio de este libro sugerí que es momento de dejar de contar la historia del cazador y en cambio empezar a enfocarnos en la historia del león. Pero ¿por dónde empezar?

Empezar a reescribir y editar tu historia significa comprender el impacto que tuvieron en ti las relaciones narcisistas. Para muchos de nosotros, la relación narcisista estuvo ahí desde el principio. Nuestra identidad entera y nuestra persona quedaron moldeadas por una vida entera apaciguando, complaciendo y tratando de ganar el favor de la persona narcisista, tratando de ser notado o reconocido como una persona con nuestros propios deseos, necesidades y experiencias. Vivíamos en la vergüenza proyectada por el narcisista, conteniendo nuestras metas o sueños porque serían devaluados y descartados, o dándoles otra forma para que ya no fueran nuestras aspiraciones, sino un intento más de conquistar al narcisista o evitar su ira y su invalidación. Es momento de considerar quién eres si ya no estás sólo representando un papel en la historia del narcisista.

Si acaso sí intentamos rebelarnos, incluso nuestro acto de rebeldía fue una respuesta a la relación narcisista. Las opiniones divergentes que tuvimos, las preferencias que expresamos, hasta el color de nuestro cabello pudo haber sido una forma de tener una identidad aparte de esta relación o de gritar para ser escuchado y visto por el narcisista. Así, hasta nuestros intentos por tener autonomía fueron muchas veces el contrapeso de la sofocación o la negación narcisista. Las relaciones narcisistas nos enseñan que nuestras necesidades son irrelevantes, y crecemos creyendo que las necesidades y los deseos de los demás son nuestros.

Incluso sentir tus propias emociones se vuelve algo angustioso. Evolucionar más allá del abuso narcisista implica adueñarte y declarar las necesidades con toda claridad sin enredarlas en la confusión de la relación. En lugar de "Quiero ser madre y quiero mostrarle a mi madre cómo se hace porque ella lo hizo muy mal y me arruinó", nos conectamos con nuestros deseos, lejos de la forma como el narcisista nos veía o de lo que ellos hicieron, y simplemente decimos: "Quiero ser madre". Estar en esta relación implicaba silenciar cualquier cosa que no tuviera que ver con ellos. Ser capaz de identificar y expresar nuestros sentimientos es un cambio masivo.

Conforme moldees el segundo volumen de tu narrativa, será tiempo de hacerte las grandes preguntas: ¿Quién eres? ¿Qué quieres? ¿Qué necesitas? ¿Qué representas? No siempre es fácil, pero el trabajo es ése. Todos los ejercicios, la información y las sugerencias de este libro sólo son útiles como una parte de este viaje absolutamente importante para darle permiso a tu yo auténtico de que se muestre. Es momento de difuminar a la persona narcisista fuera de la historia y aprender quién eres más allá de esas relaciones. A veces crees que sacaste a la gente de tu vida, pero siguen ocupando bienes raíces de primer nivel en tu mente porque tú sigues dedicando horas a rumiar estas relaciones. En la historia de Luna, tener éxito estaba relacionado con demostrarle a su padre que estaba equivocado, en lugar de luchar por lo que ella quería. Pero convertir tu vida en un contrapeso de la persona narcisista implica que no estás totalmente desconectado de ella y sigues viviendo a su servicio, un lugar familiar, aunque tóxico. El verdadero acto de rebeldía es vivir una vida que no sea en respuesta a ellos, sino la vida de una persona auténtica, con deseos, necesidades, aspiraciones, errores, fortalezas, vulnerabilidades, esperanzas y sentimientos que sean enteramente tuyos.

Revisa tu narrativa

Tu narrativa quedó modelada por personas que no querían que tú fueras tú. Ahora es momento de cambiar tus viejas narrativas y reemplazarlas con otras nuevas que te puedan liberar y empoderar. Son viejas historias, así que al principio quizá te parezca difícil editarlas. Es un poco como reescribir un cuento de niños que escuchaste tantas veces, que ahora parece imposible contar de otra manera. Imagina que la Sirenita llegara con el Príncipe y le dijera: "Oye, en realidad me gusta mi cola, y si quieres ir al océano y pasar un rato conmigo y realmente conocerme, me avisas, pero de lo contrario, no gracias".

El primer paso es identificar las narrativas torcidas y viejas que te han estado deteniendo. Escríbelas. Pueden ser un boceto, unas cuantas páginas o cientos, lo que sea que te funcione mejor. Después de elaborar tu narrativa original, déjala respirar. Ahora que tienes un mejor entendimiento de lo que es el abuso narcisista, lee tu narrativa a través de ese lente e identifica las suposiciones equivocadas

("Fue mi culpa"). Pon atención a qué tanto de la historia realmente es tuyo y qué tanto pertenece al narcisista. Vivir con maltrato narcisista implica que termines confundiendo su historia con la tuya, así que reescribe esas partes primero, las partes que creías que eran tuyas. Tal vez te des cuenta de que "En realidad quise ser médico desde chico" se transforma en "Me encanta la ciencia y mi papá realmente quería que fuera médico como él. Me facilitó mucho la vida quererlo también, y a mis padres les encantó que fuera a la escuela de medicina. Ser doctor está bien, pero reconozco que mi verdadera pasión era escribir, así que ahora estoy probando mi mano al redactar el proceso personal de ser un proveedor de atención médica". Observa tu historia con ojos transparentes. Las historias pueden tener finales distintos, y esto es sobre escribir un nuevo segundo acto que sea tuyo.

Tus miedos al rechazo y el abandono quizá detuvieron el proceso de individuación y de recuperar tu historia. En lugar de la narrativa "Soy pésimo en las relaciones y me quedé tontamente en esta relación durante demasiado tiempo", prueba con "Las relaciones en ocasiones son difíciles para mí y estoy aprendiendo nuevas formas de estar en una relación. Puedo bajar la velocidad y ser más amable conmigo mismo". Abordar tu narrativa una pieza o tema a la vez e infundirla con autocompasión puede hacer que todo el proceso sea más manejable. Puede tomar tiempo y reflexión, así que no lo apresures.

También es momento de reescribir tus narrativas sobre resiliencia. Tus sentimientos y emociones no estaban permitidos o recibieron *gaslighting* en tus relaciones narcisistas. La gente con menos poder en su familia, sus relaciones y en el mundo en general aprendió hace mucho que sus emociones muchas veces no son toleradas ni permitidas. Muchos de ustedes aprendieron hace tiempo a oprimir sus sentimientos, y que la fuerza y la resiliencia estaban asociadas con ser estoico. En muchas culturas, no expresar la emoción y dejar los sentimientos ocultos se tomaba equívocamente como resiliencia. Pero la resistencia callada no es resiliencia, aun cuando pueda ser más *cómodo para la gente a tu alrededor.* Al darle forma a tu narrativa, conéctate con cualquier sentimiento y emoción que tengas y que estés experimentando conforme transcurre tu vida. Date permiso de expresar estos sentimientos; es la verdad de tu sentir lo que dará vida a tu narrativa con la verdad de quién eres. Tu narrativa no es meramente una historia; son los sentimientos que has silenciado durante tanto tiempo para permanecer a salvo en las relaciones tóxicas.

Al revisitar tu narrativa, sé consciente de no confundir la individuación con un estilo de independencia de "ti contra el mundo". Las relaciones humanas pueden parecer aterradoras después del abuso narcisista. Ten clara la diferencia entre entender tu identidad aparte de la narrativa narcisista y volverte una isla que se aparte de todos. Las relaciones humanas sí pueden ser seguras y uno de los elementos principales en tu nueva historia es permitir que haya relaciones sanas potenciales, sin importar cuánto tiempo tarden en desarrollarse.

A fin de cuentas, revisar tu narrativa no es un truco de bienestar. Es sobre los detalles. No es cosa de pasar de "No soy suficiente" a "Soy genial", o a algún mantra superficial de amor propio, sino a desempacar la mentira de "No soy suficiente" y al fin reconocer de dónde vino y que tu historia de vida te está diciendo lo contrario.

Trabajé con una mujer que tuvo una madre, un marido, un hermano, un exjefe y una ex mejor amiga (que había sido dama de honor en su boda) narcisistas. Al principio, se resistió a hacer el ejercicio, sintiendo que era imposible reescribir nada... y después de tantos años, ¿a quién le importaba? Pero era buena gente y accedió a hacerlo. Al examinar sus viejas narrativas y abrirse a las nuevas, aprendió que se había vuelto muy buena para sobrellevar la impredecibilidad, no era "poco razonable" como le habían hecho creer, tenía la habilidad de coordinar un proyecto grande y tenía una empatía tremenda.

También sabía cómo sentar un límite (su concepción original de sí misma era ser un "tapete de entrada") y era capaz de pedir lo que necesitaba. Sus relaciones narcisistas pasadas la convencieron de que había evidencia de cosas que simplemente no eran ciertas, pero había escuchado las mentiras tantas veces que las había creído. No cambió porque un terapeuta o un entrenador la animara y le dijera que era genial; la evidencia estaba ahí, en lo que estaba haciendo con su vida. Al revisar su narrativa empezó a hablarse de otra manera, se desvinculó de su madre y ya no se refería a sí misma como un tapete. Un año después se mudó de su casa marital y empezó a florecer en su carrera.

Tu narrativa editada es dinámica, cambia y muta conforme aprendes más de ti mismo. La narrativa derivada de tus relaciones narcisistas fue una ficción. Tu historia, contada por ti, es la verdad. La historia de la cacería contada por el león.

La traición del perdón

Parece que cada libro de autoayuda, práctica de sanación y escritura espiritual habla del valor del perdón. Desde la Biblia hasta los *influencers* de Instagram y Gandhi, se nos vende la idea de que el perdón es divino y el camino hacia la rectitud. Así que el hecho de que yo me siente aquí y te diga: "Tal vez no" es poco ortodoxo por decir lo mínimo. Las investigaciones psicológicas remarcan el valor del perdón, y en las relaciones sanas tiene un enorme valor. Pero las relaciones narcisistas no son sanas, así que toda la sabiduría convencional sobre el perdón sale por la ventana.

El diccionario *Merriam-Webster* define la palabra *perdón* como "cesar de sentir resentimiento contra (un ofensor)". Si ya no sientes resentimiento hacia la persona que te traicionó, entonces estás a salvo, perdona todo lo que quieras. Tratar de perdonar mientras seguimos sintiendo resentimiento podría ser lo que el mundo o la persona narcisista quiere ver, pero no es un proceso auténtico dentro de ti. ¿Qué ha ocurrido en el pasado cuando perdonaste a la persona narcisista de tu vida? En la mayoría de los casos, el narcisista no reconoció el perdón como el regalo que es, ni cambió su comportamiento. En cambio, es probable que lo viera como un permiso para seguir haciendo lo que estaba haciendo. El perdón es suministro narcisista, una cosa más que alienta la presunción de la persona narcisista, y es posible que te enojes contigo mismo por perdonarlo, sobre todo si te traiciona de nuevo. Además, el perdón rara vez se da en tiempo real en una relación narcisista. Es algo que, si sucede, tiende a desarrollarse mucho tiempo después de haber salido seguro de la relación.

Múltiples estudios sugieren que el perdón no es bueno para una persona si no está seguido de un intento por enmendar lo sucedido o fomentar la seguridad. Cuando la gente perdona repetidamente a una pareja que se comporta mal en una relación, daña el bienestar de la persona que lo perdona. Otros investigadores también encontraron que las parejas menos agradables tenían una probabilidad mayor de volver a cometer la ofensa después de ser perdonadas, y no sentían la presión de cambiar su comportamiento porque creían que su pareja no se enojaría con ellas si tuvieran un desliz otra vez. Incluso hay un nombre para esto: *el efecto tapete*, el cual indica que perdonar a una pareja menos agradable que se ha comportado mal menoscaba el respeto que tengas por ti mismo. Casi nada de lo que se ha escrito sobre las virtudes del perdón tiene en cuenta el narcisismo ni el antagonismo. Cuando sí consideramos a los reincidentes y las personalidades desagradables, las investigaciones sugieren que sería mejor para tu bienestar no perdonarlos.[3]

En lo personal, yo no he perdonado a toda la gente narcisista que se cruzó en mi camino. He dejado ir, he seguido adelante y no les deseo mal, pero también veo con claridad que me lastimaron y, de cierta manera, me cambiaron, sin embargo, nunca asumieron su responsabilidad por el daño causado. Yo sigo pasando tiempo con algunos de ellos. Pero siempre me siento peor después, y es por estas relaciones que me he vuelto más vigilante, más temerosa y menos confiada. Abrazar mi negación al perdón me ha ayudado de una manera significativa a sanar y ha reducido el volumen de mi ira. La desconexión entre el resentimiento y el perdón implicaba que, si yo afirmaba perdonarlos, entonces estaba aferrándome a algo que me detenía. Perdonarlos a ellos implicaba una tensión interna para mí. No parece muy curativo, ¿no? Algunos me han dicho: "Ramani, has seguido adelante y los has dejado atrás, sólo perdónalos". Pero yo no veo la falta de perdón como un peso que cargue. Lo veo como una evaluación realista de la situación. Durante años sí seguí perdonando, o por lo menos creyendo que estaba perdonando, e hice uso de las múltiples verdades para encontrarle sentido. *Me lastimaron, los quería, traté de perdonar, me traicionaron otra vez, dejé de confiar en la gente, sigo temiendo su crítica.* Seguir adelante no era tan simple como perdonar y dejar ir. Nunca es así.

Parte del problema es que algunas de las cosas que llamamos *perdón* no lo son. Dejar ir, seguir adelante, disculpar el comportamiento de la gente narcisista u olvidar por completo puede ayudar a liberarte, pero no son lo mismo que el perdón, que es un proceso más activo. Rumiar la idea de perdonar (o no perdonar) te puede mantener mentalmente interconectada con la relación narcisista, aun cuando ya estén fuera de tu vida. El acto equilibrista es resolver las abrumadoras emociones negativas creadas por la relación y reconocer que superar esas emociones no es perdonar... eres tú distanciándote de tales rumiaciones.

La clave es que el perdón, si se da, debería ser auténtico y no una actuación. Algunas personas podrían decirte: "Al perdonar a la persona narcisista, reconozco qué tan triste ha sido su vida y no voy a gastar mis recursos en despreciarlos". Yo nunca voy a proponer el perdón como un camino hacia delante para ningún superviviente de abuso narcisista. Apoyo a los supervivientes que eligen perdonar y apoyo a los que no; ningún camino es mejor ni peor, aunque las investigaciones sí sugieren que no es bueno para nosotros seguir perdonando a los reincidentes. Sanar, moldear una nueva narrativa y recuperar tu voz son decisiones, y de la misma manera, perdonar es una decisión. Me parece impactante la cantidad de diálogo que hay sobre abuso narcisista relacionado con perdonar al narcisista. Es ridículo. Si no quieres perdonar, es posible que se te haya humillado como alguien que carece de compasión, cuando en realidad estás lidiando con los destrozos que dejó en ti la relación narcisista. O quizá se te dijo que no serás capaz de sanar si no perdonas. Eso no es cierto.

Sanar es observar con toda claridad lo que sucedió. Permitirte sentir la tristeza y el dolor. No es una historia que sólo cuentas una vez. Necesitas contarla las veces que sean necesarias hasta poder verla, pero no puedes hacerlo sin sentirla. Es triste y está llena de pena y de dolor. Sanar implica permitirte percibir tu dolor y tu historia de abuso narcisista. Hacerlo lentamente, sin vergüenza, sino con autocompasión. Muchas personas bajan la cabeza y se dedican obsesivamente al trabajo o a otras actividades para dejar atrás el abuso narcisista. Eso no es sanar; es distraerte. Estar ocupado se puede sentir como un espacio seguro a corto plazo. El juego largo implica que no te saltes el paso del dolor y cambies de ocupado a mejor. En nuestra carrera por sanar, por superarlo, a menudo olvidamos detenernos y *sentirlo*, y es esencial que lo hagamos. De lo contrario, seguimos desconectados de la experiencia y condenados a rumiarla y, quizás, a repetirla.

Puede tomar años —o incluso décadas— salir de estas relaciones narcisistas adultas, e incluso una vez que estés afuera, te culpas por haber permanecido ahí tanto tiempo. *¿Cómo pude haber sido tan estúpido? ¿Por qué no lo vi antes? Tal vez no lo intenté lo suficiente.*

¿Cuánto de esto fue mi culpa? Tal vez yo creé este monstruo. Perdónate por no verlo, por confundir la empatía con facilitar y por inventar excusas. No sabías. A nadie le enseñan esto, así que, ¿por qué te habrías dado cuenta?

Perdonarse a uno mismo tiene que ver con la liberación. Libérate de la narrativa de la persona narcisista. Podrías sentir que te defraudas a ti, a tus hijos o a tus colegas y empleados. Pero sólo querías ser amado, apreciado y protegido por tus padres; enamorarte de alguien y ser tratado con amabilidad, compasión y respeto; ser tratado con equidad y cortesía en el lugar de trabajo; recibir la empatía básica. En cambio, te encontraste con *gaslighting*, invalidación, ira, desprecio, desdén y crueldad. No hiciste nada malo. Es momento de dejar de inventar la historia contraria. Perdonarte a ti mismo se vuelve un paso clave para resolver esta pena.

Conforme recorres tu propia historia, puede ser muy tentador creer que la historia termina con el perdón, pero es posible que tu historia tenga un final muy distinto.

De sobrevivir a prosperar

¿Es posible prosperar después del abuso narcisista? ¡Sí! Prosperar no tiene nada que ver con traer de vuelta el "viejo tú"; has sido alterado por esta experiencia. Se trata de poner al frente esa versión de ti más sabia, más consciente de sí misma y más auténtica. Prosperar es más que el duro pedaleo como superviviente un día tras otro para decodificar la confusión, la ansiedad y las dudas personales. Tampoco es simplemente sobrellevar el día a día de preparar la comida y acabar tu trabajo. Cuando empiezas a prosperar, ya no haces las cosas ni te preguntas qué pensaría la persona narcisista; simplemente dejaron de ser un factor en tus decisiones y tus experiencias. He hablado, trabajado y escuchado las historias de una miríada de supervivientes, y sus historias sobre cómo aprendieron a prosperar no siempre son el relato épico de "Empecé un negocio, me casé, me acredité como docente". Prosperar muchas veces es tan sólo "Pasó todo el día y no escuché su voz en mi cabeza ni una vez".

Toma un momento para contemplar tu viaje y tu historia con claridad. Podrías juzgar como "pomposo" tu crecimiento, tus aspiraciones y hasta los halagos que recibes de otros por lo lejos que has llegado: *Ay, no puedo hablar del negocio que construí, suena presumido*; *Agh, hablar de mi crecimiento y mi viaje se siente exagerado*. Has pasado años siendo humillado sólo por querer vivir en sincronía con la persona que eres en lugar de seguir un guion que se te impuso. Observa cuando te silencies a ti mismo o descartes tus aspiraciones como "exageradas". Eso no es humildad; es la voz internalizada del narcisista. Tus sueños y tus aspiraciones no son pomposos. Tienes la humildad engranada, así que aprende a prosperar, florecer y reflexionar sobre ti sin avergonzarte.

¿Cómo termina la historia sin que haya un cierre?

La realidad es que rara vez hay cierres en las relaciones narcisistas. Podrías desperdiciar una vida entera esperando el momento tan fantaseado en que la persona narcisista te diga que lo entiende o que asuma su responsabilidad o se le señale como responsable. Es posible que nunca vean tu dolor ni todo lo que perdiste. Es posible que nunca enfrenten su retribución kármica ni toquen fondo, o por lo menos que te toque verlo. Pero aun si no tienes un cierre, necesitas cerrar tu historia personal con ellos. No todas las historias tienen un final claro y conciso, y la perseverancia y sanar implican la voluntad de seguir adelante incluso si su trama dentro de tu historia no es el final que esperabas. El cierre eres tú siguiendo adelante y que ya no te roben tu sentido de identidad y tu propósito.

Actividades para promover la sanación y la recuperación

Los siguientes ejercicios te permitirán abordar las narrativas distorsionadas, apoyar tu curación, promover tu independencia y tu autonomía de la persona narcisista, y arrojar una nueva luz, más empoderadora, hacia ti mismo y tu crecimiento. Conforme explores estos ejercicios, dedica tiempo a reflexionar sobre tus experiencias y cómo te has transformado y aprendido de tu dolor. Asegúrate de mostrarte compasión y bondad durante este proceso.

Reescribir un cuento de hadas

¿Por qué importan los cuentos de niños? Porque se vuelven temas sobre los que se construyen las historias románticas de los adultos (persecución, rescate, felices para siempre). La mayoría de nosotros crecimos con cuentos de hadas, que básicamente refuerzan los roles de género, castigan la individuación y glorifican todo en las relaciones narcisistas: el bombardeo de amor, las relaciones narcisistas forzadas, el perdón, la obediencia, la grandiosidad y los futuros ficticios. Si provienes de un sistema familiar narcisista, o incluso si no, pero también cargas estas historias bajo la piel, éste será un ejercicio útil.

Toma uno de los cuentos de hadas que hayas escuchado en la infancia y reflexiona sobre cómo es posible que haya perpetuado la justificación de patrones abusivos dentro de tu familia, o cómo es posible que haya reforzado patrones en las relaciones íntimas adultas o en el lugar de trabajo (*Si sólo trabajo duro y no espero que nadie me note, entonces un montón de ratones y un hada madrina me van a ayudar y voy a encontrar a mi verdadero amor*). Luego reescribe esta vieja historia de una manera realista y equilibrada. Por ejemplo, la historia de *Las zapatillas rojas* se contaba como la historia de una

niña mala que no escuchó a sus padres y la castigaron por desobe-
diente. En cambio, plantéala como la historia de una niña a la que
le importaban la belleza y la alegría, y se le castigó por querer ser
ella misma. Cuando logres desenredar estas historias de tu infancia,
también serás capaz de desbaratar parte del pensamiento rígido que
impregnó tu narrativa personal.

Medita sobre cómo te sentiste en lugar de qué pasó

Si cuentas tu historia suficientes veces, con el tiempo se vuelve fácil
separarte de las emociones. Como terapeuta, creo que las historias son
el "lado B" de una sesión terapéutica: la parte más importante es
cómo el paciente se sintió en el momento y se siente ahora. Conforme sanes del abuso narcisista y replantees tu narrativa, pon atención
a tus emociones. Es tan fácil perderse en aquellos episodios de la narrativa (*Mis padres hicieron esto*; *esto pasó en mi boda*; *mi pareja me
engañó*; *mi socio se robó el dinero*) en los que no sientes las emociones.
Simplemente recordar los eventos que se dieron en la relación hace
que pase desapercibida una parte de la historia que es enteramente
tuya: cómo te sentías cuando estaba sucediendo. Conectarte con estas
emociones puede romper los ciclos de rumiación, apoyar el discernimiento y permitirte estar más presente y ser más autocompasivo.

Reúne todos tus pedazos

Es posible que quieras dejar atrás por completo la versión de ti que
estuvo en una relación narcisista, como si te sintieras avergonzado
de esa parte de tu historia. Podrías pensar: *No quiero acordarme de
ese yo roto, tonto y patético que se quedó con una persona infiel* o *Ya no
soy el niño que vivió para complacer a su madre egoísta y competitiva.*

No tan rápido. Haz espacio para ti, para la persona que estaba confundida, herida y devaluada que vivió *gaslighting* y que a pesar de todo logró tener la fuerza suficiente para irse, o logró terminar la escuela o sobrevivió a un rompimiento doloroso. Negar tu historia, tu narrativa y a ti mismo puede significar que sigas juzgándote y sintiéndote fracturado. Muéstrales compasión a todos los pedazos de ti. Invita a esas partes heridas que tienes, reconoce que lo que pareció debilidad muchas veces era paciencia, empatía y fuerza. Reintegrarte después de estas relaciones significa incluir tu historia entera con amabilidad, respeto y amor.

Escribe una carta

Para ver qué tan lejos has llegado y todo lo que has aprendido en tu viaje hacia la recuperación, puede ser útil poner todo lo que ahora sabes en una carta para alguien. Ese alguien puedes ser tú cuando todavía estabas en la relación narcisista; cuéntale a esa versión anterior de ti qué ocurrió una vez que decidiste marcharte. O puedes escribirte a ti mismo dentro de diez años, compartiendo lo que esperas que haya sucedido. Le puedes escribir al niño que fuiste y que soportó una dinámica familiar narcisista. Puedes escribirle a alguien que esté a punto de casarse con un narcisista o a alguien que se esté reprimiendo porque tengan un padre o una madre narcisista, o a alguien que se sienta perdido en la escuela o en un trabajo por maestros o jefes que los invalidan. Escribir lo que has aprendido desde este punto de vista te puede sanar porque te aporta una forma de canalizar tu experiencia al plantearlo como si ayudaras a alguien más o con cierta distancia de ti mismo. Después de escribir la carta, déjala unos cuantos días o semanas, y luego vuelve a leerla. Podrías darte cuenta de que usaste un lenguaje de autocompasión, que mostraste haberte perdonado y la erradicación de la autoculpabilidad porque le estabas hablando a alguien más y no a ti directamente. Ahora vuelve a usar ese lenguaje compasivo contigo.

Ayuda a otros

Muchos de ustedes pueden estar pensando: *Quiero ayudar a otras personas que están pasando por esto. Quiero evitar que alguien más desperdicie la cantidad de tiempo que yo perdí.* Ayudar a otros puede moldear tu narrativa no sólo al reconocer los dones que aportas a otros, sino además, permitiéndote aprender de sus historias. Compartir lo que tú has aprendido a través de tu proceso de recuperación puede manifestarse de muchas formas distintas para varias personas. Algunos quizá regresen a la escuela para volverse orientadores o terapeutas, y trabajen con otros supervivientes, mientras que otros quizá se vuelvan asesores de divorcio. Podrían convertirse en activistas contra la violencia doméstica o las reformas de los juzgados familiares. O podrían darse cuenta de que hablar sobre abuso narcisista todavía los altera demasiado o sólo quieren dejarlo atrás, pero llevan su empatía y su compasión al bienestar animal, el servicio comunitario o simplemente a la gente en su vida que lo aprecian y se benefician de ello.

Una advertencia: *Asegúrate de no usar esta idea de altruismo como sustituto para tu propia recuperación continua.* Es parte de un espectro mucho más grande de curación, pero tu deseo de ayudar a otros podría significar que te agotes y te vacíes intentando ser de utilidad (otra vez).

Visualiza tu propio "viaje del superviviente"

¿Alguna vez has escuchado del viaje del héroe? Recrea una línea narrativa para muchos mitos y biografías a través de las eras y las culturas.

El marco es bastante simple: una persona heroica es llamada a la aventura, enfrenta una crisis profunda, muchas veces considera darse por vencido y vuelve a casa, cambiado de forma irrevocable. A lo largo del camino, la persona heroica atraviesa lo desconocido y se encuentra con ayudantes, mentores, otros viajeros, amenazas y crisis existenciales, y al volver, no sólo es alguien diferente, sino que hace el bien a otros.

Tú eres esa persona heroica en este viaje. Tocaste fondo y quisiste darte por vencido, pero lograste salir del otro lado. Enfrentaste la invalidación y la erradicación de ti mismo en la relación narcisista, y esos compañeros de viaje bien pudieron ser amigos, familiares, terapeutas y hasta extraños. Al ir creciendo, una de las cosas más tristes —y en ocasiones, dolorosas— que aprendes es que no todos, y mucho menos las personas narcisistas, pueden ir contigo adonde tú vas. Al ir sanando y creando tu individualidad, te relacionarás de manera distinta con los demás. No significa que los dejes atrás, ni siquiera que termines relaciones, sino que has creado un espacio dentro de ti que estás dispuesto a salvaguardar. Volver a casa es volver a ti, pero no es el mismo hogar del que partiste, porque ahora eres capaz de poseerlo por completo. La clave está en recordar que después de navegar una relación narcisista quedas transformado para siempre... y si bien fue doloroso, algunos de esos cambios en ti son impresionantes y profundos.

Desglosa tu historia en estos componentes:

- ¿Qué te llevó a iniciar tu proceso de recuperación/viaje?
- ¿Quién caminó junto a ti durante una parte o a lo largo de todo el camino?
- ¿Qué estaba pasando cuando casi te diste por vencido?
- ¿Cómo se veía volver a "casa"?

Quizá no te visualices como Ulises o Arjuna o Frodo o Sita, pero las amenazas que enfrentaron estas figuras míticas desde el exterior no se comparan con los demonios que tuviste que someter desde el interior. Modelar tu historia con la estructura del viaje del héroe transforma la percepción que tengas de tu proceso de recuperación de alguien que a duras penas se arrastra fuera del caos a una persona que valientemente aceptó hacer un tremendo y peligroso viaje. Pudiste haber elegido dejar las cosas como estaban, haberte ido, pero sin enfocarte en la individuación y la recuperación, jamás haber intentado recuperar tu historia y nunca cambiar una palabra. Eso hubiera sido más fácil. Pero no es lo que estás haciendo ahora.

Sanar es desprenderte de la historia del narcisista. Se trata de liberarte de los guiones y la vergüenza que la persona narcisista proyectó sobre ti. Es crear una identidad lejos del maltrato narcisista que viviste. Se trata de comprender, sentir y vivir el duelo de lo que te ocurrió. Y, luego, es cuestión de tener compasión por todas las partes heridas de ti: la parte de ti que no se siente suficiente, la parte de ti que se siente rota, la parte de ti que no se siente digna de amor, la parte de ti que se siente como objeto de abuso. Todo eso es parte de ti; no sólo las cortes, recíbelas y ámalas. Cuando integras esas partes devastadas de ti mismo en ese yo auténtico más amplio, te das permiso de distanciarte no sólo de la gente narcisista en tu vida, sino de su intento de reducirte a ser una pieza en su tablero.

Sanar del abuso narcisista es más un proceso que un destino. Es un espacio delicadamente equilibrado donde te desprendes de la narrativa que la persona narcisista tiene para ti y te estableces dentro de tu propia definición sin que tenga ya que ver con ellos. No es un perdón obligado. Es un lugar de desvinculación y hasta indiferencia hacia ellos. Pero no se trata de desprenderte de ti y ser indiferente hacia lo que te pasó. Es autocompasión y crecimiento a pesar de, o quizá debido a tu duelo, tu pérdida y tu dolor. Al final, estas emociones podrían evolucionar hacia una conciencia resignada de que ellos eligieron no hacer lo correcto para ti, y si bien eso dolió, no fue por ti, sino por ellos mismos. Después de años de verte como esa persona rota, reconocerás con tristeza y tal vez incluso con una compasión abatida que simplemente estaban proyectando hacia ti su propia fractura, fragilidad e inseguridad. Algunos de ustedes podrían incluso sentir piedad o lástima por ellos; algunos, tal vez no. No existe una forma correcta de hacer esto. A fin de cuentas, este proceso caótico de recuperación es prueba y error. Este viaje culmina en el lanzamiento privado y público de tu auténtico yo, y eso será un regalo para ti mismo, para la gente que te ama y para el mundo entero.

Sinceramente espero que este libro te haya ayudado a comenzar a procesar y más adelante a liberar el dolor del abuso narcisista y abrirte hacia un camino que te lleve a ti: a tu fuerza, tus dones, tu sabiduría y tu gracia. Ojalá te haya hecho saber que sí hay un segundo acto, un volumen dos, una secuela, una página en blanco donde escribir y una vida nueva y más alegre que surge cuando sanas. Que años después o una vida entera después de haber recibido *gaslighting*, manipulaciones, invalidaciones y vejaciones, de oír que no eras suficiente, que algo está mal en ti, que no tienes derecho a sentirte como te sientes, de pensar *¿Qué pasa? ¿Qué estoy haciendo mal? ¿Qué puedo hacer mejor? ¿Cómo puedo ser mejor?*, al fin reconoces plenamente que...

No eres tú.

Conclusión

En mis diez años de universidad, práctica, internados y becas, a pesar de recibir una excelente educación, no se me enseñaron ni una sola vez los términos *narcisismo* ni *antagonista*. Más de veinticinco años después, sigo perpleja por la resistencia que existe ante el diálogo de cómo las relaciones narcisistas dañan a las personas y cómo podemos ayudarlas. Mientras los psicólogos y los investigadores debaten sobre semántica y si es "correcto" discutir los daños del narcisismo, o incluso qué es el narcisismo, la gente está sufriendo y padeciendo. He hablado en conferencias donde el orador en la sala de junto está criticando el concepto de llamar "tóxicas" las relaciones emocionalmente dañinas. Me hiela la sangre pensar cuánto potencial humano hemos perdido en personas a las que se culpó y humilló, y que se sintieron obstaculizadas y silenciadas después de internalizar las voces invalidantes cuyo eco duró toda su vida. Son ciclos intergeneracionales, y el narcisismo es un patrón incentivado en la sociedad. Al ir desarrollando herramientas de medición e intervenciones diseñadas para personas que experimentan abuso narcisista, seguimos construyendo el avión en pleno vuelo. Espero que lleguemos ahí, aunque la mayor parte del tiempo me siento hereje.

Para entender el abuso narcisista, es necesario descolonizar la psicología y combatir viejas teorías y modelos que no hacen concesiones para los perjuicios de las jerarquías, las disparidades, los privilegios y el tradicionalismo. He visto a miles de supervivientes caminar por esta cuerda floja, yo misma me he balanceado en ella... y juntos hemos aprendido que sí es posible sanar, aunque sea complicado. Sus historias y la mía me recuerdan no sólo la tiranía del abuso narcisista, sino el valor de creer que siempre existe la posibilidad de un acto más. Recuerda que el mundo te necesita —a tu verdadero, entero y auténtico yo—, así que por favor no te detengas. Esta vez, ponte el vestido morado.

Agradecimientos

Pensé que este libro nunca saldría al mundo, pero gracias a una serie de sincronicidades casi extraordinarias, aquí está. Recibí apoyo de muchas formas mientras escribía este libro, y ahora se posiciona no sólo como una guía para la supervivencia, sino como testamento de las bendiciones de la comunidad que contribuye a la recuperación.

Ante todo, gracias a los múltiples pacientes con quienes he tenido el privilegio de trabajar y que me han compartido sus historias, que han explorado y sentido su dolor conmigo, y que me han permitido participar en el descubrimiento de sí mismos. Y a la gente que cada día, semana y mes se une a nuestro programa de recuperación para supervivientes de abuso narcisista: su disposición vulnerable a hacer preguntas, compartir anécdotas y apoyarse unos a otros mientras dan grandes saltos y pequeños pasos hacia la sanación y a su conformación como individuos me recuerda que las cosas sí mejoran. Gracias por su fuerza y por pelear un día más, aun cuando se les vuelva a romper el corazón.

A Kelly Ebeling e Irene Hernández, que son la fuerza vital de gran parte de esta obra. Nada de esto sería posible sin ustedes; su creatividad, determinación, flexibilidad y voluntad para estar a mi lado durante los días más difíciles permitieron que este libro se hiciera. Zaide, es un placer que te unas a nuestro minúsculo equipo valiente. Ustedes hicieron que esos veintidós años valieran la pena.

A Nina Rodríguez Marty, Meg Leder, Brian Tart y Margaux Weisman de Penguin, gracias por creer en el libro. Nina, gracias por guiarme con paciencia, gentileza y también con mano firme a través de una serie de cambios evolutivos que fortalecieron el libro, mi voz y el mensaje. Lara Asher, por tu guía editorial en los primeros borradores de este manuscrito, gracias. Rachel Sussman, gracias por representarme y encaminar este trabajo con un compromiso de corazón con el mensaje. A Maria Shriver, gracias por creer en este libro y darle la bienvenida al sello The Open Field. Y muchas gracias a todos los que han trabajado y trabajan en ventas, marketing y edición en Penguin y Penguin Life.

A mis amigas, y sí, me refiero a ti, Ellen Rakieten... No sé cómo este libro podría haber llegado a ser tan profundo sin nuestras conversaciones casi cada noche sobre el tema. Gracias por ser mi instructora y mi compañera de viaje en algunos de los días más difíciles de la redacción y de mi vida. Jill Davenport, mi porrista y amiga cactus desde los trece años. Mona Baird, no sé cómo hubiera podido atravesar esos meses a finales de 2021 sin ti. A todos mis amigos, gracias por los mensajes de texto, por estar al pendiente de mí y por perdonarme cada vez que cancelé planes en los últimos años.

A mis colegas y amigos en este campo: Catherine Barrett, Tina Swithin, Ingrid Clayton, Heather Harris, Lisa Bilyeu, David Kessler, Jay Shetty, Matthew Hussey y Audrey LeStrat, y a mis colegas de APA, MedCircle, Psychotherapy Networker y PESI, gracias por crear una comunidad y por darme tanto apoyo y ánimo, aun si tenía una crisis de fe. A Pamela Harmell, por darme las tijeras con qué cortarme los vínculos de trauma. A Mari, por desarrollar el constructo de cortafuegos, gracias. A Nelia, por tu singular valentía en este trabajo y tu perspectiva puntual sobre cómo compartirlo.

A todos los invitados de *Navigating Narcissism* que estuvieron dispuestos a compartir su historia en un foro público, su sabiduría me permitió replantear muchos temas en este libro; gracias por confiarme sus experiencias.

Richard, gracias por siempre darme el tiempo y el espacio para trabajar, por creer en mi trabajo, y por amarme y verme.

A mi hermana, Padma, gracias por sólo escucharme hablar de todo y nada, llenar los huecos en nuestras historias, hacerme reír y darme un modelo de fortaleza. A mi sobrino Tanner, por enseñarme sobre bondad.

A papá, llegué hasta aquí, y eso puede ser suficiente.

A mi amada gatita, Luna, que tu alma peluda reconozca que reboto más ideas contigo de lo que tú crees.

A mis hijas, Maya y Shanti... de nueva cuenta toleraron una madre ausente que comía con ustedes entre capítulos. Las dos siguen siendo mi verdadero norte. Por favor, dedíquense a lo que aman y sepan que siempre tendrán un lugar donde aterrizar.

A mi madre, Sai Durvasula, vivo en el milagro de que sigas aquí con nosotros y cada día más fuerte. Este libro es un homenaje a todo lo que eres y en lo que te has convertido.

Y a mi dulce y querida amiga Emily Shagley. El mundo perdió a Emily en 2022. Emily creyó en mí antes de que yo lo hiciera. Hace años, su amor y su apoyo me dieron el valor para expresar mi voz en el mundo. Estaré agradecida cada día por su luminosa presencia en mi vida y en el mundo en general.

La bondad y la luz se quedan, aun cuando perdamos a los ángeles que se cruzan en nuestro camino.

Recursos

Asistencia telefónica de violencia doméstica
Línea Nacional de Violencia Doméstica
https://www.thehotline.org
Teléfono: (800) 799-7233
Disponible las veinticuatro horas del día, siete días de la semana, por teléfono y chat en línea.

Red Nacional de Violación, Abuso e Incesto (RAINN, por sus siglas en inglés):
Línea Nacional de Violación Sexual
https://www.rainn.org
Teléfono: (800) 656-4673
Disponible las veinticuatro horas del día, siete días de la semana, por teléfono y chat en línea.

Asistencia telefónica de suicidio
Línea Nacional de Prevención del Suicidio
https;//suicidepreventionlifeline.org
Teléfono: (800) 273-8255
Mensaje de texto: envía HELLO a 741741
TTY: (800) 799-4889
Disponible las veinticuatro horas del día, siete días de la semana.
Apoyo gratuito y confidencial.

Línea 988 de Suicidio y Crisis
Teléfono: 988
Chat: https://988lifline.org/chat
https://988lifeline.org
Para usuarios de TTY: Usa tu servicio de retransmisión preferido
o marca 711 y luego 988.

Servicios de salud mental
Línea de Asistencia Nacional SAMHSA
https://www.samhsa.gov/find-help/national-helpline
Teléfono: (800) 662-4357
Referencias a tratamiento y servicios de información 24/7 (en inglés y en español) para personas y familias que enfrentan trastornos
mentales o por uso de sustancias.

En México
Instituto Nacional de las Mujeres
https://www.gob.mx/inmujeres/articulos/redes-de-apoyo

Si vives situaciones de angustia extrema, por favor llama al 911
o busca los servicios de emergencia de tu localidad.

Notas

Capítulo 1. Aclaremos el narcisismo

1. Z. Krizan y A. D. Herlache, "The Narcissism Spectrum Model: A Synthetic View of Narcissistic Personality", *Personality and Social Psychology Review*, vol. 22, núm. 1, 2018, pp. 3-31, https://doi.org/10.1177/1088868316685018
2. Jochen E. Gebauer *et al.*, "Communal Narcissism", *Journal of Personality and Social Psychology*, vol. 103, núm. 5, agosto de 2012, pp. 854-878, https://doi.org/10.1037/a0029629
3. Delroy L. Paulhus y Kevin M. Williams, "The Dark Triad of Personality: Narcissism, Machiavellianism and Psychopathy", *Journal of Research in Personality*, vol. 36, núm. 6, diciembre de 2002, pp. 556-563, https://doi.org/10.1016/S0092-6566(02)00505-6; Janko Međedović y Boban Petrović, "The Dark Tetrad: Structural Properties and Location in the Personality Space", *Journal of Individual Differences*, vol. 36, núm. 4, noviembre, 2015, pp. 228-236, https://doi.org/10.1027/1614-0001/a000179
4. Emily Grijalva *et al.*, "Gender Differences in Narcissism: A Meta-Analytic Review", *Psychological Bulletin*, vol. 141, núm. 2, marzo de 2015, p. 261, https://doi.org/10.1037/ a0038231
5. Sanne M. A. Lamers *et al.*, "Differential Relationships in the Association of the Big Five Personality Traits with Positive Mental Health and Psychopathology", *Journal of Research in Personality*, vol. 46, núm. 5, octubre de 2012, pp. 517-524, https://doi.org/10.1016/j.jrp.2012.05.012; Renée M. Tobin y William G. Graziano, "Agreeableness", en *The Wiley Encyclopedia of Personality and Individual Differences: Models and Theories*, Bernardo J. Carducci y Christopher S. Nave (eds.), Hoboken, Nueva Jersey, John Wiley & Sons, 2020, pp. 105-110.
6. E. Jayawickreme *et al.*, "Post-traumatic Growth as Positive Personality Change: Challenges, Opportunities, and Recommendations", *Journal of Personality*, vol. 89, núm. 1, 2021, pp. 145-165.
7. Christian Jacob *et al.*, "Internalizing and Externalizing Behavior in Adult ADHD", *Attention Deficit and Hyperactivity Disorders*, vol. 6, núm. 2, junio de 2014, pp. 101-110, https://doi.org/10.1007/s12402-014-0128-z

8. Elsa Ronnongstam, "Pathological Narcissism and Narcissistic Personality Disorder in Axis 1 Disorders", *Harvard Review of Psychiatry*, vol. 3, núm. 6, septiembre de 1995, pp. 326-340, https://doi.org/10.3109/10673229609017201

9. David Kealy, Michelle Tsai y John S. Ogrodniczuk, "Depressive Tendencies and Pathological Narcissism among Psychiatric Outpatients", *Psychiatry Research*, vol. 196, núm. 1, marzo de 2012, pp. 157-159, https://doi.org/10.1016/j.psychres.2011.08.023

10. Paolo Schiavone *et al.*, "Comorbidity of DSM-IV Personality Disorders in Unipolar and Bipolar Affective Disorders: A Comparative Study", *Psychological Reports*, vol. 95, núm. 1, septiembre de 2004, pp. 121-128, https://doi.org/10.2466/pro.95.1.121-128

11. Emil F. Coccaro y Michael S. McCloskey, "Phenomenology of Impulsive Aggression and Intermittent Explosive Disorder", en *Intermittent Explosive Disorder: Etiology, Assessment, and Treatment*, Londres, Academic Press, 2019, pp. 37-65, https://doi.org/10.1016/B978-0-12-813858-8.00003-6

12. Paul Wink, "Two Faces of Narcissism", *Journal of Personality and Social Psychology*, vol. 61, núm. 4, octubre de 1991, pp. 590-597, https://doi.org/10.1037//0022-3514.61.4.590

13. Schiavone *et al.*, "Comorbidity of DSM-IV Personality Disorders in Unipolar and Bipolar Affective Disorders".

14. Kealy, Tsai y Ogrodniczuk, "Depressive Tendencies and Pathological Narcissism among Psychiatric Outpatients".

15. Jacob *et al.*, "Internalizing and Externalizing Behavior in Adult ADHD".

16. José Salazar Fraile, Carmen Ripoll Alanded y Julio Bobes, "Narcisismo manifiesto, narcisismo encubierto y trastornos de personalidad en una unidad de conductas adictivas: validez predictiva de respuesta a tratamiento", *Adicciones*, vol. 22, núm. 2, 2010, pp. 107-112, https://doi.org/10.20882/adicciones.199

17. Tracie O. Afifi *et al.*, "Childhood Adversity and Personality Disorders: Results from a Nationally Representative Population-Based Study", *Journal of Psychiatric Research*, vol. 45, núm. 6, diciembre de 2010, pp. 814-822, https://doi.org/10.1016/j.jpsychires.2010.11.008

Capítulo 2. La muerte de los mil cortes: la relación narcisista

1. Evan Stark, "The Dangers of Dangerousness Assessment", *Family & Intimate Partner Violence Quarterly*, vol. 6, núm. 2, 2013, pp. 13-22.

2. Andrew D. Spear, "Epistemic Dimensions of *Gaslighting*: Peer-Disagreement, Self-Trust, and Epistemic Injustice", *Inquiry*, vol. 66, núm. 1, abril de 2019, pp. 68-91, https://doi.org/10.1080/0020174X.2019.1610051; Kate Abramson, "Turning

Up the Lights on *Gaslighting*", *Philosophical Perspectives*, vol. 28, 2014, pp. 1-30, https://doi.org/10.1111/phpe.12046

3. Jennifer J. Freyd, "Violations of Power, Adaptive Blindness and Betrayal Trauma Theory", *Feminism & Psychology*, vol. 7, núm. 1, 1997, pp. 22-32, https://doi.org/10.1177/0959353597071004

4. Heinz Kohut, "Thoughts on Narcissism and Narcissistic Rage", *Psychoanalytic Study of the Child*, vol. 27, núm. 1, 1972, pp. 360-400, https://doi.org/10.1080/00797308.1972.11822721; Zlatan Krizan y Omesh Johar, "Narcissistic Rage Revisited", *Journal of Personality and Social Psychology*, vol. 108, núm. 5, 2015, p. 784, https://doi.org/10.1037/pspp0000013

5. Chelsea E. Sleep, Donald R. Lynam y Joshua D. Miller, "Understanding Individuals' Desire for Change, Perceptions of Impairment, Benefits, and Barriers of Change for Pathological Personality Traits", *Personality Disorders: Theory, Research, and Treatment*, vol. 13, núm. 3, 2022, p. 245, https://doi.org/10.1037/per0000501

6. Heidi Sivers, Jonathan Scooler y Jennifer J. Freyd, *Recovered Memories*, Nueva York, Academic Press, 2002, https://www.ojp.gov/ncjrs/virtual-library/abstracts/recovered-memories

7. Matthew Hussey, *Get the Guy: Learn Secrets of the Male Mind to Find the Man You Want and the Love You Deserve*, Nueva York, Harper Wave, 2014.

8. Patrick Carnes, "Trauma Bonds", Healing Tree, 1997, https://healingtreenonprofit.org/wp-content/uploads/2016/01/Trauma-Bonds-by-Patrick-Carnes-1.pdf

Capítulo 3. La repercusión: el impacto del abuso narcisista

1. Jennifer J. Freyd, *Betrayal Trauma: The Logic of Forgetting Childhood Abuse*, Cambridge, Massachusetts, Harvard University Press, 1996; Jennifer J. Freyd, "Blind to Betrayal: New Perspectives on Memory", *Harvard Mental Health Letter*, vol. 15, núm. 12, 1999, pp. 4-6.

2. Jennifer J. Freyd y Pamela Birrell, *Blind to Betrayal: Why We Fool Ourselves We Aren't Being Fooled*, Hoboken, Nueva Jersey, John Wiley & Sons, 2013.

3. Janja Lalich y Madeline Tobias, *Take Back Your Life: Recovering from Cults and Abusive Relationships*, Richmond, California, Bay Tree Publishing, 2006.

4. Daniel Shaw, "The Relational System of the Traumatizing Narcissist" *International Journal of Cultic Studies*, vol. 5, 2014, pp. 4-11.

5. Shaw, "The Relational System of the Traumatizing Narcissist".

6. Línea 988 de Suicidio y Crisis: 988lifeline.org; marca 988 o 1-800-273-8255.

7. Bessel van der Kolk, *The Body Keeps the Score: Brain, Mind, and Body in the Healing of Trauma*, Nueva York, Viking, 2014.

Capítulo 4. Comprende tu historia

1. Daniel Shaw, "The Relational System of the Traumatizing Narcissist", *International Journal of Cultic Studies*, vol. 5, 2014, pp. 4-11.
2. Andreas Maercker *et al.*, "Proposals for Mental Disorders Specifically Associated with Stress in the International Classification of Diseases-11", *Lancet*, vol. 381, núm. 9878, 2013, pp. 1683-1685, https://doi.org/10.1016/S0140- 6736(12)62191-6
3. Jennifer J. Freyd, *Betrayal Trauma: The Logic of Forgetting Childhood Abuse*, Cambridge, Massachusetts, Harvard University Press, 1996.

Capítulo 5. Abraza la aceptación radical

1. Judith Herman, *Trauma and Recovery*, Nueva York, Basic Books, 1992, p. 290.

Capítulo 6. Vive tu duelo y sana después
de una relación narcisista

1. Pauline Boss y Janet R. Yeats, "Ambiguous Loss: A Complicated Type of Grief When Loved Ones Disappear", *Bereavement Care*, vol. 33, núm. 2, 2014, pp. 63-69, https://doi.org/10.1080/02682621.2014.933573.
2. Kenneth J. Doka, *Disenfranchised Grief*, Lexington, Massachusetts, Lexington Books, 1989.
3. Michael Linden, "Embitterment in Cultural Contexts", en *Cultural Variations in Psychopathology: From Research to Practice*, Sven Barnow y Nazli Balkir (eds.), Newburyport, Massachusetts, Hogrefe Publishing, 2013, pp. 184-197.

Capítulo 7. Vuélvete más resistente al narcisismo

1. Jay Earley y Bonnie Weiss, *Self-Therapy for Your Inner Critic: Transforming Self-Criticism into Self-Confidence*, Larkspur, California, Pattern Systems Books, 2010.
2. Kozlowska *et al.*, "Fear and the Defense Cascade: Clinical Implications and Management", *Harvard Review of Psychiatry*, vol. 23, núm. 4, 2015, pp. 263-287, doi: 10.1097/HRP.0000000000000065
3. Pete Walker, "Codependency, Trauma and the Fawn Response", *The East Bay Therapist*, enero-febrero de 2003, http://www.pete-walker.com/codependency FawnResponse.htm

4. Jancee Dunn, "When Someone You Love Is Upset, Ask This One Question", *New York Times*, 7 de abril de 2023, https://www.nytimes.com/2023/04/07/well/emotions-support-relationships.htm

Capítulo 8. Sanar y crecer cuando te quedas

1. Sendhil Mullainathan y Eldar Shafir, *Scarcity: Why Having Too Little Means So Much*, Nueva York, Times Books, 2013.
2. Tina Swithin, One Mom's Battle, www.onemomsbattle.com

Capítulo 9. Reescribe tu historia

1. Richard G. Tedeschi y Lawrence G. Calhoun, "The Posttraumatic Growth Inventory: Measuring the Positive Legacy of Trauma", *Journal of Traumatic Stress*, vol. 9, núm. 3, 1996, pp. 455-472, https://doi.org/10.1002/jts.2490090305
2. Eranda Jayawickreme *et al.*, "Post-Traumatic Growth as Positive Personality Change: Challenges, Opportunities, and Recommendations", *Journal of Personality*, vol. 89, núm. 1, febrero de 2021, pp. 145-165, https://doi:org/10.1111/jopy.12591
3. James K. McNulty y V. Michelle Russell, "Forgive and Forget, or Forgive and Regret? Whether Forgiveness Leads to Less or More Offending Depends on Offender Agreeableness", *Personality and Social Psychology Bulletin*, vol. 42, núm. 5, 2016, pp. 616-631, https://doi.org/10.1177/0146167216637841; Frank D. Fincham y Steven R. H. Beach, "Forgiveness in Marriage: Implications for Psychological Aggression and Constructive Communication", *Personal Relationships*, vol. 9, núm. 3, 2002, pp. 239-251, https://doi.org/10.1111/1475-6811.00016; Laura B. Luchies *et al.*, "The Doormat Effect: When Forgiving Erodes Self-Respect and Self-Concep Clarity", *Journal of Personality and Social Psychology*, vol. 98, núm. 5, 2010, pp. 734-749, https://doi.org/10.1037/a0017838; James K. McNulty, "Forgiveness in Marriage: Putting the Benefits into Context", *Journal of Family Psychology*, vol. 22, núm. 1, 2008, pp. 171-1175, doi:10.1037/0893-3200.22.1.171

Índice analítico

Esta obra se imprimió y encuadernó
en el mes de septiembre de 2024,
en los talleres de Impregráfica Digital, S.A. de C.V.,
Av. Coyoacán 100–D, Col. Del Valle Norte,
C.P. 03103, Benito Juárez, Ciudad de México.